我国民族地区金融发展与企业投融资研究

Woguo Minzu Diqu Jinrong Fazhan Yu Qiye Tourongzi Yanjiu

周运兰 著

中国社会科学出版社

图书在版编目（CIP）数据

我国民族地区金融发展与企业投融资研究/周运兰著 . —北京：
中国社会科学出版社，2015.4
ISBN 978 – 7 – 5161 – 6007 – 7

Ⅰ.①我…　Ⅱ.①周…　Ⅲ.①民族地区—金融业—研究—中国
②民族地区—企业—投资—研究—中国 ③民族地区—企业融资—
研究—中国　Ⅳ.①F832 ②F279.23

中国版本图书馆 CIP 数据核字（2015）第 081357 号

出 版 人	赵剑英	
责任编辑	卢小生	
特约编辑	李舒亚	
责任校对	周晓东	
责任印制	王　超	
出　　版	中国社会科学出版社	
社　　址	北京鼓楼西大街甲 158 号	
邮　　编	100720	
网　　址	http://www.csspw.cn	
发 行 部	010 – 84083685	
门 市 部	010 – 84029450	
经　　销	新华书店及其他书店	
印　　装	北京君升印刷有限公司	
版　　次	2015 年 4 月第 1 版	
印　　次	2015 年 4 月第 1 次印刷	
开　　本	710 × 1000　1/16	
印　　张	14.25	
插　　页	2	
字　　数	241 千字	
定　　价	55.00 元	

凡购买中国社会科学出版社图书，如有质量问题请与本社发行部联系调换
电话：010 – 84083683

目　　录

第一章　导论

第一节　研究的目的和意义

一　研究目的

处于欠发达状态的民族地区，经济发展的差距同样体现在金融支持体系的构建上。目前，民族地区与其他地区特别是东南沿海地区相比，其金融发展与融资支持体系的构建仍旧处于落后状态，资本的稀缺已经成为其经济发展的"瓶颈"，进而影响到共同富裕目标的实现。为此，本书希望通过对民族地区巨大资金需求与金融市场资金供给不足之间的矛盾进行分析，探索完善解适合其发展特色的金融支持体系的途径，促进民族地区优势产业的培育及发展，并以此来带动企业的发展，较好地决企业的融资问题，提高企业的投资效率和财务质量，反过来又促进企业融资问题的解决以及促进民族地区企业融资体系的优化及金融与经济的发展，实现我国民族地区共同、平衡发展。

二　研究意义

（一）理论意义

本书从民族地区特殊的地域、经济发展特别是金融发展等角度出发研究民族地区企业融资问题，力图从政府、金融机构、企业等多方面的合作入手解决融资难问题，构建一个适合我国民族地区企业发展的多层次金融支持框架体系，进一步丰富该领域的理论研究成果。本书的研究还对目前热议的民族地区金融发展和优势产业培育与发展、金融发展与企业融资及债务融资结构，企业投资效率提高的关系等重大问题进行了分析并提出相应的见解，无疑将促进民族地区金融发展、企业融资、债务融资优化以及优势产业培育与发展等理论的研究。

（二）实践意义

解决民族地区企业融资难与投资效率问题，仅靠企业自身的完善是远远不够的，需要外部政策力量予以支持。本书从金融发展及金融支持角度着手，力促政府、金融机构、企业等多方面参与合作，加大金融制度创新力度，实施综合治理，逐步解决企业融资"瓶颈"与投资效率问题，这对促进民族地区企业发展、金融支持体系和经济的发展，统筹区域协调发展具有重要的实践指导意义。另外，本书经过调研形成了专题《金融机构支持民贸民品企业发展研究——以恩施土家族苗族自治州为例》，该专题在收集和查阅了大量相关的文献和资料的基础上，结合调研组在恩施州实地走访、调研取得的数据，从我国对民贸民品企业的金融支持政策层面、恩施州各职能部门对支持政策的执行层面、恩施州金融机构层面和民贸民品企业层面四个方面详细分析了金融机构支持民贸民品企业发展政策研究存在的问题，并针对这些问题给出了相应对策和改进建议。该专题的研究得到了恩施州民委和建始县民宗局的大力肯定，其中的一些相关建议也得到了采纳，并在后续国家民委、财政部、人民银行等相关政府部门在制定与修订金融机构支持民族地区民贸民品企业发展政策与具体实施细则方面具有积极的参考价值。

第二节 研究的基本思路、主要内容和观点

一 基本思路

本书运用经典的资本形成、金融发展、区域经济发展、优势产业培育与发展、企业融资与资本结构、企业投资效率等理论为指导，分别从我国民族地区特殊的地域、经济发展特别是金融的发展等角度出发，研究民族地区企业融资问题、债务融资优化问题、与之息息相关的企业投资效率问题、民族地区优势产业培育与发展以及经济发展问题。本书首先分析了当前我国民族地区金融发展、企业融资与发展等方面的情况以及存在的问题，总结了该方面的经验，并辅助较充实的实证研究；其次，还通过恩施民族自治州企业融资与金融支持、广西北部湾经济区企业融资与金融支持等进行了调查研究，并对民族地区企业发展、融资与金融支持的具体案例进行了分析；最后，本书对民族地区金融环境的优化、多层次金融支持体

系的构建以促进民族地区的投资率与优势产业培育与发展，进而解决企业
融资与债务资本结构优化，并提高企业的投资效率和综合财务质量等问
题，提出了有独到见解的理论观点和政策建议。

　　二　研究成果的主要内容

　　第一部分：经典理论基础和文献回顾。该部分阐述了经典的资本形
成、金融发展、区域经济发展、优势产业培育与发展、企业融资与资本结
构、企业投资效率等理论，进行了相关国内外文献回顾，并简单评述。

　　第二部分：我国民族地区企业与金融发展研究。该部分首先对影响我
国民族地区金融发展的因素以及我国民族地区金融发展现状进行了详细分
析；然后对我国民族地区上市公司财务质量进行了实证研究；该节以新
疆、西藏、内蒙古、宁夏和广西五个少数民族自治区 2011 年上市公司横
截面财务数据为样本，通过选取影响资本结构的多种因素，利用 SPSS 软
件进行多元线性回归分析。分析指出影响资本结构的主要因素，从而为少
数民族地区上市公司的资本结构优化和管理者融资决策提供参考依据。进
而提高公司的盈利能力，促进民族地区的经济发展。最后，对民族地区上
市公司资本结构影响因素进行了实证研究；该节根据新疆、内蒙古、西
藏、宁夏和广西五个民族自治区上市公司 2011 年年报，选取 14 个能综合
反映民族地区上市公司财务质量的指标进行因子分析，同时对其综合得分
进行排名和分析，指出民族地区上市公司应根据自身财务质量因子在提升
公司综合竞争力中的作用，加强对各项财务能力的提升和改善[1]，全面发
挥其对民族地区经济发展的促进作用。

　　第三部分：民族地区优势产业发展与金融支持体系研究。该部分在借
鉴国内外相关研究成果基础上，立足于民族地区的资源禀赋优势，兼顾资
源的定性分析、总存储量及占有率定量分析、财务状况对比以及产业结构
比重分析等角度，并采用了描述性统计以及对比分析等研究方法，针对民
族地区特殊性，选出了民族地区的四大优势产业，提出了发展民族地区优
势产业的具体措施。通过分析民族地区发展优势产业巨大资金需求和金融
市场资金供给不足之间的矛盾，提出了促进民族地区优势产业培育与发展
的金融支持体系政策建议。

---

　　[1]　周运兰、罗如芳、付建廷：《民族地区上市公司财务质量研究》，《中南民族大学学报》
（自然科学版）2013 年第 1 期。

第四部分：各民族地区企业融资与金融支持调查研究与案例剖析。该部分首先以广西北部湾经济区以及恩施民族地区企业发展和金融支持进行了调查研究；广西北部湾经济区的开发对于西南地区经济发展具有重要意义，该地区属于欠发达地区，企业的发展特别是融资以及金融支持等面临一些难题。本部分分析了该地区金融环境不足、资本市场发展缓慢，导致该地区企业融资难以及进一步发展的主要原因；并就加强北部湾与珠三角经济区等地区开展金融合作，提高企业自身素质，创建良好的金融环境等方面提出了对策思路，以解决其企业发展的融资问题，为北部湾的发展开辟出一条健康、可持续发展、创新之路；其次，对恩施民族地区企业发展和金融支持进行了调查研究，该部分通过调研等方式收集了恩施民族地区企业发展及相关金融支持体系的数据和资料，考察了恩施州企业发展的现实背景和状况，以及相应的金融支持状况，并对存在的问题及其原因进行了深入剖析；再次详细分析了恩施州、来凤县金融发展以及企业的投资现状，在现状分析基础上发现问题，提出相应的对策建议；最后以"恩施电力"吸收股权资金以及湖北恩施地区的永恒太阳能公司案例的融资与发展问题进行了剖析。

第五部分：金融机构支持民贸民品企业发展的调查研究。该部分在收集和查阅了大量相关文献和资料基础上，结合实地走访、调研取得的数据，通过横向和纵向对比分析和总结，肯定了恩施州、恩施市以及建始县金融机构支持民贸民品企业发展方面取得的巨大成绩，也指出了其存在的一些问题与不足。最后，从我国对民贸民品企业的金融支持政策层面、恩施州各职能部门对支持政策的执行层面、恩施州金融机构层面和民贸民品企业层面，四个方面针对金融机构支持民贸民品企业发展存在的问题，给出了相应的对策和改进建议。

第六部分：我国民族地区上市公司债务融资结构对财务绩效的影响研究。该部分对民族地区上市公司债务融资和公司财务绩效关系进行研究，并且考虑不同债务融资结构对公司财务绩效的不同影响，将债务融资结构细分为债务总体结构、债务期限结构和债务来源结构，进行详细分析，以期更深层次地揭示我国民族地区上市公司债务融资对企业财务绩效没有真正发挥效应的原因。

第七部分：民族地区金融发展与公司投资效率关系研究。该部分在借鉴国内外相关研究成果基础上，通过对民族地区金融发展与上市公司投资效率建立模型，在进行描述性统计、相关性以及回归分析后，得出结论：民族地区金融发展与上市公司投资效率之间呈负相关关系，金融发展能够抑制公司的投资过度行为，同时改善公司投资不足。因此，不管是出于提高民族地区公司投资效率的角度，或是提高民族地区经济发展水平角度，民族地区都应积极发展当地金融，结合民族地区实际情况与现状，建立与健全民族地区金融体系，从而支持民族地区的经济发展。

第八部分：政策与建议。该部分首先从政府制定政策等的宏观层面以及金融业层面从对我国民族地区金融环境的优化、金融发展提出建议；其次从企业层面和金融业层面提出了解决民族地区企业融资问题的政策建议；再次分别针对债务总体结构对财务绩效的影响、长短期债务与财务绩效关系以及商业信用、银行贷款与财务绩效关系分别提出优化民族地区上市公司债务融资结构的政策建议；最后提出如何构建多层次金融支持体系以促进民族地区的投资率与优势产业培育与发展，进而解决企业融资问题，并提高企业的投资效率和综合财务质量等问题的独特观点和政策建议。

三　重要观点或者对策建议

（1）要将民族地区优势资源转变成经济资源，促进优势产业的形成和发展，着力打造民族地区特色产业集群，离不开金融体系的支持。金融体系的支持将对成功实现民族地区由资源优势向经济资源的转变，促进优势产业的形成和发展，打造民族地区特色产业集群发挥具有至关重要的作用。

（2）民族地区金融发展与上市公司投资过度/投资不足之间呈负相关关系。即民族地区金融发展水平越高，越能有效整合我国民族地区有利的金融资源，提高资源有效配置，从而抑制上市公司过度投资的现象，同时补充上市公司投资不足的状况，提高民族地区上市公司的投资效率。

（3）民族地区的金融发展与企业融资和发展以及经济增长是相互影响与促进的，即经济发展会带动金融发展，而金融发展能促进民族地区优势产业的培育及发展，并带动企业的发展，较好地解决企业的融资问题，使其投资效率更高、财务质量更好，而这些反过来又会促进当地经济的发展和金融的完善。

（4）在民族地区建立多层次融资体系，包括多层次的股权投资、多层次的资本市场、多层次的信贷体系和担保体系等有利于解决民族地区企业融资问题。

（5）结合政策的宏观层面、金融发展的中观层面以及企业发展的微观层面提出切实可行的政策建议，即应该从增强民族地区企业自身实力、完善信用制度以及加大政府对民族地区企业及金融支持体系的扶持力度和金融创新等多层次、多角度解决民族地区融资问题。

第三节　研究内容及方法创新程度和特色

一　研究内容创新

（一）研究视角有一定新意

一方面，本书从金融环境、金融发展对当地优势产业培育与经济发展的促进与支持作用方面进行了研究，对企业融资问题的解决、企业投资效率以及财务质量与综合实力的提高进行了详细研究，研究视角有一定新意；另一方面，本书还以民族地区金融发展为出发点，对五个民族自治区的整体投资效率进行了评价和分析，与单对金融发展或单对地区或者公司投资效率的研究视角不同，也有一定新意。

（二）研究方法的运用具有新意

本书运用案例分析法剖析了民族地区典型企业的融资与发展，采用了相关性分析法和回归分析法等对民族地区企业资本结构的影响因素、我国民族地区金融发展与公司投资效率关系进行了实证研究；还采用了因子分析法对民族地区企业财务质量进行了分析，有一定新意。

（三）研究内容和结论有所创新

一方面，本书从民族地区金融发展与金融支持，民族地区优势产业的培育与发展以及企业的发展，金融支持与企业的融资、投资效率问题，进行了系统综合分析，从而避免了单因素分析的片面性，使研究内容更具可靠性；另一方面，本书从增强民族地区企业自身实力、完善信用制度以及加大政府对民族地区企业及金融支持体系的扶持和金融创新等多层次、多角度提出了对策思路，这也是一个创新。另外，本书在国内外学者对金融发展的理论基础上，探讨民族地区金融发展与公司投资效率的关系，丰富了金融发展的理论研究，完善了公司投资效率的理论研究。

二 研究成果特色

第一，将经典理论与调查研究结合，即理论与实际结合。本书以西方经典的财务及经济理论为指导，并主要以五个民族自治区的金融和企业发展、企业融资和金融支持作为研究视角和切入点，详细论述了金融发展与金融支持与民族地区企业优势产业的培育与发展；企业融资以及民族地区投资率及上市公司投资效率等问题；还通过具体调研，并结合一些金融数据库和统计年鉴等网上披露的信息，在成果中引入了大量的实证分析，列举了翔实的数据作为支撑。

第二，将民族地区经济、金融与企业发展的普遍性与特殊性相结合，并将宏观、中观和微观层面相结合，提出切实可行的政策建议。本书既考虑到中国民族地区整体经济、金融、企业发展等较落后的普遍性，又结合不同民族地区所处的位置与现状以及地区发展的特殊性，建议各民族地区经济发展应充分发挥优势，扬长避短；同时又分别从政策的宏观层面、金融发展的中观层面以及企业发展的微观层面提出政策建议。

第三，研究的系统性。本书除经典的理论阐述与文献回顾外，认真分析了当前民族地区金融发展、企业融资与发展等方面的现状与问题，总结了该方面的经验，并辅助较充实的实证研究；本书对恩施民族自治州企业融资与金融支持、广西北部湾经济区企业融资与金融支持等进行了调查研究，同时对个别民族地区企业发展、融资与金融支持的具体案例进行了分析。最后，对民族地区金融环境的优化、多层次金融支持体系的构建以促进民族地区的投资率与优势产业培育与发展，进而解决企业融资问题，并提高企业的投资效率和综合财务质量等问题，提出了有独到见解的理论观点和政策建议。

第四节 成果的学术价值、应用价值、社会影响和效益

一 学术价值

本书以经典的金融发展、区域经济发展、优势产业培育与发展、企业融资与资本结构、企业投资效率等理论为指导，结合我国民族地区特殊的地域、经济、制度等出发，研究民族地区企业融资问题，以及与之息息相

关的投资效率问题、民族地区优势产业培育与发展以及经济发展问题。力图从政府、金融机构、企业等多方面的合作入手解决企业的投融资问题,构建一个适合我国民族地区企业发展的金融支持框架体系,可以进一步丰富该领域的理论研究成果。本书的研究还对目前广受热议的民族地区经济发展特别企业融资及发展等重大问题提出了自己独到的见解,无疑将促进民族地区金融发展、企业融资以及优势产业发展等理论研究的进一步深化。

二 应用价值、社会影响和效益

要解决民族地区企业融资难问题、提高企业投资效率、改善公司综合财务质量,从而增强企业的融资能力,最终实现民族地区的经济快速健康发展,仅靠企业自身的完善是远远不够的,外部政策力量的支持也不容忽视。本书从政策层面以及企业融资供给角度着手,建议政府、金融机构、企业等多方面合作,加大金融制度创新力度,实施综合治理,逐步解决融资"瓶颈"与投资效率问题,这对促进民族地区企业、金融支持体系和经济的发展,统筹区域协调发展具有重要的实践指导意义。

本书在写作前进行过广泛的调研,曾与民族地区的各类企业、银行及农村信用合作社等金融机构、民委部门等,进行了广泛深入的交流,倾听它们对金融支持与企业发展方面的意见与建议,经过提炼反映在本书之中。因此,本书的研究成果将在推进民族地区金融发展与创新以支持民族地区企业的投融资及发展,促进优势产业发展并带动民族地区的经济发展,以及金融机构如何支持民品民贸企业的发展以提高民族地区人们的生活、文化水平,最终使我国政治、经济、社会及文化的均衡、和谐发展方面发挥了影响,做出了一定的贡献。

第五节 成果存在的不足及尚需研究的问题等

一 研究成果的不足

第一,对民族地区金融体系构建与企业融资等问题的解决缺乏全面系统思考。大量理论与经验研究表明,一个地区的金融发展与经济增长是相互影响与相互促进的;而金融的发展能促进民族地区优势产业的培育及发展，并带动企业的发展，较好地解决企业的投融资问题。没有资金困境的企业其投资效率更高、财务质量更好，而这些反过来又会促进企业融资问题的解决。所有这些因素是相互影响与促进的，也是动态的。因此，构建民族地区金融支持体系以解决民族地区企业投融资问题，促进当地经济的发展作为一个系统，应加以综合全面考虑。本书对于如何将研究内容看作一个系统而加以严密并动态地把握与权衡，还有待进一步加强学习与探讨。

第二，民族地区企业融资和金融支持数据难以收集，难以全面反映所有民族地区企业投融资与金融支持方面的问题。我国民族地区地域广阔，区域布局分散，不同民族地区经济等方面发展状况的差异导致其金融与企业发展水平等也参差不齐。限于人力、物力，本书仅对五个民族自治区和个别典型民族地区进行了调研考察，没有面面俱到，因此，难以对我国民族地区的特殊性全面进行反映与研究。

二 尚需研究的问题

第一，在研究我国民族地区企业投融资与构建多层次金融支持体系的框架内，如何体现各种要素之间的相互影响，并将其看作一个动态的系统，综合考虑民族地区特殊性问题，值得进一步深入研究。

第二，在构建企业债务融资体系方面，银行等金融机构作为盈利主体，应基于营利性与风险性考虑，坚持适度原则；而在构建多层次股权融资体系与金融创新方面，也需要把握好风险问题。因此，本书对政府和金融机构如何从政策层面构建金融支持体系与进行金融创新，并控制好风险以及企业如何抓住机遇提高自身实力，以解决融资问题和提高投资效率与综合财务质量等问题进行了重点研究，形成了较清晰的思路或观点，但对于上述具有挑战性的问题，考虑尚欠周详之处，还有待于今后继续深入地研究。

第二章 理论基础和文献回顾

第一节 资本形成与金融的相关理论及文献回顾

一 相关理论

（一）资本形成理论

经济学鼻祖亚当·斯密（Adam Smith）在《国民财富的性质和原因的研究》[①] 中指出："积累就是资本的规模不断扩大的再生产，资本积累是国民财富增长的必要条件。"资本积累或资本形成是实现经济增长和经济发展的基本问题之一，在经济社会中是一个全球性的重大课题。作为早期资本形成理论代表的哈罗德—多马模型在分析资本形成对经济的促进作用时，认为一个国家和地区的资本形成率越高，形成的资本相应也越多，在一定的资本产出率下，对经济增长的推动也就越大，因而经济增长率完全取决于该地区的资本形成率。从资本形成过程看，资本形成包括储蓄、融资和投资三个环节，储蓄是资本聚集的过程，决定资本形成的潜力，并代表能够用于投资的物资资源；融资是投资者筹集资金的过程，它实现了储蓄向投资的转化；投资是资金的使用过程，它通过扩大再生产把资金转化为资本，增加资本存量。

总之，资本形成的基础是储蓄；资本形成的实现是投资；资本形成的核心内容是储蓄向投资转化；储蓄转化为投资的模式和渠道是资本形成机制的核心。[②]

---

① 亚当·斯密:《国民财富的性质和原因的研究》，商务印书馆 1972 年版。
② 时光:《中国少数民族地区资本形成研究》，四川人民出版社 2005 年版。

（二）金融的相关理论

金融发展指的是金融结构的变化，这种变化包括短期变化，也包括长期变化，这种变化是对各个连续时期内金融交易流量的比较变化，同时也是对不同时点金融结构的比较变化。① 金融结构指的是各种各样金融工具和各种形式、不同性质以及不同规模的金融机构，即金融结构由金融工具和金融机构共同决定。

随着金融工具的不断丰富与金融机构的不断发展，金融结构发生变化，从而使得金融得到发展。金融的发展最终将形成整体的金融体系，目前来看，金融在经济生活中以金融体系来体现并发挥其功能。金融体系主要有三大核心功能：

首先，金融体系为资金的日常清算与支付提供便利。金融体系为人们在经济生活中商品、资产以及服务的结算与清算提供了必不可少的工具，不同的金融工具可以在功能上相互代替，同时运作金融工具的金融机构也可以有所不同。

其次，金融体系具有集聚资源、分配资源的功能。通过金融体系，个人、家庭以及企业可以筹集到生产或消费所需要的资金。与此同时，金融体系还能够将这些集中起来的资金或资源在全社会进行重新有效分配。

最后，金融体系具有分散风险的功能。运用金融体系，人们可以找到管理和配置风险的方法，金融体系又作为管理和配置风险的核心参与其中。对于个人、家庭以及企业而言，风险的管理以及配置风险都极为重要，因为其影响了个人、家庭以及企业的福利，良好的风险管理与配置能够为个人、家庭以及企业增加福利。金融体系这一功能的发展使得金融交易与负担风险可以有效地进行分离，从而使得个人、家庭以及企业能够对自己愿意承担的风险进行选择，同时避开其不愿承担或承担不了的风险。

除上述三大功能外，金融体系还可以帮助挖掘对于决策有利的信息，也可以有利于解决在委托—代理关系中可能产生的激励不足的问题等。随着金融自身的不断发展以及国内外学者对金融的不断研究，形成了很多与金融有关的理论，其中比较重要的理论有以下几种②：

---

① 《金融发展》，MBA 智库百科网（http：//www. baidu. com/link？url＝o7ASG）。
② 刘琼：《民族地区金融发展与公司投资效率研究》，硕士学位论文，中南民族大学，2013年。

1. 金融发展理论

金融发展理论是伴随着经济学的产生而产生的。该理论研究注重的是金融发展与经济发展之间、金融发展与经济增长之间的关系，也就是研究金融体系在经济发展中所具有并发挥的作用，即如何建立完善有效的金融体系或制定哪些金融政策，才能最大限度地影响经济发展，促进经济的增长，同时该理论研究怎样通过合理利用金融资源来达到金融的长期、持续发展，从而最终实现经济的长远发展以及稳定增长。在国内外的现有研究文献中，有较多关于金融发展理论的研究，这些研究以金融发展理论为基础，同时也通过研究更加丰富了金融发展理论。

（1）麦金农和肖的金融深化理论。美国经济学家麦金农和肖认为，金融体系和经济发展之间能够相互促进和相互影响。一方面，健全的金融体系可有效动员社会储蓄，使其迅速转化为投资并投入到生产之中，促进经济发展；另一方面，随着经济的发展，人们的收入不断增长，对金融服务的需求也会增加，进而对金融业的发展起到刺激作用。而发展中国家之所以欠发达，就是因为普遍存在金融抑制，集中表现为经济中实际利率过低甚至为负。因此它们主张放弃国家对金融体系和金融市场的国度行政干预，扩大金融体系的规模和容量。发展中国家要解决经济发展问题，应该通过结束金融抑制，实现完全的"金融自由化"。

（2）熊彼特金融创新理论。金融创新，简言之，就是金融领域内的创新。金融创新可以定义为金融领域内部通过各种要素的重新组合和创造性变革所创造或引进的新事物。金融创新可大致归为三类：一是金融制度创新；二是金融业务创新；三是金融资质结构创新。而且金融创新具有新生性和质变性并带有鲜明的行业特征，它是一个动态的广义概念，不是一个国家特有的现象，而是出现在全球范围内。

（3）金融成长的内外生理论。从理论上看，金融成长可区分为两种状态，内生状态和外生状态。内生状态下企业和个人所起的作用是首要的，政府只是起到一个辅助监管的作用；而在外生状态下，政府部门是率先介入金融成长过程的，企业和个人则处于次要地位。其理论研究表明了这样一个观点，金融成长水平较高的市场经济国家一般处于内生状态，而金融成长水平较低的发展中国家则处于外生状态。

2. 传统金融理论

传统金融理论着重于机构金融的观点，是从金融机构出发对金融体系进行研究的。传统金融理论认为，现有的金融市场中从事金融活动的主体以及从事金融活动的组织是确定的，同时在金融活动中，已有的各种与金融相关的规定、法规或法律条文会对各个金融市场中从事金融活动的主体以及从事金融活动的组织进行规范，从而维持现有的金融机构以及现有的监管部门都想要保持的原本组织和机构的稳定。该理论认为，对于金融体系中所存在的所有问题，都可以或应该在这种既定框架中得到解决，而对于解决过程中是否会影响金融体系的效率不管不顾。

应该看到，传统金融理论能够一定程度反映金融发展所处的金融生态环境，同时也应该看到该理论具有明显不足。其不足表现为，当经营环境发生变化、与金融机构密切相关的基础技术快速发展并进一步革新之后，银行、证券以及保险等金融机构都快速发展时，如果由于跟金融相关的法律、法规或规章制度滞后，这些金融组织将会处于无效率的运行状态。

3. 功能金融理论

针对传统金融理论的上述缺陷，学者莫顿和博迪（R. Merton and Z. Bodie）在1993年时提出了功能金融理论。功能金融理论建立于两个假设之上：

首先，功能金融理论假设金融功能的稳定性高于金融机构本身的稳定性，即在时间的推进或是区域发生变化的情况下，金融功能所发生的变化比金融机构所发生的变化要小。从纵向来看，金融机构如以银行来看，现代银行其组织机构与其机构的布局和早年的银行相比，变化已经翻天覆地；从横向来看，对于不同地域的银行，其组织设置也有所不同，但银行所承担的功能却大多类似或相同。

其次，功能金融理论假设金融的功能要优于金融的组织机构。该理论认为，金融功能的重要性远大于金融组织机构，金融组织机构只有通过不间断的竞争与创新才能真正地使金融具有更好、更全面的功能，同时增长金融的效率。在上述两个假设前提条件下，从功能金融观点来看，首先应该确定金融体系所应当具有的功能，然后从这些应当具有的功能出发，设置和建立能够使得这些金融功能发挥的组织和机构。对于金融体系来说，最重要的功能是在不同地区、不同时间，有利于对经济资源进行有效配置以及使用。

根据功能金融理论，金融工具的多样性以及丰富性便成为我们判断金融体系是否稳定或高效的重要衡量指标。丰富的金融工具能够充分促进社会的储蓄量，同时将这些集聚起来的资金进行有效的配置，从而提高资本的边际生产率，全面提高生产率，最终进行有效的风险分散以及风险管理，使得社会福利得到增长。

二　相关文献回顾

（一）国外对金融发展的相关研究

在金融发展与经济增长关系研究中，最早使用实证研究方法的是学者戈德史密斯（Goldsmith），他也由此开创了对有关该问题实证研究的先河。[①] 在戈德史密斯研究中，他使用了金融中介资产的价值与 GNP 的比率来作为替代一国金融发展的指标，选取 35 个国家在 103 年间（1860—1963 年）的数据作为样本数据，对其进行检验。经过检验得出结论：金融发展伴随着经济的增长，二者往往是同时进行的，在经济增长比较快速的时期，金融的发展也较快。其研究中不足的是，他没有指出经济增长与金融发展是哪个指标影响了另一个指标，没能探寻到两者之间的因果关系。

随后，King 和 Levine 使用 80 个国家 30 年的数据作为样本数据，找出影响经济增长的因素，其研究结果表明，经济增长与金融发展呈现正相关关系，且相关性显著，证明金融发展较发达的国家其经济增长较快，金融发展较落后的国家其经济增长也较慢。他们的研究也在随后掀起了研究金融发展中影响经济增长的因素的研究高潮。

Levine 和 Zervos（1996）运用建立回归模型的方法对金融发展与经济增长之间的关系进行了研究。在研究中，他们首次将可以反映股票市场发展状况的一些指标纳入研究指标，结果表明，银行的发展以及股票市场的流动性都与同时间段内的生产率增长率、经济增长率以及资本积累率之间存在正相关关系，且相关性较强。同时，也让我们看到，银行的发展以及股票市场的流动性可以被用来当作预测生产率增长率、经济增长率以及资本积累率很好的指标。

（二）国内金融发展的相关研究

我国金融发展起步较晚，但近年来，我国学者已经开始对国外已有的关于金融发展理论的研究成果的借鉴与学习，并对我国金融发展进行了部

---

① 谈儒勇：《金融发展与经济增长：文献综述及对中国的启示》，《当代财经》2004 年第 12 期。

分定性以及定量的研究。① 国内学者对于金融发展的研究，大多是在国外已有理论成果的基础上，考虑我国现时的经济状况，通过选定相关的指标，运用国外成熟的实证方法，对样本数据进行统计分析，从而得出比较符合我国经济和金融发展情况的结论。

曹啸和吴军（2002）运用格兰杰因果关系检验结合数据，对我国金融发展与经济增长之间关系进行了检验，结果表明，金融发展是经济增长的原因，而经济的增长主要来自金融资产数量的增长。韩廷香（2003）在对西部民族地区开发中与金融深化发展策略的研究中，通过阐述其存在的问题，提出西部地区如何利用金融发展方式来促进经济发展的途径②。陈景辉（2004）利用 2001 年民族地区与全国有关的经济指标数据，在对其进行分析后，得出民族地区金融抑制是制约其经济发展的重要原因，同时提出促进民族地区金融发展的对策与措施。任志军（2007）通过对民族地区金融机构贷款占全国金融机构贷款的比重、民族地区 GDP 占全国 GDP 的比重分析，得出结论民族地区的金融发展水平比全国水平低，同时民族地区金融发展水平也滞后于民族地区的经济发展。在对产生该现象的原因进行分析后，进一步说明了金融发展如何支持经济发展的措施。王景武（2005）利用 1990—2002 年的数据作为样本，分别对东部、中部、西部地区金融发展与经济增长之间的关系做了多种检验。得出结论我国区域金融存在明显的差异，这种差异并非来自企业或其他微观经济主体的推动，而是政府制度安排之下的外生产物。李斌、江伟（2006）选取 2001—2003 年的 1652 个数据作为样本，回归分析了我国各地区的金融发展与上市公司融资约束以及公司成长之间的关系。得出结论金融发展水平越高，上市公司的融资约束越小。方媛（2007）利用 2002—2004 年境内上市公司数据，对金融发展与企业债务融资问题进行回归分析，得出结论，我国企业的债务融资受金融机构——银行的影响较大，股票市场对其影响较小。

徐淑芳（2008）通过对社会资本、社会资本对金融发展的影响等进行相关阐述与分析，说明了社会资本影响金融发展的作用机制，从而强调

---

① 刘琼：《民族地区金融发展与公司投资效率研究》，硕士学位论文，中南民族大学，2013 年。

② 韩廷香：《论西部民族地区开发中金融深化策略》，《西北民族大学学报》（哲学社会科学版）2003 年第 6 期。

了社会资本对金融发展的重要影响。

沈红波、寇宏、张川（2010）利用我国 2001—2006 年制造业上市公司数据为样本，对金融发展与融资约束利用欧拉方程投资模型进行分析，得出结论金融发展缓解了企业融资约束现象，金融发展越高的区域，企业所受到的融资约束也就越小。[1] 徐璋勇、封妮娜（2008）对我国东部、中部、西部三大地区通过综合得分并进行排名方式，将我国 31 个地区从金融发展的视角进行区域划分，分为 4 个等级。同时针对处于不同等级的区域金融发展分别提出了发展建议。张正斌（2008）利用宁夏地区 1990—2005 年金融发展与城镇化发展相关的数据，对宁夏地区金融发展与城镇化之间的关系进行了统计分析，得出结论，城镇化率与金融发展之间存在因果关系，同时宁夏地区金融发展在支持该地区城镇化发展过程中存在诸多问题，并针对这些问题提出了有关策略。

丁志勇、任佳宝（2010）以新疆地区为例，利用 1999—2008 年有关数据，针对少数民族地区，实证研究了金融发展与经济发展之间的关系。得出结论，新疆地区金融发展水平的落后使得中小企业融资难，进而影响了经济发展，提出了金融发展如何促进经济发展的政策与建议。沈红波、廖冠民、曹军（2011）利用我国沪、深两市的 A 股非金融业上市公司的 2006—2008 年贷款担保数据，通过构建回归模型进行了回归分析。得出结论：金融发展可以减弱企业与银行之间的信息不对称，降低民营企业的担保贷款比例，有助于民营企业获得银行贷款。[2] 仲深、王春宇（2011）利用 2009 年我国 31 个地区的数据，通过因子分析的统计方法，构建了地区金融发展水平综合评价体系，同时提出各地区应通过充分地利用金融工具以及发展实体经济从而来带动地区金融发展的建议。[3] 强志娟（2010）利用我国 A 股中非金融业的上市公司 2003—2008 年的数据，对金融发展与企业投资过度之间的关系进行回归分析。得出结论，金融发展与投资过度之间呈负相关关系，金融发展越落后地区的上市公司，其企业过度投资

① 沈红波、寇宏、张川：《金融发展、融资约束与企业投资的实证研究》，《中国工业经济》2010 年第 6 期。
② 沈红波、廖冠民、曹军：《金融发展、产权性质与上市公司担保融资》，《中国工业经济》2011 年第 6 期。
③ 仲深、王春宇：《地区金融发展水平综合评价及比较分析》，《技术经济》2011 年第 11 期。

的行为越严重。① 田高宁（2011）以湖北省咸丰县为例，通过对当地金融机构功能的缺失、金融政策扶持的不足、金融创新力度的不足、中小企业贷款难以及中小企业对金融业发展的难以适应等问题的分析，提出了对策与建议。严琼芳（2012）选取 1978—2008 年民族地区农民收入水平、金融发展水平、投资水平相关的数据，通过将农村金融发展水平作为一个要素引入生产函数进行分析，得到结论，民族地区农村金融发展与农民收入呈正相关关系，通过提高民族地区农村金融发展水平，可以提高民族地区农民收入。②

第二节　企业融资、区域经济发展及优势产业相关理论及文献回顾

一　相关理论

（一）企业融资需求及资本结构相关理论

1. 金融缺口理论

1931 年，麦克米兰（Macmillan）在一份报告中首次指出，中小企业面临融资的"双缺口"，即自有资本存在短缺的中小企业又不能在市场上公开融资时，就会面临权益资本缺口③和债务缺口（Macmillan，1931）。

2. 优序融资理论

1984 年，Myers 和 Mujluf 提出的优序融资理论是融资需求理论的起点，认为企业在融资过程中一般优先于内源融资，而在外源融资中，债务融资又优先于股权融资。但是这一规律站在静态角度来对企业融资进行分析，而忽略在企业成长过程中对融资需求的动态变化规律。依据现有较新融资理论：企业的最优融资决策是动态的，应该根据企业具体情况作出判断与决策（摩尔和加恩西，1992；马修斯，1994；斯特瑞和泰瑟，1996；菲尔普特，1994；Timan and Wessels，1998）。

---

① 强志娟：《金融发展与企业过度投资关系实证研究》，《商业时代》2010 年第 32 期。

② 严琼芳：《民族地区农村金融发展对农民收入影响效应分析》，《武汉金融》2012 年第 2 期。

③ 罗玉霞：《民族地区优势产业发展与资本市场研究》，硕士学位论文，中南民族大学，2012 年。

3. 金融成长周期理论

2002 年 Berger 和 Udell 提出的金融成长周期理论对优序融资理论的缺陷进行了弥补。该理论认为，伴随着企业成长周期而发生的信息约束条件、企业规模和资金需求的变化，是影响企业融资结构变化的基本因素。在企业成长的不同阶段，随着信息、资产规模等约束条件的变化，企业的融资渠道和融资结构将随之发生变化（Berger，A. N. and Udell，1998）。

（二）债务融资结构对公司财务绩效影响的相关理论

债务融资作为企业融资的主要方式之一，一直被国内外学者关注和研究，而债务融资相关理论也是产生与发展于企业资本结构理论，与其相依相随。对于资本结构所进行的研究可以追溯到 1952 年，美国经济学家杜朗德（Durand）对早期的三种融资理论进行了系统的总结，但这在理论界没有得到广泛的认可和进一步的发展。直到 1958 年，Modigliani 和 Miller 在 *American Economic Review* 上联合发表了 "*The cost of Capital，Corporation Finance，and the theory of Investment*" 一文。在该篇文章中，经典的 MM 理论诞生，这不仅奠定了 Modigliani 和 Miller 在学术界的地位，同时也为现代财务管理理论打下坚实基础。从此以后，关于资本结构的话题一直是以后研究的热点，时至今日仍方兴未艾。经过半个多世纪的积淀和发展，资本结构理论不断适应时代发展，融入了很多新兴又与时俱进的思想硕果。债务融资结构作为企业资本结构的两大组成部分之一，要研究其对公司财务绩效的影响，就必须以资本结构理论为基础，掌握其发展的脉络和历程，从中挖掘和探索出债务融资理论研究的发展动态和趋势。

1. 传统资本结构理论

1952 年在美国经济研究局召开的企业理财研究学术会议上，美国经济学家戴维·杜朗德（David Durand）提交了论文 "*Cost of Debt and Equity Funds for Business：Trends and Problems of Measurement*"。净收益理论、净营业收益理论和传统折中理论这三种早期资本结构理论就是由此文中归纳总结出的。其中，净收益理论的基本观点是：债权资本比例的提高有助于股价上涨，实现股东价值最大化。换句话说，就是企业价值在负债融资率达到 100% 实现了最大化。净营业收益理论则认为，债权资本的多寡、比例的高低对其融资成本并无影响，从而得出企业价值并不会随着资本结构的变化而变化的结论。传统折中观点既不认为债权资本与企业价值毫无关系，也不认同债权融资对企业价值的明显正激励作用，它认为，每一个企业都会有一个相对自身最优的债务比率。在这个最优的债务比率下，企业的价值是最大的。但由于这几个资本结构缺乏实践意义和严密的逻辑证明，因此，在理论界没有得到广泛的认可和进一步的发展。

2. 现代资本结构理论

（1）MM 理论。MM 理论是由 Modigliani 和 Miller 提出的，它的前提条件是完美资本市场的假设，假设主要内容包括没有交易成本、完全竞争市场、无个人所得税、无交易成本和信息成本等。在此理想的资本市场假设下，MM 理论第一次用科学严密的语言，得出了资本结构与企业价值无关的结论。显然，这一结论看起来有盲点，从一方面看现实中企业肯定要向国家交税，那么在存在企业所得税情况下，无税的 MM 理论就无效了。由于意识到税收对公司价值的影响，米勒等人对其完美假设条件进行了放宽，得出了修正的 MM 理论。该理论表明，在考虑存在企业所得税的情况下，企业价值与企业举债量呈线性关系，举债越多，企业价值就越高。虽然 MM 理论这个完美资本市场的假设与现实市场条件并不吻合，但是它的逻辑严谨性无可厚非，提供了一种理想的参照体系，使得后来的学者可以沿着 MM 理论的道路，针对影响融资决策和资本结构形成的一些现实因素，不断放宽 MM 理论中的部分假设条件，进一步推动资本结构理论的发展。

（2）权衡理论。权衡理论最早由迈尔斯（Myers）提出，产生于 20 世纪 70 年代。由于存在财务困境成本，基本上不可能将企业债权融资比率提高到 100%。同时，债务却能给企业带来税收抵免收益。因此，权衡理论的核心思想就是要权衡财务困境成本和债务的税收抵免收益，以期达到最佳的平衡点。在举债的情况下，股东权益资本也仍然要分担一定的代理成本，信息不对称和经理的在职消费就是股东要承担的代理成本。由于资本结构包括权益资本和债务资本，所以资本结构的变换也仅仅发生在权益代理成本和债务代理成本之间，企业若是减少权益的代理成本，相应的债务的代理成本就会增加。在不考虑企业所得税的情况下，最优的资本结构就是使得权益代理成本和债务代理成本的总和最低时的资本结构。

就债务融资来讲，公司一方面运用负债得到税收收益，另一方面由于负债比率达到一个临界水平，从而产生严重的代理成本问题，所以公司权衡债务利息所带来的抵税收益和债务融资所造成的财务困境成本的边际值，当两者相等时，就是最佳的债务融资结构点。

权衡理论关于公司存在最佳负债比率的结论是令人信服的。该理论可以用来解释为什么不同行业有着不同的资本结构。比如，由于高科技企业中无形资产比重较高，公司经营的风险较大，因此高科技企业的债务一般很少；而在房地产市场中，有形资产的比重较高，这类企业的债务一般也较多。[①] 但是也有例外，如权衡理论不能解释为什么像制药公司之类的企业，盈利能力强，发生财务危机的可能性很小，但是其负债比率却较低的现象。这可能是因为企业的最优资本结构还要考虑像债务比例调整成本、破产成本、代理成本等因素。所以对上述的最优债务比例理论还需要进行更深入的研究。

3. 新资本结构理论

（1）委托—代理理论。代理成本模型是资本结构理论研究的一个重要内容，同时也是产生有意义结论的最成功模型之一。詹森和梅克林（Jensen and Meckling，1976）在这一方面的研究有其独到的见解和观点。他们认为，现代公司存在两种利益冲突：一类是股东与经营者之间的冲突，另一类是债权人与股东之间的冲突。股东与管理者之间存在冲突的主要原因在于股东并没有从企业的生产经营活动中获得全部的利润，却承担这些活动所需的全部相关费用；而债权人与股东之间的冲突在于债务契约会刺激股东做出次优的投资决策。由于委托—代理成本的存在，随着股权代理成本和债权代理成本的高低发生变化，股权融资和债权融资所占比例也会随着代理成本的变化自动调整。在最优的资本结构点上，两种融资方式的边际代理成本相等，两者的代理总成本最低。

从债务融资角度来看，詹森和梅克林（1976）指出，债务融资产生的代理成本正好等于其所带来的税收抵免收益时是最优的债务融资结构。斯塔尔兹（Stulz，1990）也认为，负债可以缓解股东与代理人的利益冲突，减少经理的自由资金，但负债融资过度也有不利之处，可能会使"自由现金流"枯竭，以致企业投资不足，即放弃有利可图的投资项目。因此最优的债务融资结构是权衡债务融资产生的代理成本和其所带来的税收抵免收益的结果。

（2）信号传递理论。资本结构作为解决企业过度投资和投资不足的一种工具，在投资确定情况下，也可用作传递企业内部人私有信息的信

---

① 李丽南、温薇：《七台河市煤炭企业发展循环经济问题研究》，《商情》2010 年第 36 期。

号。在这方面，罗斯（Rose）是代表人物。在他的文章中，假设企业经理与外部投资者信息不对称；企业投资收益分布是按一阶随机序列进行融资排序；如果企业的证券市价高于实际价值则经理受益；如果企业破产经理就要受到惩罚。在这样的假设条件下，投资者把较高负债水平当作是一种企业具有较高质量的信号；也可以这样解释，企业提高债务时，经理预期企业会有更好的经营业绩。

资本结构作为信号传递工具，表明代理人改变资本结构比例会直接影响到投资者对企业价值的评价。换句话说，就是负债比率的变化必然会引起企业市场价值发生变化。一般来说，如果企业的举债水平越高，预示着预期经营业绩更好。企业资产负债率的高低也就传递着企业财务质量高低的信号，企业资产负债率越高，则表明经营者对企业盈利充满信心，企业资产质量越高，投资者面临风险越小。

（3）控制权理论。随着不完全契约理论的发展，学者们开始从企业控制权角度考察负债融资的契约性质，以便揭示负债融资对企业绩效的影响，我们称其为企业控制权理论。普遍认为，普通股持有人有投票的权利而债权持有人没有投票权。也就是说，正常情况下股东掌控着公司的所有权。但是，当公司的资产负债结构严重失衡，可能导致企业发生破产危机时，企业的控制权则会发生转移，从股东落入债权人手中。所以说公司负债水平的高低很大程度上影响了控制权的归属。

投资人与代理人在企业控制权方面的冲突，往往也以企业资本结构来调解。通过调整债务比，从而改变代理人的内部持股比率，或改变企业被兼并的可能性，最终来实现对代理人的激励。如果企业负债融资水平过高，濒临破产的风险就越大，控制权从经理手中转移到债权人手中的可能性就越大，这个时候，经理为保有其对公司的实际控制权，往往会选择最大化的努力工作，以提高企业价值。

4. 期限匹配理论

期限匹配理论也被称作免疫假设，是由莫里斯（Morris，1976）最早提出来的，它的核心思想是指将企业债务期限与其资产的期限相对应。这里的资产期限是指资产产生现金流的期限模式。该理论认为，若能将资产和债务期限进行匹配，就能有效减少由于企业资产产生的现金流的不足而产生的不能到期支付利息或者满足投资需要而带来的风险。

一方面，如果债务期限比资产期限短，则资产也许不能产生足够现金流来偿还债务。另一方面，如果债务期限比资产期限长，则在资产可能已经停止产生收益时还要偿还债务。迈尔斯（1977）从克服投资不足问题角度出发，认为企业应将资产和债务的期限进行合理匹配。在资产寿命终止的时候企业面临着再投资的决策。如果以前发行的债务在此时也刚好到期，就会使企业在面临新的投资机会时有正常的投资激励。需要指出的是，迈尔斯的分析表明，企业负债的期限不仅取决于它的有形资产的寿命期限，而且取决于它的无形资产（增长期权）的有效期限。奥利弗·哈特和约翰·莫尔（Hart and Moore，1994）通过证明较慢的资产折旧意味着更长的债务期限，再一次肯定了债务和资产期限匹配的原则。因而资产期限结构与债务期限结构是正相关的关系。此外，埃默里（Emery，2001）认为，债务和资产期限的匹配可以避免债务的期限贴水，从而再次表明这一原则的重要性。

从上述资本结构的相关理论可以看出，债务融资对公司财务绩效都有一定的影响作用，有正面影响也有负面影响，一定比例的债务融资会促进公司财务绩效的提高，物极必反，当债务融资过度时，由于债务的杠杆风险、代理成本和破产成本等影响则会降低公司财务绩效。

（三）区域经济发展理论

1. 平衡发展理论

罗森斯坦—罗丹的大推进理论强调大规模地对各产业进行全面的投资和建设，从而使各部门和各地区取得平衡发展，推进经济的全面增长（P. N. Rosenstein – Rodan，1943）。1953 年，纳克斯提出了"贫困恶性循环"理论。为了打破这种"贫困恶性循环"，纳克斯主张对各个部门、各个地区进行大量投资，使各个部门、各个地区实现平衡发展（Ragner Nurkse，1952）。

2. 不平衡发展理论

以赫希曼为代表提出的不平衡发展理论，强调发展中的国家应该通过集中有限的资源，重点扶植并优化部分部门和地区，然后带动其他部门和地区的发展，突出的是关联效应和资源优化配置效应。

3. 纳克斯的"贫困恶性循环"理论

纳克斯认为，发展中国家之所以贫困是因为其经济中存在若干互相联系、互相作用的"恶性循环力量"的作用。具体来说，就是供给和需求两方面的贫困恶性循环勾结在一起，形成一个死圈，很难打破。资本形成是打破贫困恶性循环的关键，从供给和需求两方面同时作用，进入良性循环。促进资本形成，必须大规模增加储蓄，扩大投资，产生相互需求，扩大市场容量。

（四）优势产业理论

1. 市场失败论

"市场失败论"认为，在肯定市场对优势产业形成和转化作用的同时也应该明确由于市场固有的不足或者缺陷，应重视政府的职能，通过政府制定相应的产业政策，选择适合的优势产业对其进行扶植，并且通过对基础设施的改善以及市场秩序的规范，为优势产业的发展创造良好的外部环境。

2. 后发性利益理论

根据发达国家的经济发展规律可以看出，随着经济发展规律的变化，产业结构会由低级向高级演变，并且优势产业也会跟随着进行接替。发展中国家由于其产业还没有形成足够的竞争力，与发达国家进行自由竞争的时候，通过对发达国家产业结构和优势产业发展规律的借鉴，结合政府的参与，对优势产业进行选择并进行重点培育，不仅能够加速产业结构的转换，缩短产业结构转换的漫长自然历程，而且能够发挥落后的发展中国家的"后发优势"，取得经济的跳跃性发展。

3. 领先论

这一理论认为，发达国家在处于其领先地位的同时要有防止发展中国家的超越。在面对发展中国家的进步和挑战时，为了领先地位的保持，同样需要对优势产业的积极培育和推广，利用优势产业进一步带动经济的发展。[①]

二　相关文献回顾

（一）民族地区企业融资与金融支持体系存在的主要问题研究

孙光慧等（2010）认为，民族地区资本形成不足制约了经济发展，造成生产率的低下；田孟清等（2000）认为，资本的稀缺已经成为民族地区经济发展的"瓶颈"，企业也面临着较为严重的融资及发展等问题。时光等（2005）认为，一方面，由于民族地区基础设施落后、地理位置

---

① 罗玉霞：《民族地区优势产业发展与资本市场研究》，硕士学位论文，中南民族大学，2012年。

偏僻的原因；另一方面，由于民族地区企业自身效益不高、偿付能力弱等原因，导致了民族地区通过进一步扩大债券市场受到了限制。

（二）解决民族地区企业融资与加强金融支持体系的对策研究

王曙光（2009）认为，边疆民族地区的农村金融发展是关系到民族和谐与民族地区经济发展的重大问题，主张以东部的资金支持西部民族地区发展；侯超慧、刘颖（2007）认为，民族地区大力发展产权交易市场，对国家经济发展战略的实施，金融运作效率的提高等作用重大；田孟清（2000）认为，应开拓国际债券市场，吸收国际资本参与民族地区经济开发；孙光慧等（2010）认为，首先要发展民族地区中长期信贷市场、完善金融市场服务体系，以达到规范化要求和适应金融体制改革的需要；刘磊（2010）等认为，应加强少数民族地区金融支持，建立适合少数民族地区经济发展的保险制度和信用担保体系等。丁志勇等（2010）认为，应积极推动额贷款公司、村镇银行等新型金融组织机构的发展，改革完善少数民族贫困地区金融市场体系。辜胜阻（2012）认为，当前我国企业特别是中小企业面临的头号难题不仅融资难而且融资贵，应通过构建包括资本市场体系、股权投资体系、信贷体系和信用担保体系的多层次金融体系，推动资本回归实业，缓解实体经济"贫血"局面，保证我国经济又好又快发展。[①]

（三）对民族地区资本市场的研究

陈伟（2006）通过对在西部地区建立区域资本市场的可行性分析以及必要性分析后认为在西部地区建立区域资本市场是可行的，并对其资本市场的构建进行了探讨。侯超慧、刘颖（2007）认为，民族地区大力发展产权交易市场，对国家经济发展战略的实施，金融运作效率的提高作用重大。周运兰（2010）通过对 5 个民族自治区的 93 家有股权再融资和无股权再融资上市公司的净资产收益率、主营业务收入增长率和资产负债率等指标的均值进行比较分析，探讨我国民族地区的上市公司特别是中小上市公司的盈利能力、成长性、资产负债率和股权融资情况。周运兰（2010）分析少数民族企业在我国各个层次资本市场通过股权融资的不足后，从完善少数民族地区主板市场、中小板和创业板市场、代办股份转让系统、产权交易市场四方面提出了构建少数民族地区多层次资本市场的思

---

① 辜胜阻：《构建四大"多层次"金融体系》，《证券日报》2012 年 12 月 1 日。

路。郑军、朱亚琴等（2010）认为，民族地区资本市场总体规模偏小以及运行机制扭曲、制度创新供给不足加上高投入、低产出的恶性循环是民族地区资本市场弱化的原因，并有针对性地提出了改善的措施。

（四）对优势产业的研究

蒋新祺（2006）认为，当今世界各国经济竞争演化为以"优势产业"的竞争为重点和核心，能使落后国家实现跨越式的赶超。熊琼（2006）对湖北的十大优势工业产业进行了选择，并重点以汽车产业为例对其进行剖析，最后提出了湖北优势产业培育的经验进行总结，从而形成对中部地区优势产业的培育。韩庆鹏（2007）基于新疆的资源禀赋优势，从成本和效益的角度出发，选择了新疆的优势产业，将其作为发展的重点，并根据产业集群等相关理论，构建新疆优势产业集群来发展其优势产业。陈永忠（2010）提出了做强、做大西部地区优势产业十大工业基地、五大工业园区、四大优势产业链、八大集团公司进行了论述，并提出了西部地区优势产业发展的建议。昝国江、王涛等（2010）认为，西部地区应该通过对其优势产业的建设来承接国际国内产业转移，从而促进西部地区特色优势产业的发展。任媛、安树伟等（2011）运用 SWOT 分析方法，从优势、劣势、机遇及挑战四个方面对西部地区发展特色优势产业进行了分析，从而使西部地区对其特色优势产业的重点领域更加明确。

（五）金融支持与产业结构关系的研究

崔宁娜（2006）通过探讨资本市场对产业结构的贡献、制约以及成因的角度，论述了如何通过完善资本市场，对有限资源进行更好整合后推动该产业结构的调整。王泉（2007）通过对资本市场与产业结构互动关系的探讨，得出资本市场能够促进产业结构的高级化，是产业结构调整的助推器。徐炳胜（2006）、杨德勇、董左卉子（2007）也从定量角度论述了资本市场对产业结构升级的促进作用。李建伟（2009）对股市融资与产业结构升级的关系进行了实证分析，结果表明，股市融资推动了产业结构升级。苏勇和杨小玲（2010）从实证分析的角度论证了目前我国资本市场的发展并不利于我国产业结构的升级。[①]

国内外相关研究为本书提供了借鉴和思路。而本书基于民族地区优势

---

① 罗玉霞：《民族地区优势产业发展与资本市场研究》，硕士学位论文，中南民族大学，2012 年。

产业的培育和民族地区资本市场的完善对缩小民族地区差距和民族地区经济发展的促进作用，将民族地区的特色优势产业与民族地区的特色资本市场结合起来进行研究。

综上所述，国内外相关研究为本书提供了借鉴和思路，但在对民族地区企业融资和金融支持体系的研究内容上，国内研究多在某一方面论述民族地区企业融资难的成因，且多注重定性分析，少有文献从深层次且结合定量研究系统讨论民族地区企业融资和金融支持体系问题；而在民族地区优势产业发展与金融支持的研究内容方面，对金融发展和优势产业往往都是单独进行研究，或者多注重于金融发展对经济增长的研究，关于金融支持对产业结构调整的研究成果并不多见，而对于将金融支持和优势产业结合进行研究的几乎还没有。本书将在如下几个方面进行研究和完善：一是基于金融支持的完善，对民族地区优势产业的培育、缩小民族地区差距和民族地区经济发展的促进作用，将民族地区的特色优势产业与民族地区的特色资本市场结合起来进行研究。二是研究民族地区企业如何在现行金融环境下提高自身实力包括提高投资效率、财务质量和完善信用制度，扬长避短地解决融资问题。三是如何通过改善民族地区金融环境，进行金融创新，并完善主板、创业板、产权交易等多层次资本市场对民族地区企业股权融资支持体系，并完善以国有商业银行以及村镇银行等新型金融机构、信用担保公司、小额信贷公司等债务融资支持体系。四是如何对民族地区企业、经济环境特别是金融支持体系与环境进行扶持，予以理论的回答和充分的论证。

第三章 民族地区金融发展
现状调查研究

在各国以及全球经济发展过程中，金融发展所发挥的作用越来越受人们关注，其在经济发展中所占据的地位也越来越重要。首先，金融发展有利于资本得到累积甚至集聚，而资本的累积使得生产进入现代化变为可能，使得大规模的生产与经营得以实现，从而带来规模经济所产生的效益。其次，金融发展能够帮助提高人们对资源的使用效率，而资源的使用效率进一步提高了社会整体的经济效率。最后，金融发展能够帮助提高储蓄在金融资产中所占的比例，从而帮助社会整体投资水平的提高。同时，作为经济发展的重要影响因素，金融发展对公司投资效率的影响也越来越不容忽视。

银行产生以来，学者们便开始并一直在思考与探寻金融在经济、金融发展在经济发展中发挥的作用。就某一国家来说，在该国的经济发展历程中，该国金融上层结构的增长速度比该国国内生产总值以及国民总体财富所代表的该国经济基础结构的增长速度更为迅速，因此金融相关比率有提高的趋势。

随着我国经济的持续、稳定的快速发展，也使得我国金融不断发展，我国金融体系也随之发展并不断完善。从个人来看，我国经济的发展使得社会的整体收入水平不断提高，人们对金融理财、金融投资等服务的需求越来越高。从公司、企业来看，我国经济的发展使得我国涌现出越来越多的企业甚至大的企业集团，这些企业或企业集团要想得到更好的发展，需要有与其融资或投资需求相匹配的现代金融机构、金融产品、金融服务来满足其需求。同时，金融的发展也反过来影响并促进经济的发展。从企业微观角度来看，民族地区金融发展肯定会对民族地区各企业的融资产生影响，而企业投资需要融资为其解决资金问题，因此金融的发展也会影响到企业的投资问题。①

第一节 影响民族地区金融发展的因素分析

金融发展、政府治理、地区经济基础以及制度文化共同构成金融生态环境。金融生态环境作为一个整体会影响其各个构成部分，同时各构成部分之间又会互相产生影响。因此，影响民族地区金融发展主要有以下因素：

一 民族地区金融生态环境对金融发展的影响

金融发展是金融生态环境中的重要组成部分，同时金融生态环境又反过来影响金融发展。从金融生态环境的定义来看，有广义和狭义之分。广义的金融生态环境包括了政治、经济、文化、人口以及地理等所有跟金融相关的或对其有影响的方面，是从宏观角度来说，强调的是金融运行的一些基础条件；狭义的金融生态环境主要是指法律制度、企业发展状况、银行与企业之间的关系等，是从微观角度来说，与金融运行中的具体内容有关。

在中国金融发展报告中，将我国东部、中部、西部各个地区就金融生态环境进行综合评价打分并据此将各地区划分为五个不同的等级。具体见表 3 - 1。

表 3 - 1   2010 年中国地区金融生态环境等级评定

金融生态环境等级	地区
一级	上海 浙江 北京 江苏
二级	广东 福建 重庆 天津 山东
三级	辽宁 四川 安徽 湖南 河南 河北 江西 云南 吉林 湖北 宁夏
四级	内蒙古 广西 陕西 海南 新疆 黑龙江
五级	山西 青海 贵州 甘肃

资料来源：《中国金融发展报告》（2011）。

---

① 刘琼：《民族地区金融发展与公司投资效率研究》，硕士学位论文，中南民族大学，2013年。

表 3-1 表明，宁夏属第三级，内蒙古、广西、新疆都同属第 4 级，西藏未参与金融生态环境指数评比。在 30 个地区的综合评分中，上海排名第一，甘肃排名最后，宁夏排名第 20 位，内蒙古第 21 位，广西第 22 位，新疆第 25 位。在等级评定中，一级地区都是金融发展迅速、经济快速发展同时经济水平在全国平均水平之上的地区，我国民族地区（宁夏、内蒙古、广西、新疆）属于等级评定中靠后的地区，其金融发展速度较慢、处于金融发展的初级阶段，同时其经济水平也在全国平均水平之下。

二　民族地区政府治理对金融发展的影响

政府是经济生活中的重要参与者，尤其在我国，政府对经济具有主导作用。各地方政府手中所拥有的引资权利、准入优惠条件等，都使其在很大程度上主导、掌控了当地的金融资源的配置，从而对当地金融发展带来影响。

一般来说，我们可以从当地地方财政支出占当地的国内生产总值的比重高低看出当地市场化发展程度的高低。当地地方财政支出占当地的国内生产总值的比重越低，则该地区市场化发展程度越高，政府分配资源的程度越低；反之，则市场化发展程度越低，政府分配资源的程度越高。

民族地区是我国经济落后地区，政府是民族地区经济生活中的重要参与者，对于民族地区资源分配掌握着主导权，政府治理欠缺，这对于民族地区的金融发展带来不利影响。

三　民族地区经济基础对金融发展的影响

从地区经济基础可以看出一个地区的经济发达程度、基础设施以及经济结构等，而这几个要素又能影响当地的金融发展。经济发达程度越高，越能促进金融机构发展业务，同时壮大实力。城市基础设施的完善程度也决定了当地的金融发展基础，越是基础设施完善的地区，其金融发展水平也越高。

地区经济结构决定了该地区防范金融风险以及化解金融风险的能力，对地区金融发展有重要作用。一般用地区第三产业增加值占地区 GDP 比重来评估地区的经济结构。地区第三产业增加值占地区 GDP 的比重越高，其经济结构越有利于金融产业的发展，就越能为金融发展提速提供基础性的条件；反之，则其经济结构越不利于金融发展。

民族地区基础设施不完善，同时经济发展落后，产业结构尚不完善，第三产业增加值与地区本身的生产总值都较小，其经济结构还不成熟，这都将会对民族地区金融发展带来阻碍。

四 民族地区制度文化对金融发展的影响

一个地区的制度文化深刻影响当地金融发展。其中，金融法治环境决定了金融发展的稳定性与持续性，是金融发展的基本条件。良好的金融法治环境可以使金融主体的产权得到有效保护，同时保护投资者、债权人以及存款者的权益，这对于金融发展来说是极其重要的保障条件。制度文化中的诚信文化是金融信用关系中的重要约束条件，只有在诚信文化的氛围中，才能使得当地金融持续健康的发展。

民族地区大多都处于对外开放程度较低、金融法治环境欠佳的状态中，这使得民族地区金融发展得不到最基本的法治保障，不利于保护投资者、债权人以及存款者的权益，从而影响民族地区的金融发展。

第二节 我国民族地区金融发展现状

截至目前，我国共有五个民族自治区，同时，在吉林省、甘肃省、青海省、四川省、云南省、贵州省、湖南省、湖北省成立了多个民族自治州，本书所说的民族地区主要以五个民族自治区为例，即我国于 1947 年、1955 年、1958 年、1958 年、1965 年先后成立的内蒙古、新疆、广西、宁夏以及西藏自治区。为了更好地说明民族地区金融发展现状，本章将对民族地区的相关指标与东部、中部地区进行对比分析。

东部地区经济一直快速发展，与之相关的金融发展与民族地区相比，甚至可以称为飞速发展；中部地区自国家政策提出"中部崛起"的发展战略以来，经济与金融都得到了快速发展。东部和中部地区包含的地区较广，本书仅分别以上海、湖北作为东、中部地区的代表地区对其金融发展现状进行分析。

一 从信贷角度看民族地区金融发展现状

从存款规模来看，五个民族自治区与上海、湖北以及全国的全部金融机构各项存款余额从 2008—2012 年逐年上升，同时企事业单位存款也呈上升态势，企业流动性增强。

表 3 - 2　　五个民族自治区与上海、湖北地区以及全国2008—
2012 年全部金融机构各项存款（余额）　　单位：亿元

地区	2008 年	2009 年	2010 年	2011 年	2012 年
广西	7075.02	9638.89	11819.90	13527.97	15966.65
西藏	829.02	1028.40	1296.73	1662.50	2054.25
内蒙古	6380.54	8413.96	10278.69	12063.72	13612.72
宁夏	1598.17	2068.42	2586.66	2978.40	3507.16
新疆	5424.38	6877.16	8898.57	10386.99	12330.89
上海	33055.11	41486.49	52190.04	58200.00	63555.25
湖北	13563.41	17653.05	21716.59	24148.26	28257.85
全国	478000.00	612000.00	733000.00	827000.00	943000.00
全国平均	15419.35	19741.94	23645.16	26677.42	30419.35

注：本节所有表格，2008—2011 年的数据均来自《中国金融年鉴》，2012 年的数据均来自各地区统计局公布的统计公报，全国平均值是以全国的总值除以 31 的商表示。

首先，从五个民族自治区自身看，五个民族自治区的各项存款余额都以较快速度增长，其中广西每年的环比增长率分别为36%、23%、14%、18%，西藏每年的环比增长率分别为24%、26%、28%（其中2011—2012 年的无法计算），内蒙古每年的环比增长率分别为32%、22%、17%、13%，宁夏每年的环比增长率分别为29%、25%、15%、18%，新疆每年的环比增长率分别为27%、29%、17%、19%；同时，五个地区中西藏的存款余额规模最小，广西的规模最大，内蒙古与新疆的规模相近，但内蒙古的增长速度比新疆快，宁夏的规模比新疆的小，但高于西藏。

五大民族自治区的全部金融机构各项存款（余额）增长趋势如图 3 - 1 所示。图 3 - 1 显示，五个民族自治区的全部金融机构各项存款余额处于持续稳定上升状态。

其次，民族自治区与上海、湖北相比看：（1）与地处中部的湖北相比，五个民族自治区各年的全部金融机构各项存款余额都低于湖北；（2）与地处东部的上海相比，五个民族自治区各年的全部金融机构各项存款余额不仅都低于上海，五个民族自治区各年的全部金融机构各项存款余额的总和都小于上海地区的全部金融机构各项存款余额。此外，就中部

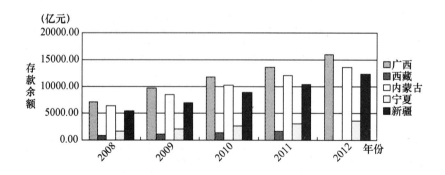

图 3-1　民族地区全部金融机构各项存款（余额）增长趋势

地区与东部地区相比来看，湖北地区 2012 年的该项指标未能达到上海地区 2008 年的该项指标，由此看出，中部地区的存款规模远远落后于东部地区，而五个民族自治区与中部、东部地区之间存在巨大差距。

最后，民族自治区与全国平均水平看，2008—2012 年五个民族自治区全部金融机构各项存款余额都未能达到全国平均水平。

因此得出结论，五个民族自治区存款规模虽在逐年增长，但其规模尚小，未能达到全国平均水平，同时与我国中部、东部地区的差距较大。

从贷款来看，民族自治区贷款（余额）呈逐年上升趋势，贷款总量增加，同时在贷款中呈现长期化的趋势。

表 3-3　　　　2008—2012 年五个民族自治区与上海、湖北以及
全国金融机构各项贷款（余额）　　　单位：亿元

地区	2008 年	2009 年	2010 年	2011 年	2012 年
广西	5110.06	7360.43	8979.87	10646.43	12355.52
西藏	219.32	248.35	301.82	409.05	664.05
内蒙古	4564.24	6385.46	7919.47	9727.70	11284.20
宁夏	1414.30	1928.71	2419.89	2907.24	3372.12
新疆	2918.13	3952.06	5211.38	6270.21	7914.00
上海	20294.82	26086.58	34154.17	37200.00	40982.48
湖北	8732.27	12018.32	14583.34	16395.39	19032.24
全国	320000.00	598000.00	718000.00	809000.00	918000.00
全国平均	10322.58	19290.32	23161.29	26096.77	29612.90

首先，从民族自治区自身看，五个民族自治区的各项贷款余额都以较快速度增长，其中广西每年的环比增长率分别为44%、22%、19%、16%，西藏每年的环比增长率分别为13%、22%、26%（其中2011—2012年的无法计算），内蒙古每年的环比增长率分别为40%、24%、23%、16%，宁夏每年的环比增长率分别为36%、25%、20%、16%，新疆每年的环比增长率分别为35%、32%、20%、26%；同时，五个地区中西藏的贷款余额规模最小，广西的规模最大，内蒙古次之，新疆排名第三，宁夏的规模比新疆的小，但高于西藏。

五个民族自治区的全部金融机构各项贷款（余额）的增长趋势如图3-2所示。

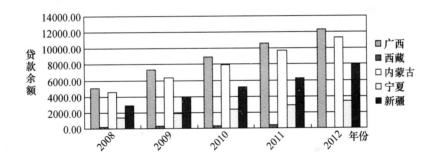

图3-2　五个民族自治区全部金融机构各项贷款（余额）增长趋势

图3-2显示，五个民族自治区的全部金融机构各项存款余额处于持续稳定上升状态。

其次，与上海、湖北相比：（1）与地处中部的湖北相比，五个民族自治区各年的全部金融机构各项贷款余额都低于湖北；（2）与地处东部的上海相比，五个民族自治区各年的全部金融机构各项贷款余额不仅都低于上海，五个民族自治区各年的全部金融机构各项贷款余额的总和都小于上海的全部金融机构各项贷款余额。此外，就中部地区与东部地区相比来看，2012年湖北区该项指标未能达到2008年上海的该项指标，由此看出，中部地区的贷款规模远远落后于东部地区，而五个民族自治区与中部、东部地区之间存在巨大差距。另外，从全国平均水平来看，2008—2012年五个民族自治区全部金融机构各项贷款余额都未能达到全国平均水平。

因此得出结论，五个民族自治区贷款规模虽逐年增长，但其规模尚小，未能达到全国平均水平，与我国中部、东部地区的差距较大。

二 从金融发展环境角度看民族地区金融发展现状

从政府治理这一影响金融发展的要素来看，地方财政支出占地方国内生产总值的比重越低，则该地区市场化发展程度越高，政府分配资源的程度越低，该地区的金融发展较快；反之，则市场化发展程度越低，政府分配资源的程度越高，从而使得该地区的金融发展较为缓慢。五个民族自治区与上海、湖北以及全国的该项指标如表 3 - 4 所示。

表 3 - 4   五个民族自治区与上海、湖北地区以及全国
地方财政支出占地区 GDP 的比重

地区	2007 年	2008 年	2009 年	2010 年	2011 年	2012 年
广西	0.17	0.18	0.21	0.21	0.22	0.23
西藏	0.82	0.97	1.07	1.11	1.28	1.33
内蒙古	0.17	0.17	0.20	0.20	0.21	0.21
宁夏	0.26	0.27	0.32	0.33	0.34	0.37
新疆	0.23	0.25	0.31	0.31	0.39	0.41
上海	0.18	0.19	0.20	0.20	0.20	0.21
湖北	0.14	0.14	0.16	0.16	0.16	0.17
全国	0.19	0.20	0.22	0.22	0.23	0.24

资料来源：表 3 - 4 及表 3 - 5 的数据由《中国金融年鉴》以及各地区统计局公布统计公报数据计算得来。

首先，从表 3 - 4 可以看出，2008—2012 年五个民族自治区地方财政支出占地区 GDP 比重都呈增长态势，说明在分配资源的控制上，政府处于绝对的主导地位，这与我国近年来不断以政策、资金投入的方式来支持我国民族地区的发展相符合。其中，西藏历年该比重最大，这也一定程度地反映了我国政府对其发展的积极支持。正由于民族地区的经济比较落后、经济发展缓慢，政府才运用制度、政策等手段参与资源分配，这一定程度上能促进民族地区的金融与经济发展，但同时我们也应看到长期的政府主导地位，不利于民族地区金融的长期健康发展。

其次，从表 3 - 4 可以看出，2008—2012 年上海、湖北两地区地方财政支出占地区 GDP 的比重呈微增长状态，其中 2009—2011 年上海、湖北该项比重保持稳定。这表明在分配资源的控制上，政府的主导地位仍未减弱，上海该项指标略高于湖北，这与国家对上海经济发展的支持密不可分。

综上所述，在分配资源的控制上，五个民族自治区的政府处于绝对主导地位，与中、东部地区相比，五个民族自治区政府治理因素对金融的长期健康发展的不利影响大。

从地区经济基础看，第三产业增加值占地区 GDP 的比重越高，其经济结构越有利于金融产业的发展，就越能为金融发展提速提供基础性的条件；反之，则其经济结构越不利于金融发展。五个民族自治区与上海、湖北以及全国的该项指标如表 3 - 5 所示。

表 3 - 5　　　　五个民族自治区与上海、湖北以及全国第三产业
增加值占地区 GDP 的比重

地区	2007 年	2008 年	2009 年	2010 年	2011 年	2012 年
广西	0.39	0.38	0.37	0.35	0.34	0.35
西藏	0.56	0.56	0.55	0.54	0.53	0.54
内蒙古	0.34	0.30	0.38	0.36	0.34	0.34
宁夏	0.37	0.33	0.39	0.38	0.38	0.42
新疆	0.35	0.34	0.37	0.33	0.32	0.35
上海	0.53	0.54	0.59	0.57	0.58	0.60
湖北	0.40	0.40	0.39	0.37	0.37	0.37
全国	0.42	0.42	0.43	0.43	0.43	0.45

首先，从表 3 - 5 可以看出，2008—2012 年五个民族自治区第三产业增加值占地区 GDP 的比重基本处于稳定状态，变化较不显著。在五个民族自治区中，西藏该项比重最高，说明西藏的经济结构为该地区的金融发展提速提供了基础性的条件，最有利于该地区的金融发展。其余四个地区该项比重也较高，其经济结构对地区的金融发展不构成阻碍。

其次，从表 3 - 5 可以看出，2008—2009 年上海第三产业增加值占地

区 GDP 的比重保持增长, 2009—2010 年该指标略微有所降低, 2010—2012 年该指标有所增长。湖北 2008—2008 年第三产业增加值占地区 GDP 的比重保持稳定状态, 2008—2010 年有小幅度的降低, 2010—2012 年该指标保持稳定。同时, 上海、湖北该项比重都处于较高水平, 说明两地区的经济结构为该地区的金融发展提速提供了基础性的条件, 有利于该地区的金融发展。上海该指标高于湖北, 2007—2012 年分别为湖北的 1.32 倍、1.33 倍、1.52 倍、1.53 倍、1.57 倍、1.63 倍, 可以看出, 东部地区的经济结构与中部地区相比更有利于其金融发展。

然而, 由于五个民族自治区本身经济发展与中部、东部地区的差距较大, 因此, 五个民族自治区金融发展现状与中部、东部地区相比, 仍处于初级发展水平。

三 从资本市场角度看民族地区金融发展现状

从境内上市公司数 (A 股、B 股) 看, 五个民族自治区与上海、湖北以及全国的该项指标如表 3-6 所示。

表 3-6 　　　　2007—2012 年五个民族自治区与上海、湖北以及
全国境内上市公司数 (A、B 股) 　　　　　单位: 家

地区	2007 年	2008 年	2009 年	2010 年	2011 年	2012 年
广西	25	25	26	27	29	30
西藏	8	8	9	9	9	10
内蒙古	21	21	21	22	24	26
宁夏	12	12	12	12	12	12
新疆	30	32	34	36	37	39
上海	196	199	205	220	240	257
湖北	69	69	72	79	87	99
全国	1725	1819	1937	2302	2609	2868
全国平均	56	59	62	74	84	93

资料来源: 本表数据来自锐思数据库 (http://www.resset.cn/product)。

首先, 从表 3-6 可以看出, 五个民族自治区的资本市场已经得到运用, 相较于其他设有上市公司的民族自治州来说, 已突破 "零" 状态, 有多家企业上市通过股票市场融资, 从而求得更快更好的发展。同

时，五大民族自治区的境内上市公司数缓慢增加，其中新疆的增长最快，同时上市公司的数量最多，广西和内蒙古相对较多，西藏和宁夏的数量最少。

其次，与全国平均水平相比，2006—2012年五个民族自治区境内上市公司数量均未达到全国平均水平，同时发展速度也未达到全国平均水平，可以看出民族地区对资本市场的运用还有待长时间的发展。

最后，与上海、湖北两地相比来看，上海境内上市公司数最多，为湖北的2倍以上，比五个民族自治区总和还多；湖北地区境内上市公司数也远大于五个民族自治区。同时，上海与湖北境内上市公司数都高于全国平均水平，其中上海的境内上市公司数约为全国平均数的3倍。而且从境外上市公司数量和筹集的资金额看，与东部地区相比，五个民族自治区对境外资本市场的运用也是微乎其微。由此可见，与东部地区相比，中部地区对资本市场的运用还有很大发展空间，而民族地区与中部、东部之间存在巨大差距。民族地区政府及企业都应积极整合资源，使更多符合上市条件的企业踏入更有效的融资环境中来。

从股票筹资额来看，五个民族自治区与上海、湖北的该项指标如表3-7所示。

表3-7　　　2008—2012年五个民族自治区与上海、湖北非金融
机构股票融资情况　　　　　　单位：亿元

股票融资	2008年	2009年	2010年	2011年	2012年
广西	0	9.09	89.27	78.47	6.11
西藏	0	4.81	57.93	25.9	7.35
内蒙古	63.58	0	5.33	31.59	123.75
宁夏	7.46	4.82	10.20	27.34	23.62
新疆	55.29	33.17	214.08	97.01	125.51
湖北	54.64	109.14	218.37	189.07	102.97
上海	259.27	877.01	570.4	307.18	642.43

注：表3-7和表3-8的数据都来自五个民族自治区和上海、湖北2012年的金融运行报告，并经笔者整理计算所得。

从债券筹资额来看，五个民族自治区与上海、湖北的该项指标如表

3 - 8 所示。

表3 - 8   2008—2012 年五个民族自治区与上海、湖北非金融
机构部门债券融资情况   单位：亿元

债券融资	2008 年	2009 年	2010 年	2011 年	2012 年
广西	28.28	13.63	112.96	172.24	321.85
西藏	0	0	0	10.02	0
内蒙古	81.01	96.8	163.4	197.94	481.98
宁夏	6.08	14.98	10.20	42.97	25.16
新疆	12.33	38.7	126.21	242.52	414.58
湖北	116.67	225.56	550.97	704.73	716.53
上海	586.78	1059.15	369.4	555.64	762.56

从表3 - 7 和表3 - 8 非金融机构部门股票和债券融资情况看，2008—2012 年五个民族自治区股票筹资额和债券筹资额都比东部的上海和中部地区的湖北要低很多，西藏的债券融资除了 2011 年有 10.02 亿元外，其他年份都为零。由此，我们看到民族地区与东部地区的上海以及中部地区的湖北之间的较大差距。

四　从保险资金看民族地区金融发展现状

保险是金融中的一个重要组成部分，保险业务的发展程度与金融整体发展之间相互联系，五个民族自治区与上海、湖北以及全国 2008—2012 年保费收入如表3 - 9 所示。

表3 - 9   2008—2012 年五个民族自治区与上海、湖北
以及全国保费收入   单位：亿元

地区	2008 年	2009 年	2010 年	2011 年	2012 年
广西	133.48	148.62	190.94	212.65	238.26
西藏	4.12	4.01	5.06	7.38	9.54
内蒙古	141.35	171.31	215.54	229.78	247.74
宁夏	31.79	39.28	52.75	55.34	62.69

续表

地区	2008 年	2009 年	2010 年	2011 年	2012 年
新疆	152.51	156.69	190.92	203.61	235.56
上海	600.06	665.03	883.86	753.11	820.64
湖北	317.15	372.42	500.33	501.82	595.41
全国	9784.24	11137.30	14527.97	14339.25	15488.00
全国平均	315.62	359.27	468.64	462.56	499.61

注：本表数据均来自各地区各年统计年鉴或统计公报，全国平均是由全国数据除以 31 个地区得到的商。

五个民族自治区各年保费收入都在上涨，其中广西与新疆保费收入较多，内蒙古规模居中，宁夏与西藏规模明显偏小，而西藏保费收入最少，在民族地区中排名最后，其发展严重滞后。上海与湖北保费收入逐年增长，由于湖北保费收入本身基数偏小，其增长速度较快，但发展至 2012 年时其保费收入规模仍未能达到上海 2008 年时的水平。而五个民族自治区各年保费收入与湖北相较存在较大差距，与上海地区相比其差距更为巨大。同时，五个民族自治区各年保费收入尚未达到全国平均水平。因此可以说，目前我国民族地区金融发展水平较低。

除上述各指标外，2008—2012 年，广西金融业增加值分别为 181.32 亿元、332.68 亿元、380.94 亿元、429.52 亿元、560.36 亿元；上市公司市价总值分别为 477.37 亿元、1274.04 亿元、1521.95 亿元、1200.9 亿元、1276.9 亿元。2008—2011 年，内蒙古全区证券公司开户数分别为 47.1 万户、58.65 万户、56.61 万户、63.43 万户，证券交易额分别为 2528 亿元、4753.9 亿元、4859.16 亿元、4280.74 亿元。2008—2011 年，宁夏上市公司市价总值分别为 159.03 亿元、395.17 亿元、535.67 亿元、381.98 亿元，证券交易额分别为 812.16 亿元、1636.69 亿元、1469.08 亿元、47.72 亿元。2012 年，我国有 4 家证券机构在宁夏设立分支机构；上市公司再融资取得新进展，其中有 2 家上市公司实施股权融资 23.5 亿元。宁夏的新型农村金融组织稳步发展，2012 年新增村镇银行 2 家，总数达到 9 家；新增小额贷款公司 16 家，总数达 127 家。[1]

---

① 中国人民银行银川中心支行货币政策分析小组：《2012 年宁夏回族自治区金融运行报告》2012 年。

综合上述分析可以看出，不论从信贷规模、金融发展环境还是资本市场和保险收入等的运用来看，目前我国民族地区的金融发展都处于落后状态。

五 民族地区金融发展整体分析及结论

金融发展以经济发展为前提，同时金融发展也有助于经济发展，两者相辅相成。东部地区的经济发展起步较早，速度较快，为东部地区的金融发展提供了良好的基础条件，同时国家对东部地区提供了优惠的政策与优质的资源，使得东部地区的金融发展位居前列。近年来，伴随着中部崛起的口号，中部地区的经济发展也呈现出勃勃生机，经济与金融都得到了前所未有的发展。与前两者相比，民族地区一直处于经济与金融落后、发展缓慢的状态。

从上文的分析可以看出，目前我国民族地区金融发展从影响金融发展的定性因素及现状看，是处于相对落后状况的；而具体从民族地区的信贷规模、金融发展环境、资本市场以及保险业务等具体数值看，并与东部沿海以及中部代表地区比较，民族地区金融发展也是处于较低水平。

总之，虽然我国金融得到发展，但由于我国金融的起步较晚，与国外的金融发展水平相比还显得很不成熟，金融体系还很不完善。就我国东部地区来说。与国外相比，其金融都还有待长期的发展。对于地处偏远地区的我国民族地区来说，由于其本身的经济资源较少，经济发展水平本身较低，因而其金融发展水平更低，这都会阻碍我国民族地区的整体发展，是我国发展中需要长期关注并给予支持的对象。

第三节 民族地区上市公司财务质量研究

近年来，随着国家对民族地区加大投入和支持力度，民族地区经济有了较快发展。加快民族地区经济发展不仅有利于全国总体国民经济的持续健康发展，更关系我国区域发展总体战略的实施和社会的稳定、民族的团结。地区经济发展离不开企业，因此，研究民族地区上市公司财务质量，通过科学合理的绩效评价发现并解决民族地区上市公司存在的问题，促进其在将企业做大做强的同时推动民族地区的经济发展实属必要。

目前，评价上市公司财务质量指标很多，这些指标是评价财务质量的原始变量，但如果全部将其运用并做分析，既不可能也无必要；如果选择指标过少，又不能全面反映上市公司财务质量，对其评价也缺乏正确性。因此，比较好的办法就是选取一些具有代表性和说服力的财务指标，将其重新组构、分类。而因子分析法正好满足这个要求，因此下文拟通过对2011 年深沪两市 A 股市场的 115 家民族地区上市公司进行因子分析，综合评价和研究民族地区上市公司的财务状况，为民族地区上市公司的持续健康发展提出参考建议。①

一　文献回顾

（一）国外企业财务质量相关研究

国外对于上市公司财务质量的研究由来已久，最早的是 1903 年美国杜邦公司财务主管唐纳德森·布朗提出的杜邦财务分析法。该方法以投资报酬率为基础，通过对指标体系中各个指标的分析对比，排查公司业绩方面存在的问题，并予以改善。此后，比较有代表性的是 1993 年斯特恩·斯图尔特咨询公司首次提出，后迅速在世界范围内获得广泛运用的 EVA 评价指标以及詹姆斯·托宾（James Tobin）提出的托宾 Q 值，这些都已成为国际上普遍采用的衡量公司财务质量的方法。而由卡普兰和诺顿（Kaplan and Norton，1992）提出的"平衡计分卡"业绩评价体系则在传统的财务指标的基础上引入了客户、内部运营、学习与成长这些非财务评价标准，为财务质量评价指标体系的丰富和发展做出了重要贡献。

（二）国内企业财务质量相关研究

国内财务质量研究的侧重点则是如何将已有的财务质量评价方法运用到中国具体实践，从不同的行业角度地域角度分析评价上市公司财务质量。王化成、刘俊勇（2004）从业绩评价的历史演进把公司业绩评价划分为三种模式，即价值模式、财务模式、平衡模式，通过对这三种模式的比较分析得出中国企业更应倾向于选择平衡模式。② 单国旗、沈枫（2010）基于平衡计分卡，立足于客户、内部流程、学习与成长及财务四方面，同时利用模糊综合评价法，构建了企业绩效评价软件系统，并以医

---

①　周运兰、罗如芳、付建廷：《民族地区上市公司财务质量研究》，《中南民族大学学报》（自然科学版）2013 年第 1 期。

②　王化成、刘俊勇：《企业业绩评价模式研究——兼论中国企业业绩评价模式选择》，《管理世界》2004 年第 4 期。

药连锁企业的绩效评价为例进行实证分析。[①] 郑恒斌（2011）运用因子分析法，选取 9 项财务指标客观地对我国 37 家物流上市公司的综合财务质量进行了研究和评价。[②] 龚光明、张柳亮（2012）在以往财务质量研究基础上，选取了 13 个财务指标，采用因子分析的方法构建了企业绩效指标评价体系，对湖南省 46 家上市公司 2010 年的绩效进行了评价。[③]

二 上市公司财务质量实证研究

（一）研究设计

1. 样本选择与数据来源

下文参考巨灵财经数据库（www.chinaef.com）区域板块数据，以 2011 年深沪两市 A 股市场的 115 家民族地区上市公司为样本，剔除 *ST 新农、ST 河化等 11 家 ST 和 *ST 公司，蒙草抗旱等 4 家数据不全公司和宏源证券、国海证券这两家证券公司，最终整理出 98 家民族地区上市公司为样本进行分析。下文数据均来自巨灵财经金融服务数据库，数据截止日期为 2011 年 12 月 31 日，数据处理均采用 SPSS 软件和 Excel 软件。

2. 指标确定

结合民族地区上市公司特点，本着力求全面、真实地反映民族地区上市公司的综合财务质量的基本要求，本书设计了民族地区上市公司财务质量评价的指标包括流动比率（X_1）、资产负债率（X_2）、产权比率（X_3）、速动比率（X_4）、每股收益（X_5）、净资产收益率（X_6）、总资产净利率（X_7）、应收账款周转率（X_8）、流动资产周转率（X_9）、总资产周转率（X_{10}）、每股净资产增长率（X_{11}）、资产增长率（X_{12}）、每股净资产（X_{13}）、每股盈余公积（X_{14}）。

（二）数据处理和描述性统计

为了保证数据的一致性和可比性，需要对数据进行处理，由于资产负债率和产权比率是一项逆指标，因此需要将其正向化，本书取资产负债率和产权比率这两项指标的倒数，即利用公式 $x_1 = 1/X$，即 $x_2 = 1/$资产负债

---

① 单国旗、沈枫：《基于平衡计分卡的企业绩效评价软件系统的构建及实证研究》，《科学管理研究》2010 年第 16 期。

② 郑恒斌：《基于因子分析法的物流行业上市公司财务绩效研究》，《财会通讯》2011 年第 12 期。

③ 龚光明、张柳亮：《基于因子分析的湖南省上市公司绩效评价》，《会计之友》2012 年第 1 期。

率、$x_3 = 1/$产权比率进行处理。同时，为了消除各指标之间量纲和数量级的差异，本书将原始数据进行了标准化。

（三）因子分析法

1. 因子分析适应性检验

主成分分析的基本思想是通过降维过程，将多个相互关联的数值指标转化为少数几个互不相关的综合指标，所以，在运用主成分因子分析法之前，首先应当考察原有指标之间是否存在一定的线性关系，只有相互之间存在相关性指标才适合采取因子分析提取因子。[①] 因此，利用 SPSS 软件 17.0 对原始数据进行 KMO 检验和 Bartlett 检验，结果如表 3 - 10 所示。在 KMO 和 Bartlett 的检验中，KMO 值为 0.636，大于 0.6，一般认为适合进行因子分析。同时 Bartlett 检验统计量的观测值为 1575.710，相应的概率 P 接近于 0，可见球形检验显著，两个条件都满足，变量间相关程度大，适合做因子分析。

表 3 - 10 　　　　　　　　　　 KMO 和 Bartlett 的检验

取样足够度的 Kaiser - Meyer - Olkin 度量		0.636
Bartlett 的球形度检验	近似 χ^2	1575.710
	Df	91
	Sig.	0.000

2. 公因子确定

本书采用碎石图来确定公因子的个数。通过 SPSS 软件分析得出图 3 - 3。

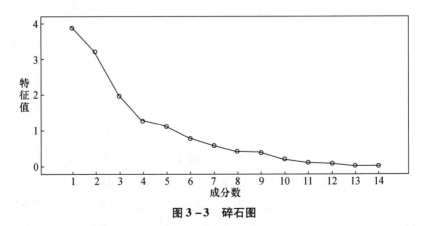

图 3 - 3 碎石图

---

① 崔刚：《因子分析法在上市公司财务绩效评价中的应用——基于万科公司年报数据的案例分析》，《财政监督》2009 年第 7 期。

根据碎石图我们也可以看出，成分数在 5 的时候特征值高于 1，在 5 之后，其特征值小于 1 并且逐步趋向平稳，这直观说明提取 5 个主成分因子是比较合适的；根据表 3-11 解释的总方差，可以看到在选取的 14 个财务指标中，前 5 个因子方差累计率为 81.86%，大于原则上规定的 80%，这表明由 5 个主因子已经能够比较充分反映原有变量的绝大部分信息，因此，本书提取 5 个主成分是合理的，可以描述民族地区上市公司的财务状况。

表 3-11 解释的总方差

成分	初始特征值			提取平方和载入			旋转平方和载入		
	合计	方差的百分比（%）	累计百分比(%)	合计	方差的百分比（%）	累计百分比(%)	合计	方差的百分比（%）	累计百分比(%)
1	3.90	27.82	27.82	3.90	27.82	27.82	3.64	26.00	26.00
2	3.22	23.03	50.85	3.22	23.03	50.85	2.51	17.90	43.90
3	1.96	14.02	64.87	1.96	14.02	64.87	2.29	16.33	60.23
4	1.25	8.95	73.81	1.25	8.95	73.81	1.63	11.64	71.87
5	1.13	8.04	81.86	1.13	8.04	81.86	1.40	9.99	81.86
6	0.76	5.46	87.31						
7	0.58	4.15	91.46						
8	0.42	2.99	94.46						
9	0.38	2.73	97.18						
10	0.20	1.39	98.57						
11	0.11	0.75	99.33						
12	0.09	0.61	99.93						
13	0.01	0.06	99.99						
14	0.00	0.01	100.00						

由表 3-11 可知，主因子 F1 的贡献率为 27.82%，在载荷矩阵中显示在流动比率（X_1）、资产负债率（X_2）、产权比率（X_3）、速动比率（X_4）4 个指标上的载荷系数较大，根据这四个指标的特点，将其命名为偿债能力因子；第二个主因子 F2 的方差贡献率为 23.03%，其主要解释了每股收益（X_5）、净资产收益率（X_6）、总资产净利率（X_7）这三个指标，可命名为盈利能力因子；F3 贡献率为 14.02%，对应收账款周转率

（X_8）、流动资产周转率（X_9）、总资产周转率（X_{10}）具有较强解释性，视为营运能力因子；F4贡献率为8.95%，主要的解释变量为每股净资产增长率（X_{11}）、资产增长率（X_{12}），视为发展能力因子；F5的贡献率为8.04%，该因子对每股净资产（X_{14}）、每股盈余公积（X_{15}）进行了解释，命名为股东获利能力因子。

3. 公因子得分

为考察民族地区上市公司财务状况，并对其进行综合评价和研究，此处采用回归法得出成分得分系数矩阵。根据成分得分系数矩阵，便可以计算出98家民族地区上市公司的5个主因子得分，依次用F_1、F_2、F_3、F_4、F_5表示。最后，为实现对民族地区上市公司财务状况的综合评价，以各因子的方差贡献率占4个因子总方差贡献率比重为权重进行加权汇总，得出民族地区上市公司的综合得分F，即F＝（$27.82F_1 + 23.03F_2 + 14.02F_3 + 8.95F_4 + 8.04F_5$）/81.86，经计算得出98家民族地区样本上市公司综合得分排名。

4. 综合得分评价与分析

按照上述公式计算得出的2011年民族地区样本上市公司的综合得分汇总，如表3-12所示，一般来说，综合得分在0以上的表明各因子质量和综合质量较好，并且数值越大说明质量越高；而综合得分在0以下的则说明各因子质量和综合质量较差，数值越低说明财务质量越差。由表3-12和综合因子排名可以分析得出，2011年民族地区样本上市公司综合因子得分在0以上的有37家，占到37.76%。其中，得分在0.8以上的仅有6家，最高得分是四海股份，达到6.12%，其次是奇正藏药、海思科、包钢稀土、八一钢铁、恒逸石化，说明这6家样本公司的综合财务质量优秀，总体的财务实力较强；得分在［0.2—0.8）的公司有16家，表明这些公司财务质量良好；有44家样本公司得分在［-0.2—0.2）之间，表现出一般的财务质量；分值在-0.2以下的达到32家，说明这些样本上市公司财务质量差。

进一步分析可知，在综合得分前30名的公司当中，内蒙古最多，有9家，其次是广西8家，新疆6家，宁夏4家，西藏最少，只有3家。然而宁夏综合得分排名前30的公司占该地区样本上市公司比例达到44.44%，西藏达到37.5%，说明这两地虽然上市公司不多，融资潜力有待开发，但是，上市公司财务质量在民族地区当中较好。样本上市公司最多

表 3 – 12　　　　　2011 年民族地区样本上市公司综合得分情况汇总

综合因子得分	公司数量（个）	累计数量（个）	百分比（%）	累计百分比（%）
1 分以上	5	5	5.10	5.10
[0.8—1.0)	1	6	1.02	6.12
[0.6—0.8)	4	10	4.08	10.20
[0.4—0.6)	7	17	7.14	17.35
[0.2—0.4)	5	22	5.10	22.45
[0.0—0.2)	15	37	15.31	37.76
[-0.2—0.0)	29	66	29.59	67.35
[-0.4— -0.2)	22	88	22.45	89.80
[-0.6— -0.4)	5	93	5.10	94.90
[-1.0— -0.6)	3	96	3.06	97.96
-1 以下	2	98	2.04	100.00

的新疆（35 家），综合得分排名前 30 的公司占该地区样本上市公司比例却只有 17.14%，排名后 30 的公司比例达 34.29%，说明其上市公司财务质量整体偏低。

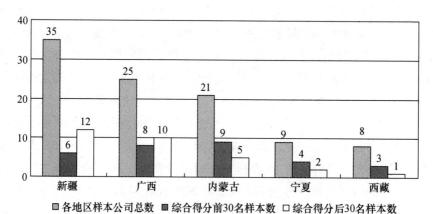

图 3 – 4　各地区样本上市公司综合财务质量分布情况

三　研究结论与建议

根据因子分析得到的因子得分和综合排名，可以得到以下结论：

其一，民族地区上市公司财务质量综合得分主要受盈利能力和偿债能力影响。在综合得分前 20 名的上市公司中，偿债能力因子和盈利能力因子得分前 20 名的均有 12 家，也就是有 60% 的公司 F_1 和 F_2 得分进入前 20 名，是 5 个主因子当中最多的（F_3 有 30% 的样本公司进入前 20 名，F_4 有 30%，F_5 有 35%）。这说明对于民族地区上市公司而言，盈利能力和偿债能力对其经营业绩和持续竞争力的提高起关键性作用，因此民族地区上市公司应该努力提高偿债能力，避免因债务危机而影响正常发展，同时探寻生产经营活动的新模式，以获得更高的利润。[1]

其二，从股东获利能力上看，综合得分最高的四海股份股东获利能力却排在倒数第二位，说明上市公司在自身做大做强的同时应该注重股东利益的保障，毕竟只有增强股东获利能力才能吸引更多的投资，以求得公司的更进一步发展。

其三，在综合得分排前 30 名和后 30 名的公司地区分布，发现中西藏虽然样本上市公司总数只有 8 家，但是其财务质量在所有民族地区上市公司中综合排前 30 名有 3 家，比率达到 37.5%；排后 30 名只有 1 家，比率为 12.5%。宁夏存在相类似的情况，样本上市公司总数 9 家，排前 30 名的有 4 家，比率为 44.44%；排后 30 名的有 2 家，比率是 22.22%。然而，新疆地区上市公司样本总数最多达 35 家，排前 30 名的只占 17.14%，排名后 30 的却高达 32.49%。可见，民族地区在提高上市公司数量的同时应该注重上市公司财务质量的进一步提高，并非上市的越多越好。

总体而言，在西部大开发的大背景下，民族地区上市公司有了长足发展，但是机遇与挑战并存，作为地区经济发展的龙头企业，应该根据自身财务质量因子在提升公司综合财务业绩中的作用加强对公司盈利能力、偿债能力、股东获利能力、发展能力、营运能力等方面的提升和改善，提高公司的持续竞争力，全面发挥上市公司对民族地区经济发展的促进作用。

第四节　民族地区上市公司资本结构影响因素研究

民族地区经济发展是国民经济发展中的一部分。在目前的经济环境

---

① 王金、张芬芳、曹雪莲：《广东省上市公司财务质量评价研究》，《财会通讯》2012 年第 10 期。

中，加强资本的高效流动，促进资金的良性循环，避免风险资金的运作，提高中小企业的成长性具有很强的现实意义。与全国尤其是东部沿海地区相比较，民族地区金融市场的总体发展较慢，一般规模小，实力弱，处于不发达状态，因此有必要进行资本结构的优化，进而提高企业的发展能力。资本结构从广义上看，是指全部资本的构成及比例关系，不仅包括长期资本，还包括短期资本；但从狭义上看，资本结构是指企业全部资本的构成中权益资本与负债资本二者各占的比重及其比例关系。

资本结构的研究涉及很多领域，如房地产行业、商业银行、制造业、医疗器械类等，但对少数民族地区资本结构的研究却甚少，对少数民族地区资本结构的实证分析更是寥寥无几。另外据资料分析，2006—2009年近四年来，所有民族地区上市公司的资产负债率均值都在57%左右，而全国所有上市公司近四年的资产负债率均值都在70%左右，在2006年甚至达到115.65%。不同行业、盈利等情况不同的企业其最佳资本结构比例会不相同，但是对于企业来说，保持最佳的资本结构，对企业的偿债能力、成长性、盈利能力和规避财务风险影响较大。所以，有必要对少数民族地区的上市公司进行资本结构的研究分析，指出影响资本结构的主要因素，从而对少数民族地区的资本结构进行优化，改进公司的融资效率，完善少数民族地区的资源配置结构。① 少数民族地区的经济发展是我国整体经济发展中的一部分，加大推进少数民族地区资本结构的优化，同时有利于促进我国整体经济较快增长。

一 文献回顾

杨亚娥（2009）对38家中小板上市公司的资本结构的影响因素进行研究发现，资本结构对偿债能力、成长性具有显著影响，而对获利能力的影响不显著②；童年成（2010）利用截面数据运用多元回归分析法，通过对我国交通运输，仓储业上市公司资本结构的影响因素分析，认为成长能力与资本结构显著正相关，而短期偿债能力与资产负债率显著负相关③；刘彩华、韩树超、刘佳（2012）以在深圳证券交易所上市的267家创业

---

① 黄贤玲、苏亚民：《少数民族地区上市公司资本结构的优化》，《科技创业月刊》2006年第4期。

② 杨亚娥：《中小企业资本结构影响因素实证分析——来自中国2006年上市公司的经验研究》，《财会通讯》2009年第33期。

③ 童年成：《上市公司资本结构影响因素分析》，《商业研究》2010年第10期。

板公司为样本，利用 2010 年横截面数据进行实证的线性回归分析得出，资本结构与营运能力、成长能力呈正相关关系，与盈利能力、偿债能力呈负相关关系[①]；陈强（2012）从 2007—2009 年在深沪两地上市的 65 家制造类上市公司出发，通过描述性统计、相关性分析发现资本结构与获利能力成正相关[②]；汪本强（2012）以 2006—2010 年 36 家安徽 A 股制造业上市公司为例，通过年度财务数据全面考虑上市公司的资本结构，进行实证分析得出，盈利能力、营运能力与资本结构成正比，与成长能力、偿债能力成反比[③]；马丽娜、岳晓伟（2012）使用 1999—2010 年共 521 个上市公司的 2082 个混合截面数据作为样本量进行研究，通过独立性检验以及回归模型的建立得出，成长性与中小企业资本结构显著正相关，盈利能力与中小企业资本结构显著负相关。[④] 笔者（2009）曾经通过民族地区 93 家上市公司特别是中小上市公司的盈利能力、成长性、资产负债率和股权融资的比较分析发现，我国民族地区绝大多数上市公司的股权融资不足，不得已通过负债解决融资问题；随后笔者（2011）指出，民族地区企业一般规模小、实力弱，民族地区金融市场的发展水平总体来说处于不发达状态，通过分析民族地区金融市场和企业发展的问题，指出完善银行信贷市场、债券市场等实用的建议来促进民族地区金融市场的发展。

从以上的文献回顾中可以看出，大多数的学者都是以某个行业或整个上市公司为研究对象，而以少数民族地区即包括广西、内蒙古、宁夏、西藏和新疆五个民族自治区的上市公司为研究对象的很少，因而这样的研究对于少数民族地区上市公司的资本结构优化具有较强的实践指导意义。

二　资本结构影响因素实证研究

（一）数据来源及研究方法

本书全部数据源于巨灵财经数据库（www. chinaef. com）以及新浪财经—股票网（http：//finance. sina. com. cn/stock/），笔者选取的样本是新

---

① 刘彩华、韩树超、刘佳：《创业版上市公司资本结构实证分析》，《商业会计》2012 年第 9 期。
② 陈强：《资本结构影响因素与上市公司融资方式研究——以制造业上市公司为例》，《财会通讯》2012 年第 11 期。
③ 汪本强：《制造业上市公司资本结构研究——以安徽省为例》，《工业技术经济》2012 年第 4 期。
④ 马丽娜、岳晓伟：《我国中小企业资本结构影响因素研究——基于上市中小企业的实证检验》，《铜陵学院学报》2012 年第 1 期。

疆、西藏、广西、宁夏、内蒙古五个少数民族自治区，在深沪上市的 117 家公司 2011 年的横截面财务数据，但综合考虑后去除 2 家证券公司（国海证券、宏源证券）、ST 明科、*ST 索芙等 11 家 ST 和*ST 公司，最终留下 104 家。

（二）变量选取及研究假设

本书选取资产负债率 Y 代表公司的资本结构，作为被解释变量，并且选取以下四种财务指标作为解释变量，其中：总资产的自然对数 X_1 代表公司规模；营业利润增长率 X_2 衡量公司的成长性；销售净利率 X_3 衡量公司的盈利能力；固定资产周转率 X_4 衡量公司的营运能力[①]；主要探寻这四种解释变量与被解释变量之间存在怎样的关系以及相互之间是如何影响的。

建立以下的线性回归模型：$Y = \beta_0 + \beta_1 X_1 + \beta_2 X_2 + \beta_3 X_3 + \beta_4 X_4$

假设一：企业规模与资产负债率正相关。

本书以总资产对数代表企业规模，一般而言，大规模的企业从事多元经营策略，这样可以分散风险，但同时所需要的周转资金也就越多，债权人乐于大企业的借债，因而企业的资产负债率较高。

假设二：企业成长性与资产负债率正相关。

营业利润增长率主要通过本年主营业务利润与主营业务收入的比来衡量，说明公司的营业利润增长率越高，公司的成长性就越好，所需要的资金越多，但按照机会窗口理论，公司的融资决策随着债务和权益价值的变化而变化，因而要多方权衡考虑。

假设三：盈利能力与企业资产负债率正相关。

衡量盈利能力的指标很多，包括销售净利率、销售毛利率、营业利润率、净资产收益率等，本书选取销售净利率作为盈利能力的衡量指标，公司良好的销售净利率，说明公司的生产经营状况好，这样可以减少负债融资。

假设四：企业营运能力与资产负债率呈正相关。

固定资产周转率是从固定资产的流动性方面反映总资产的利用效率，固定资产周转速度快慢是决定企业资产周转率的关键性因素之一，因为固

---

① 周运兰、万莹仙：《民族地区中小企业盈利能力、成长性、股权融资研究》，《中南民族大学学报》（自然科学版）2009 年第 4 期。

定资产所占比例越大，资产的周转速度就越快，这样也就提高了资产负债率。

（三）指标的分析与模型的检验

本书选取少数民族地区上市公司五个变量进行描述性统计，为了发现少数民族地区与东部沿海地区的区别与不足，本书还将其与东部沿海地区上市公司的相同财务指标的描述性统计进行比较。依据《中华人民共和国国民经济和社会发展第十一个五年规划纲要》，东部地区包括北京、天津、浙江、上海、江苏、河北、山东、福建、广东、海南 10 个省市，考虑到样本数据的规模比较大，所以本书选择其中具有代表性的江苏、浙江、上海市作为五个民族自治区比较的对象。如表 3 – 13 和表 3 – 14 分别是少数民族地区上市公司以及以江苏、浙江、上海为代表的东部沿海地区上市公司上述财务指标的描述性统计。

表 3 – 13　　　　少数民族地区上市公司财务指标的描述性统计

变量	极小值统计量	极大值统计量	均值		标准差统计量
			统计量	标准差	
Y	1.6800	87.1500	49.3886	1.9956	20.3510
X_1	15.6500	24.6300	21.7909	0.1394	1.4220
X_2	− 113451.3800	11134.1700	− 990.5559	1097.4143	11191.4736
X_3	− 111.0000	51.6700	9.5476	1.6876	17.2103
X_4	0.3000	400.2900	7.0594	3.8409	39.1700

表 3 – 14　　　　东部沿海地区上市公司财务指标的描述性统计

统计值变量	极小值统计量	极大值统计量	均值		标准差统计量
			统计量	标准差	
Y	2.2563	98.3029	41.0780	0.8094	21.4916
X_1	18.5761	29.1595	21.6603	0.0494	1.3109
X_2	− 8152.5073	21999.2440	37.4060	33.8416	898.5558
X_3	− 69.3079	64.2242	10.8674	0.4251	11.2879
X_4	0.2545	403.7179	10.9696	1.0042	26.6627

1. 描述性统计

从表 3 – 13 和表 3 – 14 的数据对比可以看出，以江苏、浙江、上海为代表的东部沿海地区在极大值和极小值的统计量上都比民族地区的数据反映要大得多，尤其在衡量公司规模、代表盈利能力的销售净利率以及代表成长能力的营业利润增长率上，这说明民族地区的上市公司规模小，盈利能力和成长能力相对较弱。

均值是衡量一系列数据的平均特征，而且在同等条件下，标准差越小越好，通过表 3 – 13 和表 3 – 14 的比较发现，以江苏、浙江、上海为代表的东部沿海地区的四个衡量指标的均值标准差均比民族地区的小，而且均值的差距也很大，尤其是营业利润增长率，说明民族地区在盈利能力方面还存在很大的不足，盈利能力与东部沿海地区的上市公司相比较差，其次在成长能力和营运能力方面也有差距。标准差是用来显示数据偏离均值的振荡程度，通过表 3 – 13 和表 3 – 14 在标准差数据上的对比可以发现，民族地区与以江苏、浙江、上海为代表的东部沿海地区相比，标准差都偏大，说明在民族地区的上市公司中各个企业发展不平衡，存在着不稳定与不协调，在具体衡量某方面能力时地区差异也很明显，这就说明民族地区在做大做强的同时需要注重内部发展的平衡协调与稳定。

下面本书将使用 SPSS 软件对上述模型中的变量进行相关分析与检验。

2. 相关性分析

表 3 – 15 是少数民族地区上市公司财务指标相关性分析。

表 3 – 15　　　　　　　　　**变量的相关性分析**

		Y	X_1	X_2	X_3	X_4
相关性	Y	1.000	0.427	0.077	– 0.226	0.170
	X_1	0.427	1.000	0.132	0.066	0.036
	X_2	0.077	0.132	1.000	0.696	0.016
	X_3	– 0.226	0.066	0.696	1.000	0.029
	X_4	0.170	0.036	0.016	0.029	1.000
Sig.	Y		0.000	0.220	0.011	0.042
	X_1	0.000		0.092	0.254	0.359
	X_2	0.220	0.092		0.000	0.436
	X_3	0.011	0.254	0.000		0.385
	X_4	0.042	0.359	0.436	0.385	

通过表 3 - 15 的相关性分析表可以看出，选取的 4 个自变量均通过了显著性检验，而在 4 个衡量指标中，总资产的自然对数所代表的企业规模与资产负债率所衡量的资本结构的相关性最大，另外企业的规模、成长能力、营运能力与资产负债率成正相关，盈利能力与资本结构呈负相关。

3. 回归结果分析

如表 3 - 16 至表 3 - 18 是少数民族地区上市公司上述财务指标的回归结果。

表 3 - 16　　　　　　　　　　　　　模型汇总

模型	R	R^2	调整后 R^2	标准差
1	0.591a	0.350	0.323	16.73934

表 3 - 17　　　　　　　　　　　　　方差分析结果

Anova[b]

模型	平方和	df	均方	F	Sig.
回归	14918.558	4	3729.640	13.310	0.000[a]
残差	27740.361	99	280.206		
总计	42658.919	103			

表 3 - 18　　　　　　　　　　　　　各系数结果

模型	非标准化系数		标准系数 试用版	t	Sig.
	B	标准差			
（常量）	-70.680	25.684		-2.752	0.007
X_1	5.788	1.172	0.404	4.940	0.000
X_2	0.001	0.000	0.388	3.413	0.001
X_3	-0.624	0.134	-0.528	-4.669	0.000
X_4	0.086	0.042	0.165	2.033	0.045

表 3 - 16 显示，$R = 0.591$，$R^2 = 0.350$，调整后 $R^2 = 0.323$，说明回归方程的拟合优度较好，所选取的自变量对因变量有一定的解释力。F 值

为 13.310，相对应的伴随概率 Sig. 为 0.000，说明回归方程通过 F 检验，回归方程整体显著。另外在给定显著水平 $\alpha = 0.05$ 下，变量 X_1、X_2、X_3、X_4 均通过 t 检验，说明因变量与自变量关系显著。于是得出以下的线性回归方程式：

$$Y = -70.680 + 5.788_{X_1} + 0.001X_2 - 0.624X_3 + 0.086X_4$$

三 研究结论与建议

（一）研究结论

通过实证研究发现，资本结构与企业规模、成长能力、营运能力成正相关关系，这与之前的假设吻合，而且在众多影响要素中，企业规模对于资本结构的影响因素最为显著，说明在民族地区，企业规模的大小对于资本结构的影响性很大，这就要求企业时刻关注公司潜在的发展前景，寻找时机适当扩大规模，并可适当提高公司的资产负债率，以取得规模效益以及债务融资利息支出抵税的好处，更好促进公司的较好发展。企业资本结构与盈利能力呈负相关关系，这与之前的假设刚好相反，说明在民族地区，公司的盈利能力好，但资产负债率却低。这可能说明当上市公司盈利好时，如果达到了公司股权再融资的条件，一般会采取增发新股或配股的方式增加筹集资金，资产负债率反而下降。当然影响企业资本结构的因素有很多，而且企业的资本结构也是处于不断变化之中的，因而我们对于企业的资本结构应该持动态管理的观点，即应针对企业所处行业、自身的特点以及企业周围的金融环境等，选用恰当的融资工具，保持资本结构的弹性并寻求企业自身最优的资本结构。另外，还应建立财务预警机制，随时关注内外界环境变化，采取应急措施，有效防控财务风险。

（二）建议

民族地区上市公司绝大多数是中小型企业，它们的盈利能力较差，存在着规模小，实力弱等问题。针对这些问题并根据上文研究的结论，笔者提出以下几点建议以优化少数民族地区上市公司资本结构：（1）加强民族地区融资体制的健全，加大优惠政策，对于民族地区实施弹性的利率政策，以真正服务于民族地区。（2）构建良好的民族地区企业融资的环境，加强金融业务创新，解决企业融资问题，扩大发展空间。应加强民族地区的政策管理，以保护中小企业的利益；不断完善社会服务体系，健全社会信用体系并促进民族地区金融市场不断发展，为民族地区企业提供金融支持。（3）加大民族地区上市公司规模与素质建设；一方面应努力提高公司的盈利能力、营运能力以及成长性；另一方面应提高公司经营透明度，规范财务报表，提高财务人员素质以防止信息不对称，逆向选择和道德风险的存在，降低企业的交易成本，取得金融市场等的信任与支持。（4）民族地区在注重宏观发展的同时加强内部地区之间的协调与平衡，追求稳中求大，大中求好，最终使得民族地区发展越来越好。

第四章 民族地区优势产业发展与金融支持体系研究

　　民族地区相当程度仍然实行的是传统的全面赶超战略,其与东部地区的差距仍然是巨大的,而且有扩大的趋势,尤其与东部发达各省份相比。这种状况极大制约了我国经济持续、健康与良性发展。因此,必须改变传统的全面赶超型战略,从民族地区实际情况出发,兼顾民族地区的发展优势,构造民族地区有竞争力的优势产业,挖掘潜在优势产业,获得后发优势,带动民族地区经济发展的同时,不断缩小与我国发达地区的发展差距,达到富民强省的目标。但目前大部分地区都用区位商等产业理论来选择本地区的优势产业,使得各地区的对优势产业的选择极其相似,这样不仅造成了各地区间产业和关联产品的竞争加剧,而且导致产业的重复构建以及资源的大量浪费,失去了优势产业原有的竞争力。

　　因此,下文将立足于民族地区的资源禀赋优势,兼顾资源的定性分析、总存储量及占有率定量分析、财务状况对比以及产业结构比重分析等角度选择民族地区的优势产业作为其发展的重点,以缩小民族地区的发展差距。一方面,发展民族地区优势产业是缩小民族地区与其他地区差距的有力措施;另一方面,在商品社会时期,资金是所有经济活动中最为显而易见的生产要素,如果离开了资金的投入,任何产业的形成和发展都是难以实现的,对于民族地区优势产业的形成和发展来说更是如此。民族地区拥有的优势就是资源禀赋,但是从优势资源到优势产业形成和竞争优势的转化,都离不开资金的投入,而且对于基础设施建设严重滞后的民族地区来说,还需大量的资金进行基础设施的建设,因此资金的供给更是跟不上资金的需求。在土地、自然资源、人力资源和资金这四个生产要素中,资金是当中最为重要的要素,也是民族地区最为稀缺的要素,更是制约民族地区经济发展的"瓶颈"。因此,在促进和培育民族地区优势产业形成和发展过程中,还必须从多方面、多角度促进资金市场的不断完善。

下文将在借鉴国内外相关研究成果的基础上，采用实证分析、描述性统计以及对比分析等研究方法，针对民族地区的特殊性，选出了民族地区的四大优势产业，并提出发展民族地区优势产业的具体措施。再通过分析民族地区发展优势产业巨大资金需求和金融市场资金供给不足之间的矛盾，提出了发展民族地区金融市场的建议。[①]

第一节　研究缘由和意义

一　研究缘由

改革开放之前，在计划经济体制以及平均主义思想氛围下，中国普遍贫困，民族地区与其他地区的差距不大。改革开放政策落实之后，实行让部分地区、部分人先富起来，从而带动其他人、其他地区富起来，达到共同富裕的经济发展策略。由于东部地区地理位置、市场化发展程度相对较好，因此，国家优惠政策的制定与资金的投向都明显倾向于东部地区，使东部地区特别是东南沿海地区的经济得到了奇迹般的发展，但也因此东西部差距愈演愈烈，而经济发展最落后的地区主要集中于民族地区，使得民族地区呈现出严重的滞后和欠发达的态势，民族之间的矛盾和问题也会进一步激化。因此，探寻缩小民族地区经济发展差距的对策，实现社会的和谐发展，是我国学者探讨的焦点。

优势产业是通过对优势资源进行开发的基础上形成的，因此，对优势产业的选择、形成和发展过程，不仅是对优势资源的有效开发和利用，而且有利于其他配套产业、基础设施的带动以及服务体系的完善。民族地区最大优势就是自然资源丰富，最大的劣势就是基础设施的落后。因此，民族地区要缩小其与东南沿海地区的差距，最根本的途径就是要立足于本地资源优势，进行优势产业的选择和培育。而且根据发达地区的经济发展规律我们可以看出，随着经济发展规律的变化，产业结构会由低级向高级进行演变，并且优势产业也会跟随着进行接替。因此，处于欠发达状态的民族地区还可以通过对发达地区产业结构和优势产业发展规律的借鉴，结合

---

① 罗玉霞：《民族地区优势产业发展与资本市场研究》，硕士学位论文，中南民族大学，2012 年。

本地特征，进行优势产业的选择和扶植，这样，不仅能够加速产业结构转换，缩短产业结构转换的漫长自然历程，而且能够发挥民族地区的"后发优势"，取得经济的跳跃性发展。所以，优势产业作为民族地区经济的增长点，如何在激烈的竞争环境下对其进行选择和培育，是一个亟待解决的问题。

民族地区与其他地区的差距由来已久，对其形成的原因及解决途径也各有看法。其中，大部分人认为，由于民族地区处于区位、信息、交通等条件恶劣的西部以及国家政策的东部倾斜是造成差距的主要原因。不可否认，这两方面是造成差距的重要因素，但也过于强调外部环境制度等因素的不足，而弱化了民族地区自身发展的优势资源过渡到经济资源的转化和民族地区发展关键的内部因素——民族地区企业内在"造血"功能的制约以及民族地区资本市场自身的不完善。而优势资源过渡到经济资源以及内外部制约因素的改善最缺的是什么？资金。随着国家对西部地区的重视，提出了遏制东西部差距持续扩大的西部大开发战略决策，为民族地区提供了更为广阔的资金来源，也为民族地区经济发展提供了前所未有的历史机遇。因此，如何不断完善作为金融市场上筹集到资金量最大、交易最活跃的资本市场，形成良好的资金运行机制是民族地区经济发展的关键，也是研究的焦点。

二　研究意义

本书研究有如下意义：

（一）选择和培养优势产业，优化民族地区产业结构

经济发展的特定阶段，优势产业不仅是对优势资源的有效开发和利用，而且有利于其他配套产业、基础设施的带动以及服务体系的完善，所以，优势产业的形成以及其作用充分发挥的过程也就是经济发展的过程，而这种经济增长的过程必定能够带来产业的升级。随着其他地区产业结构的升级，民族地区的产业布局仍然是以第一产业为主但是效率低下，第二产业内部结构不合理，第三产业对经济的带动性大但比重过低的不协调状态。因此，通过对民族地区优势产业的研究能够促进民族地区产业结构的升级，带民族地区经济实力的增强有重要的意义。

（二）有利于民族地区的资源优势转化成经济优势

通过对优势产业的选择和培养，有利于充分吸引区域内外的资金，拓展民族地区资本市场，从而将民族地区的资源优势转化成经济优势。民族

地区有丰富的动植物资源、旅游资源、能源矿产资源等，这些不仅为民族地区经济的发展奠定了坚实的物质基础。而且在东部面临资源缺乏、成本上升以及劳动力不足等制约因素现状下，立足于民族地区本地优势资源的合理利用和开发基础上培育的优势产业带来的潜在广阔市场，对东部地区甚至是国外企业产生巨大的吸引力。因此，通过对民族地区优势资源的利用，组建有特色的现代化优势产业，对带动民族地区资源企业产业链和附加值的增加，吸引区域内外的资金，拓展民族地区的资金市场有重要意义。

（三）解决严重的资金缺口培育民族地区优势产业

民族地区拥有的优势就是资源禀赋，但是从优势资源到优势产业形成和竞争优势的转化，都离不开资金的投入，因此资金优势是产业形成最根本的要素投入。在土地、自然资源、人力资源和资金这四个生产要素中，资金是当中最为重要的要素，也是民族地区最为稀缺的要素，更是制约民族地区经济发展的"瓶颈"。因此，从多方面、多角度的对金融市场的探索，对解决民族地区优势产业巨大的资金缺口有重要意义。

（四）有利于民族地区企业融资体系的构建

通过对民族地区资本市场的探索，有利于民族地区企业融资体系的构建，缓解民族地区资金"瓶颈"和企业融资困境。处于欠发达状态的民族地区，经济发展的差距同样体现在融资体系构建上。与其他地区特别是东南沿海地区相比，民族地区融资体系的构建仍旧处于落后的状况，资本的稀缺已经成为其经济发展的"瓶颈"，进而影响到共同富裕目标的实现。为此，本书通过民族地区巨大资金需求与资本市场资金供给不足矛盾的分析，探索完善适合其发展特色的金融市场的途径，对促进民族地区企业融资体系的优化，缓解其资金"瓶颈"，实现区域共同、平衡的发展有重要的实践指导意义。

第二节 民族地区经济发展差距分析

中国各地区的资源禀赋和区位环境的差异性，使得区域间的经济发展十分不平衡。中国的经济资源主要集中于西部地区，但由于地理环境的偏远、基础设施的落后，资源优势并没有转化成经济优势。虽然东部地区自然资源相对贫乏，但由于交通的便利和成熟的技术条件，成功完成了"高、精、尖"产业转轨，拉开了东西部之间的差距。西部民族地区与东南沿海地区的差距，更是日趋严峻。

一 东西部地区 GDP 总量对比

从东西部经济发展的历史和现状来看，东西部差距是客观存在的。本书依据《中华人民共和国国民经济和社会发展第十一个五年规划纲要》，东部地区包括北京、天津、浙江、上海、江苏、河北、山东、福建、广东、海南 10 个省、市、自治区，西部地区包括内蒙古、陕西、重庆、宁夏、贵州、新疆、西藏、广西、甘肃、青海、四川、云南 12 个省、市、自治区。表 4-1 是 2008—2013 年东部地区和西部地区 GDP 总量和 2013 年人均 GDP 的对比。

表 4-1　　　　**2008—2013 年东部地区和西部地区 GDP 总量及 2010 年人均 GDP 对比**

指标值		东部地区		西部地区		差额 (亿元)
		绝对数	占全国的比例（%）	绝对数	占全国的比例（%）	
土地面积（万平方公里）		91.64	9.50	686.70	71.50	—
国内生产总值（亿元）	2008 年	177579.60	54.30	58256.60	17.80	119323.00
	2009 年	196674.40	53.80	66973.50	18.30	129700.90
	2010 年	232030.70	53.10	81408.50	18.60	150622.20
	2011 年	229500.49	48.53	87497.20	18.50	142003.29
	2012 年	295892.00	56.98	114014.92	21.95	181877.00
	2013 年	322259.15	56.65	126383.37	22.22%	195875.78
人均 GDP（2013 年）（元/人）		62622.01	—	34694.97	—	27927.04

资料来源：本章的表格数据除了表 4-6、表 4-11 至表 4-14，其他都来源于 2008—2013 年的《中国统计年鉴》以及各地区的统计年鉴或统计局公布的统计公报，并经整理计算所得。

通过对表 4-1 统计数据的分析。近年来，东部和西部地区的经济增长都比较强劲，西部地区生产总值 2013 年比 2012 年增加了 12368.45 亿元，增长率为 10.85%，西部地区 GDP 占全国的比例也在逐年提高，从2008 年的 17.80% 提高到 2013 年的 22.22%。但是，东、西部地区之间的差距却仍在扩大，2008 年绝对数差距为 119323 亿元，到 2010 年达到了 150622.2 亿元，2013 年达到 195857.78 亿元，其中 2013 年东部地区的人均 GDP 是西部地区的 1.80 倍。作为占据我国土地面积 71.5% 的西部地区，为我国创造的 GDP 仅 20% 左右，而仅拥有 9.5% 土地面积的东部地区却创造了全国约 50% 以上的 GDP，因此，如何在西部地区经济增长强劲的前提下缩小东、西部之间的差距是需要研究的问题。

二 民族地区与东南沿海地区 GDP 总量对比

在民族区域自治制度下，我国民族地区具体是指实行民族区域自治的地区，是一个区域范围复杂、地理位置特殊的地域系统，包括内蒙古、广西、西藏、宁夏、新疆五个民族自治区，除五个民族自治区以外的 30 个自治州以及 120 个自治县（旗）。总面积有 611.73 万平方公里，占全国面积的 63.72%，并且五个民族自治区占地 400 多万平方公里。① 由此可以看出，民族地区构成西部地区的主要部分，主要集中在我国沿边地区和上述的西部 12 个省、市、自治区的经济落后地区。

西部大开发是国家为了缩小东西部之间的发展差距所提出的一项促进经济和社会发展的重大历史性决策，也为长期滞后的民族地区带来了新的希望和机遇。那么民族地区在西部大开发政策的指引下，与东部地区的差距特别是与作为中国经济重要支撑地的东南沿海地区的差距现状又如何呢？本书选取了内蒙古、广西、西藏、宁夏、新疆五个民族自治区代表民族地区以及浙江、江苏、上海三个有代表性的东南沿海地区，对其 GDP 总量进行比较，通过描述民族地区与东南沿海地区的发展现状，找出它们之间的差距，如表 4-2 所示。

表 4-2　2008—2013 年民族地区和东南沿海地区生产总值 GDP 对比

单位：亿元

地区	2008 年	2009 年	2010 年	2011 年	2012 年	2013 年
广西	7021.00	7759.16	9569.85	11720.87	13031.04	14378.00
西藏	394.85	441.36	507.46	605.83	695.58	802.00
内蒙古	8496.20	9740.25	11672.00	14359.88	15988.34	17000.00
宁夏	1203.92	1353.31	1689.65	2102.21	2326.64	2600.00

① 《中国统计年鉴》（2013）。

续表

地区	2008 年	2009 年	2010 年	2011 年	2012 年	2013 年
新疆	4183.21	4277.05	5437.47	6610.05	7530.32	
五个民族地区的均值	4259.84	4714.23	5775.29	7079.77	7914.38	8658.00
上海	14069.86	15046.45	17165.98	19195.69	20101.33	21602.12
浙江	21462.69	22990.35	27722.31	31800.00	34606.00	37568.50
江苏	30981.98	34457.3	41425.48	48000.00	54058.20	59162.00
三个东南沿海地区的均值	22171.51	24164.70	28771.26	32998.56	36255.17	39444.21
全国	315274.70	341401.50	403260.00	472881.60	519322.00	568845.00
全国平均	10170.15	11012.95	13008.39	15254.25	16752.32	18349.83

从地区生产总值统计数据看，近年来各民族地区的生产总值一直保持着不断增长的态势，但与东南沿海地区的差距却是巨大的。不管是从各年均值的角度还是各个民族自治区与沿海地区各省的角度进行比较。2008—2013 年民族地区均值占东南沿海地区均值的比例分别为 19.21%、19.51%、20.07%、21.45%、21.83%、21.95%。差距如此之大的原因之一是西藏和宁夏两个民族自治地区的生产总值过低，使得总体的均值过低。但是即使是发展最好的内蒙古与东南沿海各省相比差距仍是比较明显，尤其是与江苏省比较。从 2013 年的数据来看，五个民族自治区中GDP 最高的是内蒙古，也仅有 17000 亿元，达不到全国的平均水平，仅有江苏的 28.73%。

但从整体增长速度来看，由于西部大开发战略的带动，国家加大了对民族地区的政策扶植，民族地区经济增长强劲。从均值来看，五个民族自治区 GDP 均值每年的增长速度基本都高于沿海地区，但上海、浙江、江苏等沿海地区增长比较的平衡，各民族自治地区增长比较的不平衡，其中内蒙古的增长最快。通过以上两方面经济总量的比较分析可以看出，虽然民族地区在西部大开发优惠政策的扶植下，取得了过去无法比较的发展，但是地区间经济总量呈现出不均衡的增长，不仅东西部之间的差距没有缩小，民族地区与东南沿海地区的差距更是巨大的。

第三节　培育民族地区优势产业，
实现跨越式发展

　　民族地区相当程度上仍然实行传统的全面赶超战略，民族地区与东部地区的差距仍然是巨大的，而且有扩大的趋势。这种状况极大制约了我国经济持续、健康与良性发展。因此，必须改变传统的全面赶超型战略，从民族地区的实际情况出发，兼顾民族地区的发展优势，构造民族地区有竞争力的优势产业，挖掘潜在优势产业，带动民族地区经济发展，不断缩小与我国发达地区的发展差距，达到富民强省目标。

　　民族地区，要在竞争激烈的市场中赢得发展的主动，就要把发展支撑点放在其丰富的自然资源转化上。我国地域辽阔，各地之间资源分布差异很大，改革开放以来，东部地区不仅是我国人才和知识技术的汇集之地，更积聚了大量的资金；而民族地区的优势就是其蕴藏的丰富的自然资源和充裕的劳动力资源。因此，基于各个地区不同的要素禀赋，各地区应进行专业化分工，立足于发展优势产业，挖掘潜在优势产业。所以，从整体角度来看，民族地区与东南沿海地区的差距是一个不争的事实，但是民族地区具有丰富的土地、水能、矿藏等自然资源，各个行业之间发展是不平衡的。例如民族地区有丰富的煤炭、金属和非金属等矿产资源，在此基础上发展起来的采掘业就远远领先于东南沿海地区。表4-3选取的是2009年五个民族自治区以及浙江、江苏、上海三个有代表性的东南沿海地区采掘行业规模以上工业企业的工业总产值，根据2010年《中国统计年鉴》，规模以上工业企业是指年主营业务收入在500万元及以上的工业法人企业。其中，采掘业又包括煤炭的开采和洗选业、黑色金属矿采选业、有色金属矿采选业、非金属矿采选业以及其他矿采选业。

　　从表4-3可以看出，五个民族自治区除了西藏外，各地区的采掘业规模以上企业很多，总数有1616家。而代表东南沿海的三个地区总的采掘业企业只有527家，还不到民族地区的1/3。其中，上海采掘业规模以上企业只有一家，浙江有284家，工业总产值却只有133.6亿元，仅为宁夏115家的63%。五个民族自治区采掘业的工业总产值均值为795.33

表4-3 民族地区和东南沿海地区采掘行业规模以上
工业企业工业总产值对比

地区		采掘业				
		企业 单位个数	工业总产值 （当年价格）	企业单位总数	工业总产 值总数	工业总产 值均值
民族地区	内蒙古	852	2457.20	1616	3976.67	795.33
	广西	344	217.33			
	西藏	23	10.21			
	宁夏	115	211.90			
	新疆	282	1080.03			
东南沿海 地区	上海	1	11.35	527	623.55	207.85
	江苏	242	478.60			
	浙江	284	133.60			

亿元，是东南沿海地区的 3.83 倍。因此，民族地区的优势产业有其卓越的竞争优势。要协调民族地区和发达的东南沿海地区之间的经济发展，就要从民族地区实际情况出发，兼顾民族地区发展优势，借助产业政策和宏观经济政策，调整民族地区优势产业布局，实现不平衡发展和优势产业发展模式的结合，促进民族地区优势产业结构的合理化升级以及优势产业发展水平的提升。

一 实行民族地区不平衡发展模式

资本的缺乏是不发达国家经济发展和增长的关键阻碍因素，我国资本的缺乏更是严重。要提高我国的发展速度追求各行业、各产业的均衡发展是不可能的。而作为我国落后地区的民族地区，资金、技术、人才等方面则是最缺乏的，一直以来成为制约民族地区经济发展的"瓶颈"，使得民族地区与我国发达地区的差距越来越大。因此，要实现民族地区对我国发达地区的赶超，不具备推动所有行业、产业均衡发展的资本和其他资源，在有限的资本前提下，进行资本的最优配置，实现效率的最大化是关键，这也是不均衡发展理论的最终目的。应用不均衡理论，发展民族地区的经济本质包括：（1）资本不足是不均衡发展的前提。（2）打破行业、产业间的均衡增长，追求非均衡，在使某些行业、产业高速增长的同时，另一些行业、产业减速增长甚至是负增长，有所为、有所不为地实现资源配置。（3）通过高效率资源配置的行业、产业将占据统治地位，形成引导和带动经济发展的优势产业，实现产业结构的升级。最终不是通过行业、产业均衡和协调发展来实现效率的最大化，而是通过产业结构的高度化使整个产业的投入产出实现效率最大化。

二　实现民族地区优势产业发展模式

优势就是竞争力，注重个性和特色是一切产业发展的共同规律，优势产业也不例外。民族地区由于其资金、区位、技术、政策等的限制，如果想与东部地区进行同质化竞争，失败是难以避免的。要加强区域协调，从民族地区来看，发展的重点就是要充分利用、挖掘、提升其各个区域间比较优势，完成资源优势—产业优势—经济优势—竞争优势发展模式的转换，从整体上增强民族地区竞争力。优势产业就是能够在充分利用地区的自然资源、区位、劳动力等优势的基础上，立足于本地区的比较优势，选择最有利于本地区经济发展的产业。由于民族地区不仅在土地、水文、矿产、森林、旅游等自然资源方面有其独特的优越性，而且在区位、文化、人力资本等社会自然方面也有其与众不同之处。发挥优势，发展优势产业，是民族地区带有全局性指导意义的促进经济发展的战略问题，是民族地区经济跨越式发展的必然选择。

改革开放以来，东部地区基于其便利的交通、优越的技术知识以及国家政策的支持，初步形成了优势产业自我催化和自我发展的能力。但是，民族地区由于基础设施的落后、偏远的地理环境等因素的制约，优势产业的发展还需国家进一步扶持。

第四节　基于资源禀赋视角下的民族地区宏观优势产业选择

一　优势产业含义

本书在比较成本理论、要素禀赋理论和竞争优势理论基础上，对优势产业含义进行界定。大卫·李嘉图提出，为了促进资源配置合理化，应该按照比较成本而不是绝对成本进行国际分工，从而降低专业化生产商品的成本，推动其比较优势产业的发展的比较成本理论。瑞典学者赫克歇尔和俄林在对比较成本理论进行完整化后提出了著名的要素禀赋论，他们认为，生产要素禀赋的分布不均匀导致的供给不同是比较成本差异产生的主要因素，为此，各国应生产自己拥有优势生产要素的产品，即扶持自己优势产业的发展。迈克尔·波特首次提出了从多层次、多角度阐明国家竞争优势的内涵的国家竞争优势理论。"一个国家在某一产业的国际竞争优势取决于生产要素（基础设施、自然资源、人力资源、知识资源、资本资源）、需求条件、相关与支持产业的发展、产业战略结构和同业竞争、政府行为和机遇六个因素的共同作用，因此各个国家都应该发展六个组成部分都处于有利地位的产业。"①

综上所述，优势产业的含义如下："优势产业是指以地区比较优势为基础，能够充分利用本地区的自然资源、劳动力资源、技术条件、区位条件等，资源配置基本合理，资本运行效率较高，在一定空间区域和时间范围内有较高投入产出率，并能体现地区相对竞争优势的产业。因此，优势产业强调的是资源的天然禀赋、资源的合理配置以及经济行为的运行状态。"②

二 基于资源禀赋视角下的民族地区宏观优势产业选择

根据经济发展规律可以看出，优势产业的发展不仅对推进工业化进程产生重要影响，而且对国民经济发展的作用也不容忽视。优势产业在带来极大利益的同时，也可能给经济发展带来极大的风险。比如，20世纪40—70年代的日本，在选择了正确的优势产业发展战略后，保持了30多年的经济高速发展，创造了东亚奇迹，实现了跨越式的增长；英国却恰恰相反，虽然其最先实现工业化，但是，选择和培育优势产业时没有遵循产业发展的规律，相继被美国、日本、德国超越，逐渐在经济竞争中落败。

因此，对于经济发展落后于东部地区的民族地区，优势产业的选择和培育是实现跨越式增长的战略方向，但是也要注意其风险性。"根据资源禀赋，目前我国民族地区确实具有自然资源的比较优势，但是比较优势能否顺利转化为竞争优势，不仅和比较优势的丰裕程度有关，还和选择的转化路径有关；比较优势本身只是竞争优势赖以形成的客观条件，只有选择有效的路径，才能把比较优势顺利转化为竞争优势，否则，比较优势只能处在潜在状态，并不能转化为现实的竞争优势。"③ 通过上述分析，下面

① ［美］迈克尔·波特：《国家竞争优势》，华夏出版社2002年版，第121页。
② 韩庆鹏：《新疆优势产业的选择与发展》，硕士学位论文，新疆师范大学，2007年，第66页。
③ 夏颖莹：《对中国比较优势产业转型的研究》，硕士学位论文，上海海事大学，2006年，第78页。

选择四个产业作为民族地区的优势产业。

（一）能源产业和矿产业

1. 能源产业

能源资源不仅是我国国民经济发展重要的物质基础，也是一个衡量我国现在和未来发展潜力的重要指标。民族地区能源资源不仅蕴藏量大，而且种类极多，是我国能源资源最为富饶的地区。表4-4选取五个民族自治区和贵州、云南和青海三个多民族省份的石油、天然气、煤炭和水资源储量进行统计分析。

表4-4　　　　民族地区石油、天然气、煤炭和水资源储量

地区	石油 （万吨）	天然气 （亿立方米）	煤炭 （亿吨）	水资源储量 （亿立方米）
全国	317435.3	37793.2	2793.93	30906.4
内蒙古	7643.8	7149.44	769.86	388.5
广西	146.41	3.39	7.74	1823.6
西藏			0.12	4593
宁夏	202.77	2.75	54.03	9.3
新疆	51163.47	8616.43	148.31	1113.1
贵州		10.61	118.46	956.5
云南	12.21	2.41	62.47	1941.4
青海	5635.18	1321.89	16.22	715.8
合计	64803.84	17106.92	1177.21	11541.2
占全国的比例（%）	20.41	45.26	42.13	37.34

能源资源一般以人们能利用的石油、天然气、煤炭、水能为主，也包括太阳能、风能、地热能、核能等新能源，而这些能源在我国民族地区几乎都已经发现，并且都有不同程度的利用，具有很大的发展潜力。根据以上数据，天然气和煤炭分别达到全国的45.26%、42.13%，水资源也达到37.34%。而且新疆的石油占到全国的16.12%，天然气比例为22.8%，是我国陆上石油和天然气资源最具远景的地域。内蒙古的煤炭资源为769.86亿吨，占全国的比例达到了27.55%，仅次于山西的844.01亿吨，居全国的第二位。此外，"内蒙古的风能资源总量约为10.1亿千瓦，可开

发的风能约为1.01亿千瓦，居全国首位；并且以太阳能电池、太阳能热水器、控制逆变器、蓄电池和光电板等为代表的太阳能资源开发产业已经初具规模，并形成了'风力发电、风光互补'的系列化、专业性生产"。[①]西藏的能源资源与其他民族地区相比，石油、天然气和煤炭的储量比较的少，但是水资源的蕴藏量达到4593亿立方米，居我第一位。此外，西藏还是我国地热活动最强烈的地区，地热蕴藏量居全国首位。因此，民族地区基于其得天独厚的煤、气、油、水等能源资源，将成为既独立存在又能支援全国的重要的战略性能源基地，发展民族地区的能源产业市场前景十分广阔。

2. 矿产业

民族地区形成十分优越的成矿条件，全国已探明的矿产资源有171种，其中民族地区就有145种，可供开发利用的矿产资源潜力巨大。表4-5是五个民族自治区和贵州、云南、青海三个多民族省份主要的黑色金属、有色金属和非金属矿产资源的储量。

表4-5　　　　　　　　　民族地区矿产资源储量（1）

地区	铁矿（矿石，亿吨）	锰矿（矿石，万吨）	铬矿（矿石，万吨）	钒矿（万吨）	原生钛铁矿（万吨）	铜矿（铜，万吨）	铅矿（万吨）
全国	222.32	19515.64	442.1	1242.63	23042.96	2870.69	1272.04
内蒙古	12.12	566	60.35	0.77		365.93	301.12
广西	1.1	4033.44		171.49		14.41	17.72
西藏	0.27		199.49			199.38	
宁夏							
新疆	3.57	410.43	48.95	0.16	47.14	71.67	35.01
贵州	0.51	2468.87				0.34	6.32
云南	3.82	905.86		0.07		274.25	191.01
青海	0.07		0.48			41.19	79.38
合计	21.46	8384.6	309.27	172.49	47.14	967.17	630.56
占全国的比例（%）	9.65	42.96	69.95	13.88	2.05	33.69	49.57

---

① 张巨勇编：《民族地区的资源利用与环境保护论》，民族出版社2006年版，第320页。

表4-5　　　　　　　　民族地区矿产资源储量（2）

地区	锌矿（锌，万吨）	铝土矿（矿石，万吨）	菱镁矿（矿石，万吨）	硫铁矿（矿石，万吨）	磷矿（矿石，亿吨）	高岭土（矿石，万吨）
全国	3251.42	89732.66	182936.8	159152.1	29.63	63933.24
内蒙古	588.89			15745.76	0.02	433.18
广西	149.25	27236.89		4556.91		18733.32
西藏						
宁夏					0.01	
新疆	90.53			17.36		
贵州	15.62	20157.04		5623.9	3.62	11.45
云南	682.05	1551.84		3099.18	6.66	390.7
青海	137.76		49.9	50.2	0.6	
合计	1664.1	48945.77	49.9	29093.31	10.91	19568.65
占全国的比例	51.18%	54.55%	0.03%	18.28%	36.82%	30.61%

根据表4-5（1）、（2）统计数据可以看出，占全国储量30%—70%的矿产资源有锰矿、铬矿、铜矿、铅矿、锌矿、铝土矿、磷矿、高岭土8种，具有比较优势，其中我国稀缺铬矿除甘肃的124.83万吨和河北的6.90万吨外，几乎都集中储藏在民族地区，占全国的比例为69.95%，而西藏以199.49万吨居全国第1位。在其他各种矿产资源中，广西锰矿和高岭土分别占全国的20.67%和29.3%，居第2位，钒矿居全国的第三位，而且铝土矿以27236.89万吨的储量居于全国首位；在全国五个拥有原生钛铁矿的省份中，新疆仍拥有47.14万吨；铜矿储量居前5位的就有内蒙古、云南、西藏，其中内蒙古居第2位，并且内蒙古以301.12万吨的铅矿储量居全国首位；内蒙古锌矿和硫铁矿储量也十分丰富，分别以588.89万吨和15745.76万吨的储量分别占据全国的第2位和第3位；云南和贵州是磷矿的主产区，占全国的总储量的34.69%，分别居于第2位和第3位，而且云南还是锌矿的富集区，储量居于全国总储量的首位。除此之外，"西部民族地区特殊复杂的地质环境和山地地貌特征，使其成为国内建筑矿产如石灰岩、大理石、石膏、红土、黄土、芒硝、重晶石、光学水晶等的重要分布区，享有重要地位"。[1] 因此，矿产资源不仅是我国

---

① 钟大能：《西部少数民族地区生态环境建设进程与其财政补偿机制的形成》，经济科学出版社2008年版，第128页。

民族地区的优势资源，而且是我国重要的战略物资，市场前景较好。

3. 采掘业以及金属、非金属行业

基于储量丰富的能源和矿产资源，民族地区可以依托这两种资源优势建设一批采掘和金属、非金属类的企业，通过对能源和矿产两种优势产业的培育，突出其地区的优势，拉近与东南沿海地区的差距。表4-6选取的是民族地区和东南沿海所选地区的采掘类行业和金属、非金属行业的上市公司，通过对两地区两行业财务状况的对比，可以看出民族地区的优势产业所在。

表4-6　　　　　　　采掘业和金属、非金属业民族地区与
东南沿海地区财务状况对比

行业均值	指标 地区	每股经营活动 现金流量	净资产 收益率	营业收入 增长率	总资产 周转率	资产 负债率
采掘业	民族地区	1.0699	0.2096	0.3206	0.5625	0.4222
	东南沿海	1.1592	0.1357	0.1156	0.7271	0.4822
金属、 非金属业	民族地区	0.4896	0.1138	0.2866	0.8415	0.5671
	东南沿海	0.4113	0.1171	0.1504	1.2787	0.5206

资料来源：源于锐思数据库（http://www2.resset.cn/product）并经整理计算所得。

通过对以上统计数据的分析，金属、非金属行业和采掘业这两行业的财务状况对比上，不论是其企业的盈利能力、偿债能力还是其成长能力，民族地区都与东南沿海地区媲美甚至高于东南沿海地区。而且采掘业的每股经营活动现金流量民族地区虽小于东南沿海地区，但相差不大，金属、非金属行业的每股经营活动现金流量民族地区还超过东南沿海地区。因此，民族地区的金属、非金属行业和采掘业这两行业目前的发展状况和后续的持续发展都有其独特的优势。但是，民族地区两行业的总资产周转率却低于东南沿海地区，因此，民族地区必须致力于提高资源的利用效率，将资源优势转化为经济优势。

（二）农业产业

1. 地理区位优势

民族地区与我国发达地区相比，最大的一个优势就在于拥有优越的地理区位。首先，民族地区边境线漫长，与中亚、东南亚和俄罗斯等10多

个国家接壤,发展外向型经济的潜力巨大,开展互惠合作前景广阔。其次,优越的区位环境带给民族地区良好的生态环境。民族地区保留着原始的、丰富的、完整的自然生态环境和人文环境。这些优越的地理区位条件和生态环境成为我国民族地区农业优势产业发展的重要支柱,也使民族地区经济的腾飞成为可能。

2. 土地资源多样化,开发利用前景较好

根据 2011 年《中国统计年鉴》,截至 2010 年,民族自治地方的土地面积为 611.73 万平方公里,占全国国土面积的 63.72%。其中,牧区、半农半牧区草原面积为 30000 万公顷,占全国的比例为 75%,森林面积为 5648.00 万公顷,水力资源蕴藏量占全国总水储量的 66%。

根据表 4-7 统计的五个民族自治区和三个多民族地区的数据可知,土地面积占据了全国总面积的 58.68%,居第 1 位、第 2 位、第 3 位、第 4 位的分别是新疆、西藏、内蒙古、青海,云南和广西也分别居第 8、第 9 位。其中农用地的比例为 53.08%,居于前四位的分别是内蒙古、西藏、新疆和青海。林地面积的比例为 41.96%,排前 10 名的就有内蒙古、云南、西藏、广西和新疆,其中内蒙古居首位。再加上在合理利用黄土高原区大部分土地的条件下植被可以恢复,干旱半干旱沙漠化的土地也存在可逆转的可能,因此,民族地区在其富饶的土地、森林、草地以及水等自然资源的基础上为农林牧副渔业提供了广阔的发展空间。

表 4-7　　　　　　　　民族地区土地资源概况（万公顷）

地区	土地调查面积	农用地	林地面积
全国	95069.3	65687.6	30590.41
内蒙古	11451.2	9523.0	4394.93
广西	2375.6	1786.6	1496.45
西藏	12020.7	7760.6	1746.63
宁夏	519.5	417.4	179.03
新疆	16649.0	6308.5	1066.57
贵州	1761.5	1524.6	841.23
云南	3831.9	3176.0	2476.11
青海	7174.8	4372.4	634.00
合计	55784.2	34869.1	12834.95
占全国的比例（%）	58.68	53.08	41.96

3. 农业在产业结构中的优势明显

根据表4-8的数据可知,民族地区经济虽然落后于东南沿海地区,但是在其农业的发展在地区经济中起着关键的作用,其中,新疆农林牧渔业总产值占地区生产总值的33.95%,而江苏比例为10.37%,上海低至1.67%。因此,民族地区可以通过及时调整农业布局和开发现代农业,发挥区域农业资源比较优势,发展农业优势产业。

表4-8   民族地区与东南沿海地区农林牧渔业总产值比例

地区	农林牧渔业总产值（亿元）①	地区生产总值（亿元）②	①/②（%）
新疆	1846.20	5437.47	33.95
广西	2721.00	9569.85	28.43
西藏	100.80	507.46	19.86
宁夏	305.90	1689.65	18.10
内蒙古	1843.60	11672	15.80
江苏	4297.10	41425.48	10.37
浙江	2172.90	27722.31	7.84
上海	287.00	17165.98	1.67

（三）旅游业

1. 民族地区旅游业发展前景

旅游收入在国内生产总值中的比例不断上升,旅游业逐渐发展为前景最广阔、势头最强劲的新兴产业,并且拥有"永不衰落的朝阳产业"之称。而对于旅游资源极为丰富的民族地区来说:"首先,民族地区旅游产品种类丰富,文物古迹、山水风光、民族风情等具有独特性和丰富性,旅游观光产品仍将是最具国际竞争力的长线产品;其次,随着城乡居民生活水平的提高和闲暇时间的增加,大众化度假产品的发展条件逐步具备,家庭度假、城郊度假、乡间度假、周末度假、节日度假等度假产品将有广阔的市场,民族地区具有建立国家级、省级和国际度假市场上具有区域和民族特色的度假产品的优势条件。此外,西部民族地区拥有十分丰富和独特的发展专项旅游和生态旅游的资源，专项产品和生态旅游产品将迅速发展。"① 表4-9是以自然保护区为例的统计。

表4-9　　　　　　民族地区自然资源保护区个数和面积统计

地区	自然保护区个数（个）		自然保护区面积（万公顷）
	自然保护区总数	自然保护区国家级数	
全国	2538	303	14894.3
内蒙古	196	23	1383.2
广西	76	15	142.9
西藏	45	9	4140.3
宁夏	13	6	50.7
新疆	27	9	2149.4
贵州	129	8	95.3
云南	152	16	284.1
青海	11	5	2182.2
合计	649	91	10428.1
占全国比例（%）	25.57	30.03	70.01

截至2011年，我国自然保护区总数为2538个，其中五个民族自治区和三个多民族地区有649个；国家级的自然保护区总共有303个，民族地区以91个占国家级自然保护区总数的30.03%，其中内蒙古有23个居于全国首位；而自然保护区面积民族地区高达10428.1万公顷，占全国总量的70.01%，其中居于前4位的分别是西藏、青海、新疆和内蒙古。因此，在民族地区旅游腾飞的大好形势下。可以断定，民族地区旅游产业的发展拥有良好的发展潜力。

2. 以西藏产值为例

由表4-10可知，2006—2010年西藏旅游业接待旅游者人数与旅游总收入的统计数据可以知道，西藏接待旅游者的人次从2006年的

———————

① 王生鹏：《甘肃民族地区旅游支柱产业培育研究》，硕士学位论文，西北师范大学，2003年，第21页。

2512103 人次增长到 2010 年的 6851390 人次，旅游总收入 2010 年是 2006 年的 2.58 倍，除 2008 年受金融危机的影响外，这一时期均取得了快速增长。其次由于 2008 年受金融危机的影响，使西藏旅游业占其第三产业产值的比重有所下降，2009 年作为一个恢复期，比例增长到 23.25%，但总体来说，西藏旅游业占其第三产业产值的比例在逐年稳步增加，从 2006 年的 17.34% 上升到 2010 年的 26.00%。因此从西藏旅游业对西藏经济发展的贡献而言，旅游业作为西藏第三产业领头产业的地位已经逐渐显现。

表 4-10　　　　　　　2006—2010 年西藏旅游业概况

年份	接待旅游者人数（人次）	旅游总收入（万元）	第三产业产值（亿元）	占第三产业产值比例（%）
2006	2512103	277072	159.76	17.34
2007	4029438	485160	188.06	25.80
2008	2246447	225865	218.67	10.33
2009	5610630	559870	240.85	23.25
2010	6851390	714401	274.82	26.00

基于民族地区丰富的资源优势和与东南沿海地区的比较优势，将能源、矿产、农业和旅游界定为民族地区的四大优势产业。

第五节　民族地区优势产业与金融市场联动发展

不同的地域地理区位不同，资源禀赋有别，历史人文积淀各异，导致区域经济社会发展水平的差异化增大。而改革开放的实践证明，注重发展区域优势产业的东部沿海地区地区，不仅发展较快，而且率先实现了区域经济发展和市场经济的有机结合，也拥有了本地区的优势产品、优势企业、优势产业的经济结构。但是优势产业形成还需要最根本的要素投入——资金，如图 4-1 所示。

图 4 - 1　优势产业的形成

从图 4 - 1 可以看出，在商品社会时期，资金是所有经济活动中最为显而易见的生产要素，如果离开了资金的投入，任何产业的形成和发展都是难以实现的，对于民族地区优势产业的形成和发展来说更是如此。民族地区拥有的优势就是资源禀赋，但是从优势资源到优势产业形成和竞争优势的转化，都离不开资金的投入，而且对于基础设施建设严重滞后的民族地区来说，还需大量的资金进行基础设施的建设，因为基础设施的完善是优势产业发展的前提，因此资金的供给更是跟不上资金的需求。在土地、自然资源、人力资源和资金四个生产要素中，资金是当中最为重要的要素，也是民族地区最为稀缺的要素，更是制约民族地区经济发展的"瓶颈"。因此，在促进和培育民族地区优势产业形成和发展过程中，还必须从多方面、多角度地促进资本市场的不断完善。

一　金融市场对优势产业发展的带动作用

"资金是以一种重要的经济资源，资金的流向具有引导和配置其他资源的作用。由于资金追求增值的特性促使它总是向个别收益率比较高的领域流动。因此，不同行业、不同企业获取资金的渠道、方式与规模实际上反映了将有限的资金资源配置于产出效率高或有助于经济发展的企业或部门，不仅可以提高社会资源配置的效率，同时也将刺激效率低的部门提高效率。"[1] 金融市场的基本价值和功能就是积累资金、配置资金，它的目标就是通过对资金流向的控制，"为这些具有比较优势的产业服务，保证将资本配置到这些企业和产业中去，从而最大限度地利用比较优势。反过来讲，也只有将稀缺的资本资源有效地配置到这些具有比较优势的企业和产业中去，资本才能获得更高的回报率，金融市场自身才有竞争力和活

---

① 民生证券有限责任公司研究所资本市场与区域经济发展课题组：《资本市场与区域经济发展》，郑州大学出版社 2003 年版，第 127 页。

力。"① 作为民族地区来说，虽然经过西部大开发的带动，经济有了很大增长，但和东南沿海比，差距仍然很大，不可能在短时间内完成超越。但是，经过基于资源禀赋视角下的民族地区宏观优势产业选择的分析，民族地区在能源、矿产、特色农业和旅游业等方面有独特的优势，如果能不断对金融市场进行完善，通过金融市场的资金流动来带动效率，集中资金，重点投入，培育民族地区这些具有高增长的优势产业和基础设施产业，就能把资源优势转变成经济优势，改变民族地区落后的面貌，培育区域新的增长点。

二 优势产业对金融市场的带动作用

对民族地区来说，发挥资源优势不仅要优先扶持优势产业的发展，同时也应该利用优势产业所具有的比较优势到本地区和区外甚至国际金融市场上融资，从而充分吸引区域内外的资金，拓展民族地区的金融市场。一定程度可以说，产业形成的过程是对生产环节和自然资源进行合理开发、利用和改造的过程。民族地区不仅土地辽阔、石油和天然气等能源资源开发利用价值大、特色农业产品众多、旅游资源丰富，而且劳动力供应充分且价格便宜；再加上东部地区经过多年的快速发展后，资源缺乏、成本上升以及劳动力不足等制约因素开始显露，新的发展空间急需开拓，因此，民族地区能源、矿产、农业和旅游等优势产业以及潜在的市场优势会对东部地区甚至是国外企业产生巨大的吸引力，不仅能使东部地区企业和国外企业找到新的投资之路，更能够使民族地区充分利用国内外资金有效弥补"储蓄"和"外汇"的双重缺口，甚至有利于使民族地区打破诺克斯的"贫困的恶性循环论"，从而通过优势产业的吸引力使民族地区的金融市场更加有活力和生命力。

因此，发展民族地区的优势产业要注意其发展特色，发展民族地区的金融市场同样要注意其发展特色，才能既避免资源浪费，又能避免金融市场与全国的雷同，使民族地区优势产业和金融市场在优势互补的同时能与民族地区区域经济的发展战略匹配，更好地为民族地区区域经济发展服务。

一方面，民族地区拥有得天独厚的资源禀赋优势，可以通过优势产业

---

① 董利伟：《要素禀赋视角下甘肃资本市场的发展》，硕士学位论文，兰州商学院，2007年，第13页。

发展还带动民族地区经济的跨越式发展；另一方面，面临资金瓶颈的制约，导致民族地区优势产业培育资金的巨大需求与金融市场资金供给不足之间的矛盾。

三　培育优势产业的资金需求

（一）基础设施行业资金需求巨大

不管民族地区的优势产业发展，还是其资本市场的完善，都迫切需要加快民族地区基础设施的建设。因为铁路、公路、供电、供水、通信网络等基础设施的建设是改善投资环境的关键，从而有利于民族地区与外界进行资金流、信息流、物流以及人才流的沟通，最终才不会使民族地区发展优势产业和完善资本市场成为一句空话。正因为基础设施建设的发挥的根基作用，才使基础设施的建设成为了西部大开发的重点战略之一。随着西部大开发战略的实施，政府的努力和国家财政投入的大力支持，民族地区基础设施建设得到了空前的改善，但是由于民族地区幅员辽阔、基础设施历史根基的滞后，使得国家财政的投入远远满足不了基础设施建设的资金需求。"据预测，'十五'时期西部地区基础设施建设的投资资金供需缺口在500亿—600亿元，其中重大项目投资供需缺口在200亿—300亿元左右。而按照有关部门制定的项目规划，2001—2010年，西部地区重大基础设施和生态环境保护的标志性工程所需建设资金超过18000亿元，平均每年需投资1800亿元，按现有中央和地方的筹资能力，每年资金缺口也在500亿元以上。"① 再加上基础设施项目所具有的投入大、效益差、回收时间长等特点，可以看出，不管是现在还是未来，民族地区基础设施建设方面的资金需求将是巨大的。

（二）能源产业的发展资金需求巨大

民族地区能源产业重点培育领域有：第一，民族地区石油占全国的20.41%，天然气比例为45.26%，因此为了提高管道运输能力，要加快石油天然气管道建设，逐步建设民族地区石油、天然气工业基地，推进"西气东输"这项重大能源工程的完成。第二，民族地区水资源丰富，占全国的37.34%，其中西藏居于首位，因此，要加快民族地区大型水电基地建设，再以三峡电网为中心，推进全国联网，从而进一步加大"北电

---

① 徐均：《西部地区基础设施建设及投融资机制研究》，硕士学位论文，中央民族大学，2004年，第29页。

南送"和"西电东送"的力度。第三,民族地区的煤炭资源占全国的
42.13%,其中内蒙古仅次于山西,居第 2 位,因此要积极建设煤炭及煤
化工产业基地。而且要通过不断提高民族地区煤炭产业技术装备水平,融
入新技术和先进的管理模式;通过开发新型燃料煤等煤炭新品种,提高洗
精煤和优质煤的比重,发展煤化工产业链,改变过去单纯增加煤矿和煤炭
产量的低级开采方式,最后不仅能达到提高科技含量、延长产业链、提高
附加值的目的,而且也能使煤炭基地的经济效益更好。第四,因地制宜地
建设新能源基地,例如,宁夏的风能、西藏的太阳能和地热能,从而充分
发挥西部地区可再生能源资源优势。

一方面,根据西部大开发规划:"西气东输"工程项目总投资估算
在 3000 亿元左右,"西电东送"工程测算也将需要 1500 亿元以上;另
一方面,能源产业属于资本密集型的产业,每一个项目可能需要上百万
元甚至上千万元的投资,而且在融入科学技术、延长产业链、提高附加
值的同时要不断地进行资金的投入,因此,能源产业的培育资金需求是
巨大的。

(三) 矿产业的发展资金需求巨大

我国民族地区的矿产资源储量极其丰富,对其的利用是拉动民族地
区经济增长的关键。因此,根据民族地区矿产业目前的开发状况,对民
族地区优势矿产业的重点培育领域有:第一,在勘探环节,由于技术和
资金的缺乏,矿产资源浪费严重,因此,在综合评价、综合勘探的基础
上引入竞争机制,建设一批规模大、拥有高技术水平的大型项目。第
二,在开采与冶炼环节,积极引进清洁生产理念和设备,完善民族地区
矿产资源的采选、冶炼工艺,从而提高开采回收率以及矿产产品的质
量。第三,在废弃物处理环节,提高尾矿、废石的综合利用,开发一条
"矿产资源到矿产品,矿产品到可再生资源,可再生资源到可再生产
品"的可持续循环模式,使我国民族地区的矿产资源利用走向资源开发
与环境保护相协调的"绿色矿业"之路。[①] 但是,从勘探到尾矿、废石
的再次利用的可持续循环模式的实现,不仅需要先进的技术,雄厚的资金
更是关键。因此,民族地区优势矿产业发展循环经济对资金的需求是巨
大的。

---

① 李文军:《西部地区矿产资源开发战略的探讨》,《特区经济》2006 年第 9 期。

（四）特色农业的发展资金需求巨大

民族地区的农业大多数还是沿袭着传统粗放型经营的模式，不仅技术含量低且产业链短，而且从初级产品到最终产品的各个环节都独立进行，使农户、企业、市场之间缺乏有效的利益连接机制，导致生产成本高效率低。但是，根据表4-8，民族地区的农业的经济地位极其重要，而且农业资源具有悠久的优势。因此，对民族地区优势农业产业的重点培育领域有：第一，培育特色生产基地。如在广西建立糖业生产基地；在新疆发展优质棉花，建立棉花生产基地；在云南建立烟叶生产基地等等。第二，建立农产品加工优势产业。如发展内蒙古的羊绒制品以及奶制品等产业链，建立优势加工生产基地，如伊利、蒙牛等龙头企业；在广西、贵州、云南等民族地区建立果蔬汁饮品等加工产业链；通过推行"优质名牌枸杞基地建设"，发展宁夏枸杞加工产业链等等。第三，由于民族地区地处我国边远地区，信息服务体系落后，使得农产品市场信息在生产、加工、流通和销售等关键环节的传递不及时，严重阻碍了民族地区农业优势产业的发展。因此，要加快民族地区农产品市场信息服务体系的建设。但是，根据统计年鉴数据，2010年在农、林、牧、渔业仅仅城镇固定资产投资和建设资金的投入就达到了6979.1亿元，如此巨大的资金投入需求可以看出，要培育民族地区的农业优势产业，没有上万亿元的资金投入，要培育民族地区的农业优势产业根本就是不可能的。

（五）旅游产业的发展资金需求巨大

我国是一个拥有55个少数民族和六千多年历史的文明古国，各地旅游资源各具特色。民族地区旅游资源极其丰富，不仅有以地貌旅游资源（风景名山、岩溶、风沙）、水体旅游资源（江河、湖泊、瀑布、泉水、海洋）、气象气候旅游资源、生物旅游资源（我国自然保护区总数为2538个，其中，五个民族自治区和三个多民族地区，有649个）等为主的自然资源，而且有以古人类遗址、历史文明古城和古建筑、宗教、民族习俗等为主的人文旅游资源。并且随着我国居民大部分已经步入小康生活阶段，旅游消费在城乡居民总的消费支出中所占的比重会越来越大，因此，为民族地区旅游优势产业的发展提供了巨大的市场，对民族地区优势旅游产业的重点培育领域有：第一，由于民族地区的旅游资源不仅位置偏远、交通不便，而且地形复杂、景点也比较分散，所以要重点加大旅游基础设施的建设；第二，基于民族地区旅游资源开发难、可进入性差的特点，必须积聚有限资金有选择性的优先开发条件比较优越的地区；第三，充分挖掘民族地区的自然资源与人文环境资源，开发民族地区旅游精品；第四，加大民族地区旅游对外的宣传力度，加强民族地区旅游品牌意识，提高民族地区旅游的整体形象；第五，走民族地区旅游资源开发与环境保护相结合的可持续发展道路，建立可持续旅游生态环境保护体系。一方面，民族地区旅游资源开发难的特点使得民族地区旅游初期开发成本巨大；另一方面，旅游基础设施的建设、旅游产品的开发、旅游品牌的建立和宣传，到最后可持续旅游生态环境保护体系的建设，整个过程需要投入的资金是巨大的。因此，民族地区旅游优势产业的培育资金需求巨大。

四　民族地区金融市场资金供给不足问题

（一）金融市场的含义

金融市场是资金融通市场，又称资金市场，一般根据市场上交易工具的期限可以分成货币市场和资本市场。资本市场一般包括中长期信贷市场和证券市场，而证券市场又主要包括股票市场、债券市场、保险市场、基金市场等。货币市场融资活动期限只在一年以内，所以只是企业的流动资金。对于欠发达民族地区来说，作为直接融资途径的证券市场为民族地区融资的关键，但也不能完全忽略银行的长期信贷融资活动的作用。

（二）民族地区金融市场资金供给不足

1. 民族地区企业证券市场融资规模偏小

民族地区地广物博，但直到 1993 年，广西和云南才有了属于各地区的第一只股票上市；近年来，虽然受到国家优惠政策和民族地区整体经济发展的带动，民族地区的上市公司数量也得到较快的增加，但是，与东南沿海相比，民族地区的资本市场不仅起步较晚，而且规模也偏小，资本市场的融资能力也不言而喻了。表 4 - 11 选择五个民族自治区和东南沿海地区三个有代表性地区的上市公司首次发行股票筹资额、市值以及各地区的上市公司数量进行统计和对比分析。各地区首次发行股票筹资总额和上市公司总数的统计截至 2012 年 1 月 6 日，市值指 2011 年 12 月 31 日的年末市值。

表 4 – 11 民族地区和东南沿海地区首次发行股票筹资额、市值及
各地区上市公司数量对比

地区	项目	首次发行股票 筹资总额（万元）	市值（万元）	上市公司总数（个）
民族地区	广西	988145.68	12009216.06	29
	内蒙古	1342288.05	22932661.55	24
	宁夏	348247.50	3819836.07	12
	西藏	200831.00	5461125.65	9
	新疆	1286966.60	21949520.10	37
	合计	4166478.83	66172359.43	111
东南沿海 地区	江苏	15041727.55	106940885.72	218
	上海	19312864.04	197631611.43	241
	浙江	14321836.75	103048236.30	229
	合计	48676428.34	407620733.44	688
全国		220901805.84	2161467442.98	2509

资料来源：表 4 – 11、表 4 – 12、表 4 – 13、表 4 – 14 的数据源于锐思数据库（http://www2. resset. cn/product）并经整理计算所得。

首先，从上市公司的数量看，民族地区就明显偏少。截至 2012 年 1 月 6 日，五个民族自治区的上市公司只有 111 个，相对于全国的 2509 个来说，只有其 4.42%，但五个民族自治区的土地面积占全国 45.25%。再与东南沿海的三省相比，民族地区的上市公司数量只有东南沿海三省的 16.13%，而且五个民族地区上市公司总和也几乎是任何一个东南沿海三省的一半。因此，整体来说，民族地区在证券市场上市的公司数量偏少，与其所占的地域比例来说，上市公司所占的比重更是过低，使得民族地区的资金瓶颈更是雪上加霜。其次，从各地区的股票市值来看，全国的股票市值为 2161467442.98 万元，是五个民族自治区股票市值总和的 32.66 倍。而且五个民族地区的股票总市值 66172359.43 万元，比江苏的 106940885.72 万元、上海的 197631611.43 万元、浙江的 103048236.30 万元都小。最后，从首次发行股票筹资总额来看，民族地区资本市场的融资能力较弱。截至 2012 年 1 月 6 日，从我国股票市场正式诞生以来，五个民族自治区上市公司首次发行股票筹资总额仅为 4166478.83 万元，只占全国上市公司首次发行股票筹资总额（220901805.84 万元）的 1.89%，

而且远远低于东南沿海三省份首次发行股票筹资总额。对于三省份中首次发行筹资相对较少的浙江省，仍是民族地区的3.44倍。而五个民族自治区中上市公司数量相对较多的新疆（37）和广西（29），各自首次发行股票融资总额却低于内蒙古24家上市公司的筹资总额。一方面，说明由于民族地区上市公司数量的限制，导致民族地区和东南沿海地区的差距较大，所占全国的比例甚小；另一方面，也说明民族地区上市公司的自身从股票市场筹集资金的能力也不足。因此，民族地区通过资本市场融资的能力十分有限，与发达的东南沿海地区更是不能比拟的，再加上自己巨大的资金需求，导致民族地区巨大资金需求也资金供给不足的矛盾越来越尖锐。

2. 民族地区的上市公司财务状况不佳

民族地区上市公司财务状况的不佳主要是通过挑选反映企业现金创造能力和盈利质量的每股经营活动现金流量、反映盈利能力的净资产收益率、反映偿债能力的资产负债率、反映成长能力的营业收入增长率和反映资产管理效率的总资产周转率来对民族地区和东南沿海地区上市公司整体财务状况对比。分别挑选上述所选定的民族和东部沿海等地区上述指标在2007年、2008年、2009年和2010年四年年末上市公司的财务数据。

（1）从整体的对比角度。从表4-12的统计数据可以看出：

表 4 -12 民族地区和东南沿海地区上市公司整体财务状况对比

年份	地区	每股经营活动现金流量	净资产收益率	营业收入增长率	总资产周转率	资产负债率
2007	民族地区	0.5524	0.0956	0.2981	0.6216	0.5513
	东南沿海	0.5110	0.1762	0.3846	0.9666	0.5741
2008	民族地区	0.3483	0.0547	0.1490	0.6228	0.5829
	东南沿海	0.4378	0.0544	0.1436	0.9347	0.6288
2009	民族地区	0.4837	0.0468	0.1005	0.5661	0.5700
	东南沿海	0.6611	0.1231	0.0504	0.8098	0.6523
2010	民族地区	0.4197	0.1141	0.2841	0.6117	0.5628
	东南沿海	0.3894	0.1474	0.3293	0.8759	0.4683
总体平均	民族地区	0.4510	0.0778	0.2079	0.6056	0.5668
	东南沿海	0.4998	0.1253	0.2270	0.8968	0.5809

第一，从近四年的数据来看，民族地区的每股经营活动现金流量相对来说比较的稳定，而东南沿海地区的波动幅度比较大。但从总体均值来看，沿海地区的每股经营活动现金流量 0.4998 大于民族地区的 0.4510，而且 2009 年东南沿海地区达到了 0.6611，说明东南沿海地区的上市公司回升空间比较大，所以，东南沿海地区的上市公司对盈利能力和偿债能力的保证程度较高，不管是自身的造血能力还是对外界资金的吸引力都比较大。

第二，从各地区各年的净资产收益率来看，东南沿海地区除了 2008 年受金融危机的影响下降幅度比较大以外，其他各年的净资产收益率都明显高于民族地区。并且民族地区也因金融危机的影响净资产收益率由 9.56% 下降到了 5.47%，2009 年还进一步下降到 4.68%，但此时东南沿海地区已经恢复到了 12.31%，说明虽然 2008 年东南沿海地区受金融危机的冲击较大，使上市公司净资产收益率下降幅度较大，但是，该地区自身经济恢复能力也较强，而民族地区受金融危机的冲击幅度虽较小，但是，对其影响的持续性却较长。而且从总体平均净资产收益率来看，民族地区为 7.78%，明显低于东南沿海地区的 12.53%，盈利能力远远落后于东南沿海地区。因此，由于民族地区自身积累资金能力不足，再加上投资开发成本高，对外界投资的吸引力也大大减弱，如果上市公司想从资本市场上进行股权再融资，不仅达不到股权再融资条件，而且由于自己效益的减弱而失去竞争优势。

第三，在西部大开发优惠政策的带动下，民族地区近年的发展速度加快，因此民族地区的企业成长能力和东南沿海地区相当，两地区的营业收入增长率没有较大的差距。

第四，从总资产周转率来看，东南沿海地区为 89.68%，将近高出民族地区的 30%。由此可见，民族地区企业资产的运营能力相对较低，没有充分利用资源优势组建有特色的现代企业，没有将其资源的比较优势转换成现实的经济方面的比较优势。

第五，从总体平均资产负债率来看，民族地区的资产负债率为 56.68%，略低于东南沿海地区的 58.09%。一方面说明两地区的负债融资比例都偏高，财务风险偏大；另一方面说明资本结构不尽合理，信贷融资比例过高，而通过资本市场的融资比例过小。尤其是存在严重资金缺口的民族地区，虽然在西部大开发优惠政策的扶植下，国家对民族地区信贷政策的倾斜力度不断加强，但不能过于依赖信贷融资，而应该充分发挥好资本市场融资的优势，加大股权融资和再融资的比重，降低财务风险的同时缓解资金需求和供给的矛盾。

（2）部分优势产业财务状况不佳。虽然从整体角度比较，民族地区落后于东南沿海地区是一个不争的事实，但是民族地区其独特的资源禀赋优势，对其发展特色优势产业有着不可比拟的优越性，比如采掘业和金属、非金属矿产业。可是是否在另外两大优势产业农业和旅游业方面也领先于东南沿海地区呢？实则不然。

表 4 - 13　　　　2007—2010 年农业和旅游业民族地区和东南沿海
地区财务状况对比

行业 均值	指标 地区	每股经营活动 现金流量	净资产 收益率	营业收入 增长率	总资产 周转率	资产 负债率
农业	民族地区	- 0. 0518	0. 0286	0. 4155	0. 4885	0. 4811
	东南沿海	0. 0039	0. 1334	0. 0270	0. 6295	0. 4637
旅游业	民族地区	0. 2699	0. 0355	0. 0762	0. 2328	0. 4484
	东南沿海	0. 2433	0. 1044	0. 0509	0. 4577	0. 3795

从以上统计的民族地区和东南沿海地区有关农业和旅游业近四年总体的平均值来看，唯独企业的成长能力是领先于东南沿海地区，说明民族地区开始着力于农业和旅游业的发展，在农业方面的增长潜力民族地区遥遥领先于东南沿海地区，因此，民族地区的农业和旅游业的发展潜力是无穷的。但不管是创造现金流，还是企业的偿债能力、盈利能力、资产运营能力，民族地区都远不如东南沿海地区，这对于民族地区利用其优势发展经济，吸引投资是很不利的。

综上所述，民族地区能在资本市场上进行资金筹集的上市公司整体财务状况明显不如东南沿海地区，甚至潜力发展巨大的优势产业上市公司的财务状况也不及东南沿海地区，这将造成民族地区出现如下局势：（1）财务状况不佳导致自身的造血能力不足；（2）不利于吸引民间资金的投入，使外界投资者失去对民族地区投资的动力；（3）会使上市公司面临退市，使原本为数不多的上市公司雪上加霜；（4）难以满足从资本市场上进行再融资的条件，包括最近三个会计年度加权平均净资产收益率平均不低于6%，最近三个会计年度连续盈利等。事实上，在股权再融资方面，民族地区状况也确实不乐观，与东南沿海地区相比更是如此。

3. 股票股权再融资力度不够

股权再融资在上市公司再融资中的规模和所占比率都比较大，它是指已经在证券市场上首次公开发行股票筹集资金后根据企业资金后续需求，在证券市场上再一次通过发行股票筹资的行为。因此，股权再融资已成为上市公司后续进一步扩张的重要途径。表4-14统计了2007—2011年五个民族自治区和东南沿海的上海、浙江、江苏三个有代表性省份股票再融资募集资金总额。

表4-14　　　　　　2007—2011年民族地区和东南沿海地区股票
再融资募集资金总额对比

项目		民族地区①	东南沿海地区②	全国③	①/②	①/③（％）
2007年股权再融资募集资金总额（万元）	配股	107587.65	372048.62	2308916.85	28.92	4.66
	增资	269546.34	7043521.52	20779350.95	3.83	1.30
	合计	377133.99	7415570.14	23088267.80	5.09	1.63
2008年股权再融资募集资金总额（万元）	配股	29568.40	129119.19	1426141.49	22.90	2.07
	增资	309069.78	6399161.01	47458297.71	4.83	0.65
	合计	338638.18	6528280.20	48884439.20	5.19	0.69
2009年股权再融资募集资金总额（万元）	配股	46265.64	650900.28	976962.93	7.11	4.74
	增资	238990.52	8842450.96	13213015.08	2.70	1.81
	合计	285256.16	9493351.24	14189978.01	3.00	2.01
2010年股权再融资募集资金总额（万元）	配股	0	3405544.03	23571272.64	0	0
	增资	2694502.62	9068622.29	38517082.80	29.71	7.00
	合计	2694502.62	12474166.32	62088355.44	21.60	4.34
2011年股权再融资募集资金总额（万元）	配股	90174.06	77197.53	167371.60	116.81	53.88
	增资	851568.00	1020716.47	5995978.23	83.43	14.20
	合计	941742.06	1097914.00	6163349.83	85.78	15.28

目前，上市公司股权再融资主要包括配股和增资两种方式。在2001年以前，配股在股权再融资中占绝对优势，但2002年开始，增发再融资

方式超过了配股。根据上表的统计数据也可以看出,不管民族地区,还是东南沿海地区,近四年以增发方式筹集的资金总额都遥遥领先于配股方式筹集的资金,全国的趋势更是如此。

从股权再融资趋势来看,民族地区有下降趋势,但是东南沿海地区只是在 2008 年受金融危机的影响有所下降以及 2011 年数据统计不够完整外(因为部分上市公司已经发布股权再融资,但是,具体上市是在 2012 年),一直都是上升的趋势。在这样的情况下,使得民族地区上市公司在后续发展壮大的过程中面临着资金供给短缺。

从民族地区占东南沿海地区和全国的再融资比例来看,民族地区不管配股还是增资,所占比例都是较低的。尤其作为今后股权再融资趋势的增资方式取得的筹资额所占的比例更小。2007—2009 年民族地区配股融资额占东南沿海地区的比例没超过 30%、占全国的比例没超过 5%,增发融资额占东南沿海地区的比例没超过 5%、占全国的比例没超过 2%。只是 2010 年东南沿海地区和全国大部分上市公司由于宣布再融资最后都没成功,所以,民族地区再融资总额占东南沿海和全国的比例相对较高,可是并没有通过配股再融资。对于 2011 年,由于统计的数据只是在 2011 年宣布再融资并且在 2012 年 1 月 6 日前也已经上市的上市公司的再融资额,还有大部分的上市公司只是宣布了再融资,但是还没来得及上市,所以,2011 年民族地区实际再融资额并不一定有那么大的起伏。在后续的再融资上,民族地区占全国的比例过低,与东南沿海地区相比存在着较大差距,这不仅不利于民族地区上市公司的后续发展和扩大,也将使民族地区资金巨大需求和供给不足矛盾扩大化。

4. 民族地区债券市场发育不足

从非金融机构部门的债券融资情况看,五大民族自治区 2008—2012 年的债券筹资额都比东部的上海市和中部地区的湖北省低很多,西藏的债券融资除了 2011 年有 10.02 亿元外,其他年份都为零。这跟民族地区地处偏僻、交通不便、通信落后等导致债券交易成本高有关;也跟民族地区的证券公司营业网点较少,辐射面窄,难以适应大规模债券零售业务的需要,使债券难以及时出售和变现等有关①;再加上民族地区企业效益差、偿付能力弱,难以符合债券融资的条件,以上种种导致了民族地区债券市

---

① 时光:《中国少数民族地区资本形成研究》,四川人民出版社 2005 年版,第 112 页。

场发育不足，提供的资金有限。

5. 银行的长期信贷融资不足

从五大民族自治区与上海、湖北地区以及全国 2008—2012 年全部金融机构各项存、贷款（余额）（参见本书第三章表 3 – 2 和表 3 – 3 的资料）的对比可以看出，五大民族自治区的存贷款规模虽在逐年稳定增长，但其规模小，未能达到全国平均水平，同时与我国中部、东部地区的差距较大。总之可以看出，民族地区虽然面临巨大的资金缺口，但是，银行的贷款能力远远跟不上民族地区的需求，尤其对于民族地区中小企业来说，银行的"惜贷"现象更为严峻，债券市场也不发达，造成民族地区大部分潜在优势产业无法成长。

第六节　培育民族地区优势产业和完善金融支持的政策建议

一　着力培育民族地区优势产业竞争力

民族地区虽然有着得天独厚的资源优势，但是，过度依赖国家投资搞建设的思想不转变，民族地区不注重自身战略的开发，资源的"人无我有"的优势也只会是暂时的，因为优势资源自身是不可能转换成经济资源的。因此，如何将民族地区优势产业融入国际开放的大环境下增强其竞争力，力争人无我有、人有我优是关键。

民族地区企业与其他地区特别是东南沿海地区企业相比，技术实力弱、规模小和资金的缺乏是最大的不足，也使得民族地区企业的竞争力远不如东南沿海地区。如果固守着丰富的资源各自独立地发展，必定会被东南沿海地区的企业击败，更不用说与国外企业竞争了。因此，要想将民族地区优势资源转变成经济资源，促进优势产业的形成和发展，着力打造民族地区特色产业集群是一个有效的战略模式。事实证明，产业集群是培育地方企业竞争优势的最有力武器。而民族地区基于其丰富的特色能源、矿产、农业、旅游资源，容易被人忽略的传统农业也是极具通过产业集群的运营模式，不仅可以在集群内部获得规模经济、形成互为依托的"信誉链"；还能获得集群外企业或其他机构的信任，增强民族地区企业竞争力，拓展企业筹集资金的渠道。

二 完善培育民族地区优势产业的金融支持体系

(一) 扶持优势产业进入资本市场融资

从前面几节的分析得出，目前我国民族地区正面临着培育优势产业巨大的资金需求与民族地区金融市场资金供给不足的矛盾，因此，资金的缺口已经成为发挥民族地区资源优势、发展民族地区优势产业来带动民族地区经济实现跨越式增长的一大顽疾。如何使利用民族地区的优势产业找到充足的资金供给才是民族地区企业生存和民族地区经济发展的关键。从目前来看，民族地区主要的资金来源为国家的财政支持和银行的贷款。但是，一方面，国家的资金有限；另一方面，由于民族地区投资大、收益周期长且见效慢和风险大，银行"惜贷"现象更严重，在目前各地区中小企业面临融资难的问题，民族地区中小企业就更加严重。但是，证券市场能为各层次、各风险偏好的投资者提供不同档次金融商品，能够为各种各样企业提供充足的资金，对民族地区来说，能够突破严重的信贷资金供给的瓶颈。民族地区应该充分认识其优势产业，利用其优势产业到资本市场上去吸引各式各样的投资者，寻找资金来源。

由表 4 - 11 可知，民族地区的上市公司数量只占全国的 4.42%，应加大境内外上市公司的数量。

1. 增加境内上市公司的数量

首先，民族地区应该大胆运作好富足的资源，变资源优势为资本优势，走一条"资源整合"的优势产业发展战略道路。

其次，抓住西部大开发战略带来的历史机遇，充分利用国家对民族地区的扶持政策。一方面立足于资源优势，积极争取国家和各级地方政府的投入；另一方面选择一批在优势产业中处于领先地位、对国民经济有重要影响的、有潜力成长性的企业，重点将国家扶持资金用于这些优势产业的企业，鼓励这些优势产业的发展，而且不仅要淘汰生产能力落后的企业，还要引导企业资金流向有比较优势、有发展潜力、有高技术含量的产业和部门，使这些优势产业不断做大做强，按照境内证券市场上市条件，积极培育这些优势产业的龙头企业，使其逐步进入资本市场，从而为这些优势产业提供源源不断的新的资金，并带动其他企业的发展。

其次，可以利用民族地区的优势产业以及有较大发展潜力的上市公司，通过股票的收购、兼并和重组，借助资本市场完成资产的交易、转移和增值，使民族地区完成优势产业龙头企业的优势互补和低成本战略扩张，并提升民族地区优势产业的整体技术和质量，延伸优势产业链，增加民族地区上市公司的数量。

最后，对于那些已经上市但是经营效率不高、业绩较差的上市公司，可以通过资产置换或债务重组等方式将优质资产注入其中，防止原有上市公司的退市并恢复其持续经营能力。

2. 增加境外上市公司数量

民族地区拥有开发利用价值极大的能源资源、品种丰富的农牧业产品、极具地方特色和民族的气息的旅游资源等，利用这些自身的独特优势，民族地区可以吸引外资的进入。尤其是在东部地区面对各种资源短缺以及东部地区自身寻求产业合作的情况下，民族地区基于其独特的优势产业链，借助外资开发民族地区的优势产业。首先，民族地区可以通过培育其龙头企业到境外上市，成为吸引和利用外资的境外上市公司，为民族地区开发其优势产业提供更为广阔的国外资金渠道。其次，"利用新股上市和买壳上市进行融资。民族地区可以选择有实力的国有大中型企业，通过在海外注册控股公司以新包装上市，或通过购并已在海外上市企业的股票实现买壳上市。"①

（二）完善民族地区的金融支持体系

1. 降低民族地区企业上市门槛

目前，由于基于制度、资本、技术的不均衡导致各地区不均衡发展，东部地区吸引了人力、资金、技术。民族地区企业与我国其他地区相比存在着根本性的差距，在我国资本市场布局以及我国证券市场上市的高门槛约束下，民族地区企业想进入资本市场筹资显得力不从心。因此，上市要求的宗旨不变，但是也应该根据区域发展状况区别对待，以缩小区域发展的差距。对于拥有丰富资源的民族地区来说，为了将其优势产业注入资本市场，带动民族地区经济的跨越式发展，一方面，应该对于民族地区的企业放宽进入资本市场的条件，特别是对于有民族特色和民族地区产业优势的企业更应加以扶植，缩短民族地区企业上市的审批时间、简化民族地区企业上市的程序，从而扩大民族地区企业上市规模；另一方面，加强民族地区企业上市的审核，使真正有发展潜能的民族地区优势产业进入资本市

---

① 周运兰：《论建设少数民族地区企业股权融资的多层次资本市场》，《财会月刊》2010 年第 8 期。

场，提高民族地区上市公司的质量。

2. 建立民族地区区域资本市场

目前，全国性资本市场的中心是上海和深圳两大交易所的场内交易，且都设在发达的东南沿海地区，推动了东南沿海地区的资本市场发展，使东南沿海地区得到了更多的资金支持，经济也得到了飞速发展；对于远离全国性资本市场中心地带的民族地区资本市场却在一定程度上制约了其发展。因此，应创造条件，通过设立为欠发达地区的民族地区资本市场服务且与全国性资本市场中心相对应的证券交易所及证券监管机构，并在政策和法律上加以必要的鼓励。这样，不仅可以充分挖掘本地的资金，还可以吸引境外甚至是国际上的资金不断向民族地区回流，从而促进民族地区经济的跨越式发展，缩小民族地区与发达地区的差距。

3. 完善民族地区的产权交易市场

产权交易市场也属于市场经济中市场体系的一个组成部分，是为非上市公司提供报价转让服务的场外交易市场，相对于以东南沿海地区为中心的全国性场内交易市场，可以说，产权交易市场可称得上是以西部地区为中心的全国性市场。它的门槛比较低，使得欠发达的民族地区的优势产业能够很方便进入产权交易市场进行筹资，也拓宽了民族地区的中小企业从资本市场融资的广度和深度。目前，产权交易在我国方兴未艾。相对来说，民族地区产权交易市场相对落后，数量不多。因此，有必要加强民族地区产权交易市场建设，不断增加民族地区产权交易市场的覆盖面，在注入有形资产交易的同时也要注重无形资产的交易，并且将民族地区的产权交易市场与其他地区产权交易市场进行联盟，实行统一的管理和交易制度，加速全国性产权交易市场的联盟，不仅有利于民族地区产权交易的增加，也为民族地区的优势资源找到了更大的开发和利用空间。

（三）完善民族地区的债券市场

长期以来，债券市场作为我国资本市场的一部分，并没有发挥其应有功能，债券品种少成了我国资本市场的一个显著特点。而处于欠发达状态的民族地区在股票发行受到各种因素严重制约的情况下，大力培育和积极稳妥的发展债券市场，不失为一个缓解民族地区严重资金缺口的渠道。一方面，民族地区基于其丰富的优势资源，扶持并鼓励个优势产业中发展潜力大、经济效益好、信誉度高的企业发行债券；另一方面，针对欠发达的民族地区可以发行可转换债券。如果发行债券的企业为上市公司或者发展为上市公司，将来可以视持有者的意愿转化为股权，如果发行债券的企业没能上市，持有者可以将转换率转换为股权。这样不仅增加了欠发达民族地区发行债券对投资者的吸引力，也能够拓展企业发行债券的融资渠道。

（四）资产证券化

资产证券化实质上就是资金需求者以拥有资产的未来收益作为担保，通过转让资产将来产生的收益权，但其所有权并不一定转让的融资方式，它是一种全新的、以证券化资产未来现金流作为还款的、低成本融资方式。我国的资产证券化融资方式没有普遍和成熟。但是对于民族地区拥有得天独厚的资源，可以根据自身的情况和优势产业，再通过中介机构加强信用，这些独特优势资源未来的收益权转变为可在资本市场上流动的、信用等级较高的债券型证券，不仅能够为资金找到新的投资品种，也能使民族地区资源价值最大化。

（五）发展民族地区产业投资基金

目前资本市场向民族地区开发的投资基金不多，产业投资基金更是缺乏。为鼓励向民族地区优势产业投资，帮助民族地区建立全国重要的农牧产品基地、能源矿产基地以及旅游景区，应考虑对民族地区优势产业优先安排产业投资基金试点。

（六）完善民族地区银行信贷市场

目前民族地区的银行信贷市场存在着众多问题，如果能够对其进行不断完善，也能够为民族地区解燃眉之急。应该增加民族地区金融机构，大力发展民族地区性银行，拓展金融产品，不断推进适合民族地区特色的金融创新体系、完善民族地区信贷担保体系等，解决银行的后顾之忧，进一步缓解民族地区资金供需矛盾。

结　论

发展民族地区经济，是我国区域经济协调发展和全面建设小康社会的必由之路。民族地区在西部大开发优惠政策的扶植下，取得了过去无法比较的发展，但是地区间经济总量呈现出不均衡增长，东西部之间的差距没有缩小，民族地区与东南沿海地区的差距更是巨大。

一方面对于民族地区来说，要在竞争激烈的市场中赢得发展的主动，就要把发展的支撑点放在其丰富的自然资源转化上。我国地域辽阔，各地之间资源分布差异很大。改革开放以来，东部地区不仅是我国人才和知识技术的汇集之地，更积聚了大量的资金；而民族地区的优势就是其蕴藏的丰富的自然资源和充裕的劳动力资源。所以，从整体角度来看，民族地区与东南沿海地区的差距是一个不争的事实，但是民族地区基于其丰富的土地、水能、矿藏等自然资源，各个行业之间的发展是不平衡的。因此，基于各个地区不同的要素禀赋，各地区应进行专业化分工，立足于发展优势产业，挖掘潜在优势产业。另一方面民族地区资金、技术、人才等方面最缺乏，成为制约民族地区经济发展的"瓶颈"。发挥优势，发展优势产业，是民族地区带有全局性指导意义的战略问题，是民族地区经济跨越式发展的必然选择。

基于民族地区优势产业培育的巨大资金需求和民族地区金融市场资金供给不足的矛盾，可以从以下几个方面缓解：

第一，通过民族地区优势产业集群的运营模式，着力培育民族地区优势产业的竞争力，使民族地区企业在集群内部获得规模经济、形成互为依托的"信誉链"，获得集群外企业或其他机构的信任，增强民族地区企业竞争力，拓展企业筹集资金的渠道。

第二，选择一批在优势产业中处于领先地位、对国民经济有重要影响、有潜力成长性好的企业，重点将国家扶持资金用于这些企业，使优势产业不断做大做强，按照境内证券市场上市条件，积极培育这些优势产业的龙头企业，使其逐步进入资本市场。或者可以利用民族地区优势产业以及有较大发展潜力的上市公司，通过股票的收购、兼并和重组上市。

第三，通过降低民族地区企业上市门槛、建立民族地区区域资本市场、完善民族地区产权交易市场、完善民族地区债券市场、资产证券化、发展民族地区产业投资基金等措施来完善民族地区的金融市场。

第五章 民族地区企业融资与金融支持调查研究和案例剖析

本书已经分析了我国民族地区金融与企业发展情况，以及民族地区优势产业的培育与发展和金融支持问题，本章将选择几个民族地区企业融资与金融支持的典型或案例进行探析。

第一节 广西北部湾经济区企业融资与金融支持问题研究

21世纪，区域经济一体化成为一种势不可当的历史趋势。2006年3月，广西壮族自治区政府做出了加快北部湾经济区开放发展的重大战略决策，标志着北部湾经济区全面开放；2007年，发展北部湾经济区的政策得到了党中央国务院的充分肯定；2008年，国务院实施《广西北部湾经济区发展规划》，这是国家深入实施西部大开发战略，完善区域经济布局，促进全国区域协调发展和开放合作的重大举措。

广西北部湾经济区由南宁市、北海市、钦州市、防城港市组成，北部湾位于我国沿海西南端，是我国西部11个省区中唯一一个有出口港口的地方，与玉林市、崇左市形成"边海互动"的"4+2"格局，也称为北部湾经济区（4+2市）。该地区不仅毗邻南海，拥有良好港口和海上运输条件；而且是大西南地区走向东南亚乃至世界全球各地的一条道路。北部湾更是东邻珠三角经济区，背靠大西南，位于中国—东盟经济区、华南、西南的结合部。所以它成为我国通向东南亚、南亚、中东、非洲和欧洲最便捷的港口和门户，为广西的发展提供了很大的便利。北部湾经济区作为新兴的开发区，有近40万家企业，其中95%以上属于中小企业，而中小企业融资难问题是我国的通病，作为后发达地区其企业融资问题更加明显。因此，解决该地区企业的融资问题，研究开发建设北部湾经济区良好的金融环境，对制定广西经济发展战略，推动大西南经济乃至全国经济的发展，意义重大。①

一 广西北部湾经济区经济发展状况与优劣势分析

（一）北部湾经济区经济发展现状

北部湾经济区凭借优越的地理优势，在国家政策的扶持下，经过了多年的发展，经济一直持续、快速、健康发展，经济实力日益增强，产业结构日趋合理，经济发展质量不断提高，这为建设区域性金融中心提供了强大的经济支撑。北部湾经济区新型工业化进程加速、基础设施建设加强、对外贸易和投资合作迅速增长、经济发展前景诱人。2010—2013 年北部湾经济区（4 市）的生产总值 GDP、财政收入等经济指标如表 5 – 1 所示。

表 5 – 1　　　　　　　2010—2013 年北部湾经济区、广西和全国
生产总值及所占比例和增长率　　　　单位：亿元

地区及比例	2010 年	2011 年		2012 年		2013 年	
	GDP	GDP	增长率（%）	GDP	增长率（%）	GDP	增长率（%）
北部湾经济区	3042.75	3770.17	23.91	4268.59	13.22	4817.43	12.82
广西	9569.85	11720.87	22.48	13031.04	11.18	14378.00	10.34
全国	401202.00	472881.00	17.87	519322.00	9.82	568845.00	9.54
北部湾经济区占广西的比例（%）	31.80	32.17	—	32.76	—	33.51	—
北部湾经济区占全国的比例（%）	0.76	0.80	—	0.82	—	0.85	—

资料来源：本节所有的表格数据皆根据 2010—2013 年全国和各省市统计年鉴或者统计公报、金融稳定报告等并经笔者计算整理而成。

① 罗如芳、龙春甜、周运兰：《广西北部湾经济区企业融资与金融支持问题研究》，《会计之友》2013 年第 10 期下。

表 5 – 2 　　　　　 2010—2012 年北部湾经济区、广西和全国的
财政收入指标及所占比例和增长率　　　 单位：亿元

地区及比例	公共财政预算收入			公共财政预算支出			全社会固定资产投资额		
	2010 年	2011 年	2012 年	2010 年	2011 年	2012 年	2010 年	2011 年	2012 年
北部湾经济区	228. 65	277. 22	339. 98	454. 88	544. 25	672. 64	2796. 72	3671. 74	4513. 52
广西	771. 99	947. 72	1166. 06	2007. 59	2545. 28	2985. 23	7859. 07	10160. 45	12635. 22
全国	83101. 50	103874. 40	117253. 50	89874. 20	109247. 80	125953. 00	278121. 90	311485. 10	374694. 70
北部湾经济区占广西的比例（%）	29. 62	29. 25	29. 16	22. 66	21. 38	22. 53	35. 59	36. 14	35. 72
北部湾经济区占全国的比例（%）	0. 28	0. 27	0. 29	0. 51	0. 50	0. 53	1. 01	1. 18	1. 20

从表 5 – 1 和表 5 – 2 可以看出，广西北部湾经济区内的南宁、北海、钦州、防城港四市在近几年保持强劲发展势头，以上所有指标每年基本呈增长趋势：地区生产总值 GDP 持续增长，财政预算收入与支出不断增加，固定资产投资规模持续扩大。北部湾经济区除了公共财政预算支出在广西所占比率只有 22% 左右外，地区生产总值 GDP、全社会固定资产投资、公共财政预算收入等主要经济指标在广西所占份额均接近或超过三成；北部湾经济区地区生产总值 GDP 增长较快，2011—2013 年增速均高于广西和全国的增速，占广西和全国的比重每年也都呈增长趋势。

大体看，广西北部湾经济区不到广西全区 1/5 的面积、全区 1/4 的人口，创造了全区 1/3 的经济总量，为推动北部湾经济区腾飞发挥了重要作用。2010 年，北部湾经济区规模以上工业增加值同比增长 23.6%，对广西工业生产的贡献率达到 25.1%，超过 1/4，成为广西发展的重要引擎[①]；而 2011 年广西规模以上工业总产值跃上万亿元台阶、工业增加值突破 4000 亿元关口，其中北部湾经济区领先发展，北部湾四市合计规模以上工业增加值比上年增长 36.4%，分别比广西平均水平和上年提高 15.6 个和 12.0 个百分点。2013 年，广西北部湾经济区实现生产总值 4817.43 亿

① 张周来:《广西北部湾经济区 4 城市继续保持强劲发展势头》，新华网（http://www: xinhuanet. com. 2011. 02. 01）。

元，占广西的比重为 33.5%。除此之外，北部湾经济区还在港口建设方面取得了很大的成就，其货物吞吐能力极为增强，其中 2012 年，北部湾港吞吐量 17437 万吨，比前一年增长 13.8%；2013 年北部湾港完成货物吞吐量 1.87 亿吨，同比增长 7.09%。① 而北部湾经济区在加强中国与东盟合作的进程中发挥的作用也日益凸显，中国—东盟博览会也促进了北部湾经济区的建设。总之，北部湾经济区作为后起之秀，已经成为我国发展速度最快的地区之一，弥补了沿海经济中的最弱一环。

（二）北部湾经济区与珠三角经济区优劣势分析

我国珠三角和北部湾经济区各有各的优势，双方在合作方面有优势互补的基础。一方面，北部湾有良好的免税港口，是国家重点经济开发区，经济增长潜力比较大，随着南宁成为东盟贸易的中心城市，北部湾经济区的发展具有更大的潜力。另一方面，深圳及珠三角地区有发达的金融基础，已经投资多年，各方面已经成熟，需求达到了饱和状态，投资机会较少，巨大资本没有投资项目。

北部湾经济区与我国珠江三角洲经济区、长江三角洲经济区、环渤海经济区三个沿海经济区比较发展不容乐观。其主要差距表现在：经济总量小，基础薄弱；而从金融总量比较方面看，北部湾经济区也是总量最小的。经济规模与水平落后，基本处于起步的后发展态势。总之，北部湾经济区与珠三角、长三角、环渤海经济区的发展相比差距较大。

二 北部湾经济区企业融资与金融环境现状和问题分析

北部湾经济区不管是从数量增长来看，还是从其经济发展良好趋势来看，都获得了很大成就。但是以它在广西大环境下的作用和地位来看，与它所获得的融资渠道、资金量等各方面远远不相匹配，其中资金不足是制约其发展的最重要因素。北部湾经济区以银行等金融机构为主的间接金融和以资本市场为主的直接金融也存在不足，自经济区成立之日起，许多专家就这一问题进行了大量研究，广西也在这方面做了大量工作，但是企业的融资问题并没有得到解决。

（一）金融机构对企业融资的支持作用有限、存贷比占全国比重较低

近些年随着中国—东盟自由贸易区建设步伐的加快，许多重大项目在

---

① 广西新闻：《北部湾领跑广西经济　将加快发展战略性新兴产业》，中新网（http://www.gxi.gov.cn/gxjj/xwtj. 2014. 03. 08）。

北部湾经济区落户，该地区曾一度成为广西各金融机构信贷资金的投资热点和发展亮点，区域内信贷资金运用程度也比较充分。金融是现代经济的核心，任何区域经济的迅猛发展都需要大量的资金支持。广西正积极将北部湾经济区建设成为带动、支撑西部大开发的战略高地和中国沿海发展新一极，迫切需要大量资金支撑。[①] 金融机构存款资金是一个地区经济发展的血液，表5-3、表5-4分别是2009—2012年北部湾经济区、广西和全国的存、贷款余额，它们分别占生产总值的比值，以及北部湾经济区存贷款余额占广西和全国比率。

表5-3　　　　2009—2012年北部湾经济区、广西和

全国的存款余额及所占比例　　　　单位：亿元

地区	2009 年		2010 年		2011 年		2012 年	
	存款余额	存款余额/GDP	存款余额	存款余额/GDP	存款余额	存款余额/GDP	存款余额	存款余额/GDP
北部湾经济区	4218.57	1.69	5276.21	1.73	6115.32	1.62	7197.80	1.69
广西	9583.13	1.24	11746.77	1.23	13527.97	1.15	15966.65	1.23
全国	597741.00	1.74	718238.00	1.79	809368.00	1.71	917555	1.77
北部湾经济区占广西的比例（%）	44.02	—	44.92	—	45.21	—	45.08	—
北部湾经济区占全国的比例（%）	0.71	—	0.73	—	0.76	—	0.78	—

从表5-3和表5-4可以看出，一方面，2009—2012年，北部湾经济区、广西和全国的存、贷款余额每年都呈增长的趋势，其中北部湾经济区存款余额占广西的比例每年近45%，贷款余额占广西的比例每年都超过50%，而其存贷款余额占广西和全国的比率也基本呈每年增长的趋势。北部湾经济区存款余额与生产总值GDP的比值各年比广西的高许多，但比

① 蔡章华、宁泽慧、阳璇、刘亚军：《浅谈广西北部湾经济区金融发展路径选择》，《当代经济》2010年第1期。

表 5 - 4 　　　　　　2009—2012 年北部湾经济区、广西和
全国的贷款余额及所占比例　　　　　　单位：亿元

地区及比例	2009 年		2010 年		2011 年		2012 年	
	贷款余额	贷款余额/GDP	贷款余额	贷款余额/GDP	贷款余额	贷款余额/GDP	贷款余额	贷款余额/GDP
北部湾经济区	3830.33	1.54	4880.10	1.60	5707.75	1.51	6514.99	1.53
广西	7268.41	0.94	8867.52	0.93	10646.43	0.91	12355.52	0.95
全国	399685.00	1.16	479196.00	1.19	547947.00	1.16	629910.00	1.21
北部湾经济区占广西的比例（%）	52.70	—	55.03	—	53.61	—	52.73	—
北部湾经济区占全国的比例（%）	0.96	—	1.02	—	1.04	—	1.03	—
北部湾经济区贷款余额占存款余额的比例（%）	90.80	—	92.49	—	93.34	—	90.51	—

全国的比率略低，贷款余额与生产总值 GDP 的比值各年都比广西和全国的高。另一方面，北部湾经济区各年的存贷款余额占全国的比率，每年都略多于 0.7，不超过 0.8，但贷款余额占全国的比率，每年都接近 1%；而北部湾经济区贷款余额占存款余额的比例都超过了 90%，说明其存款利用率比较高，但也显示了其存款总额偏小。2013 年年末，广西银行业金融机构本外币各项存款余额 18400.48 亿元，同比增长 15.24%，本外币贷款余额 14081.01 亿元，同比增长 13.97%，广西大、中、小微企业贷款余额分别比年初增长 5.01%、13.82% 和 26.12%[1]；经营效益稳定增长，中小企业贷款增长较快，不良风险有所上升。而从上述数据可知，北部湾经济区 2009—2012 年的存、贷款余额占广西的比重差不多半壁江山。

① 中国人民银行南宁中心支行金融稳定分析小组：《2013 年广西壮族自治区金融稳定报告》，2013 年。

综上表明，北部湾经济区的经济增长迅速，其存款使用率也相对较高；另一方面，也说明北部湾经济区的存款余额和资金供应量有限，跟它的生产总值 GDP 不相匹配，且金融供需关系不平衡，发展相对缓慢，不能对北部湾的经济发展起到支持作用。

（二）北部湾经济区企业融资困难，信贷资金缺口大

北部湾经济区作为新兴的开发区，有近 40 万家企业，其中 95% 以上属于中小企业，该地区的企业特别是民营企业的经济发展较为缓慢，难以发展壮大，严重制约了当地经济活力。其中有 80% 以上的中小企业面临着资金紧缺、融资难等问题。根据人民银行南宁支行对北部湾经济区中小企业的抽样调查，发现样本企业的短期贷款和中长期贷款资金缺口所占比例分别为 58.25% 和 41.75%；而从资金缺口期限看，主要以短期融资为主，其流动性资金缺口的比例较大。相对而言其中型企业的短期贷款需求更为旺盛，其中有 68.42% 的中型企业表示急需流动资金贷款。而另外一家银行也对北部湾经济区内 400 多家企业进行过调查研究，发现 381 家有贷款需求的企业中有 142 家占样本总数 37.27% 的企业从未获得银行的贷款，其中小型企业 115 家，中型企业 27 家；有 58% 的企业或多或少地得到了银行贷款融资，但金额较少，仅占所需要资金的 50.88%。400 家样本企业中仅有 4.5% 的企业获得的贷款能够满足其资金需求，其中小企业获得贷款的金额占其资金需求比例仅为 31%—42%，远远不能满足其生产经营活动的需要①，由此可以看出，北部湾经济区内企业融资困难，流动资金缺口大。

（三）资本市场上市公司数量少，融资能力不强

2013 年年末，广西共有 1 家证券公司，118 家证券营业部，12 家具有证券、期货相关业务许可证的证券中介服务机构，1 家基金管理公司，33 家期货营业部。与年初相比，广西增加了 18 家证券营业部、2 家期货营业部，行业规模不断扩大。证券机构经营能力提高。2013 年年末，广西证券经营机构共带来证券交易总额为 10525.73 亿元，同比增长 47.68%；证券营业部实现净利润 6.47 亿元，同比增长 116.39%；证券投资者开户

---

① 张克如、李红光、范波澜：《广西北部湾经济区企业融资研究》，《经济研究参考》2009 年第 35 期。

数 200.54 万户，同比增长 4.62%。① 截至 2013 年年底，广西共有 30 家上市公司，其中北部湾经济区内有 15 家，且全部分布在南宁和北海，占整个广西区的半壁江山；广西的 30 家上市公司中有 3 家是在深圳的中小企业板上市，其他的都是在上海或者深圳的主板上市，截至 2013 年年末没有在创业板上市的公司。2013 年广西的上市公司融资能力有所增强，上市公司股权直接融资 91.55 亿元。虽然在广西北部湾上市公司数量不少，上市融资能力也不断增强，但是，与全国发达地区相比，仍旧有较大差距，仅江苏省一个县的上市公司都比整个北部湾的经济区上市公司数量多。另外，上市公司股东对于扩张，做大企业意愿不强，导致企业墨守成规，没有新的利润增长点，也没有好好利用收购、兼并等资本运营手段，企业融资能力不强。

三　北部湾经济区企业融资难问题的原因剖析

一般来说，在各国经济发展中起重要作用的中小企业，在成长过程中面临众多困难，其中最关键的是融资约束，绝大多数企业都为中小企业的北部湾经济区也不例外。

（一）中小企业自身素质差

1. 企业平均寿命短

北部湾的中小企业大多经营不规范，家族企业比较多。所以企业大多数生命力不顽强，生命周期小。根据中国（广西）非公有制经济发展论坛公布的一组数据：我国民营企业 100 强的平均寿命是 7.5 年，90% 以上的企业寿命只有 2.9 年；而日本的企业的平均寿命是 30 年，美国则高达 40 年之久。北部湾经济区的小企业的寿命在 7.5 年以下，生命周期很短，所以大多是短期的经营行为，经营风险很高，因此 95% 以上的企业都面临资金紧缺、融资难的问题。

2. 企业经营不规范，经营实力弱

北部湾的中小企业大多经营不规范，家族企业比较多，大多的企业管理者就是其所有者，这种家族式管理，民主意识不强，管理上出现很多弊端，增加了很多经营风险。

3. 企业体制不健全、信息不透明

北部湾经济区多数企业的治理结构不健全，管理落后，财务制度不健

---

① 中国人民银行南宁中心支行金融稳定分析小组：《2013 年广西壮族自治区金融稳定报告》，2013 年。

全、不规范，未能形成一套科学、制度化的管理体制，因而在财务上容易造成弊端。同时，许多企业内部控制不严，为了应付税务部门和国家各级的检查或为了获得银行贷款，相当一部分企业设置两套或者多套账簿，或编制造假报表，造成银行无法掌握企业全面真实的生产经营、资金流动情况，严重的信息不对称影响了企业的信贷准入。而且一些上市公司也存在信息披露不实、内幕交易、财务虚报等问题，财务风险较大。

（二）金融环境不理想

1. 金融机构数量较少、新型金融机构发展较慢

一方面，目前北部湾经济区内除了四大国有商业银行外，股份制和地方性等金融机构比较少，在此设立分支机构的外资银行寥寥无几。在北部湾经济区不多的银行和金融机构中，大多网点少，资产规模也不大，金融业辐射带动能力不够强。而为支持北部湾经济区金融发展需要而特别设立的广西北部湾银行也因成立不长，其作用不明显，功能不完善，服务范围相对较窄，难以有效支持北部湾企业的资金需求问题。

另一方面，北部湾经济区中小企业贷款规模较小，数量不大，金融机构因贷款管理成本较高、风险较大等原因，缺乏对中小企业融资支持的积极性，贷款满足率低。村镇银行、小额信贷公司等新型金融机构在帮助解决中小企业融资方面具有传统金融机构无法比拟的优势。

尽管近些年广西及北部湾经济区金融机构的发展迅速，取得了较大成绩，截至 2013 年年末，广西共有 5 家大型国有商业银行、2 家政策性银行、7 家股份制商业银行、3 家城市商业银行、3 家外资银行、90 家农村合作金融机构、2 家财务公司、36 家村镇银行、3 家农村资金互助社和 1 家金融租赁公司。[①] 2013 年年末，广西共获开业批复小额贷款公司 319 家，同比增长 67.02%；注册资本 229.27 亿元，同比增长 113.41%；小额贷款公司贷款余额 293.4 亿元，同比增长 140.26%。实现利润总额 17.78 亿元，同比增长 352.42%。但相对于银行贷款，其贷款中的信用贷款占比较高，虽有高额利润，但其信用风险隐患也增大了。广西融资性担保公司发展平稳，但也存在一些不规范经营的现象。2013 年年末，广西获得融资性担保机构经营许可证的担保公司共计 185 家（法人公司 164

---

① 中国人民银行南宁中心支行金融稳定分析小组：《2013 年广西壮族自治区金融稳定报告》，2013 年。

家，分公司 21 家），注册资本合计 195.64 亿元；已开展业务的 123 家融资性担保公司在保余额 552.95 亿元，同比增长了 12.84%。总体上分布在北部湾经济区的村镇银行、小额贷款公司等金融机构不多，其贷款余额也不多，北部湾经济区存贷款余额尽管占广西比例比较高，但相对全国特别是东部沿海地区，贷款余额总量较小，发展较慢。

2. 金融市场层次低且不活跃、服务功能不完善

北部湾经济区目前还没有一个全国性的金融市场，区域性金融市场作用不明显，金融功能不完善，金融服务范围较窄，难以形成有效的辐射作用。此外，由于北部湾经济区企业自身的不足，以及资本市场的客观要求，使得企业很难通过主板市场、中小企业板和创业板市场发行股票融资，也没有充分利用扩容后的新三板市场功能，其产权交易市场也不够活跃，结构不合理。2013 年广西债券交易量大幅减少，持券结构发生变化。主要体现在：首先，债券回购成交量同比减少。广西银行间债券市场成员 2013 年累计办理债券回购 5870 笔、金额 5286.38 亿元，交易金额同比减少 59.36%。其次，现券交易量同比大幅减少。广西银行间债券市场成员 2013 年共发生现券买卖业务 3848 笔、金额 6849.80 亿元，交易金额同比减少 62.59%。再次，持券结构变化明显。广西全国银行间债券市场成员 2013 年末持非政策性债券余额 304.08 亿元，余额占全部债券持有量的 53.45%，同比下降 19.49 个百分点。最后，广西企业债券融资同比下降。广西企业 2013 年累计发行 44 期债券，实际融资 398.68 亿元，同比减少 39.22 亿元。整体上看，近些年广西的债券市场交易日渐活跃，而 2013 年累计发行 30 亿元小微企业专项金融债累计使用人民银行再贷款再贴现资金 31 亿元，为 2012 年同期的 3.26 倍[①]，一定程度上缓解了中小企业融资难问题。但是对于众多具有融资困境的中小企业来说仍旧是杯水车薪，而北部湾经济区证券期货经营机构弱、小的状况仍没有根本改变，导致北部湾经济区企业融资不得不主要依赖贷款。

（三）对金融业重视不够，其发展与合作的政策不完善

北部湾经济区各级政府部门更多强调的是促进经济发展，而对金融业有所忽略，不像其他经济发达的区域把金融业作为支柱产业来重点发展，

---

① 中国人民银行南宁中心支行金融稳定分析小组：《2013 年广西壮族自治区金融稳定报告》，2013 年。

导致金融业的发展滞后于经济的发展，造成了对经济发展不利的局面。[1]另外，北部湾经济区由于政策不够完善，因此采取了一些保护本地金融机构发展，对金融业发展的准入条件过于严格，阻碍了本地区进行区域金融合作的进程，使得区域金融合作不够紧密、业务服务的覆盖范围也较窄，市场分割现象依然存在。

（四）政府支持力度不够

北部湾经济区政府在企业发展中还有一些方面做得有些欠缺，比如基础设施以及人才特别是金融人才培养方面都难以跟上北部湾经济区发展的步伐。

1. 基础设施不健全及金融人才匮乏

一方面，北部湾经济区基础设施特别是道路交通、通信等各方面比较落后，经济区的物流、港口建设、信息流等发展缓慢。在北部湾经济区的前期发展中，需要大量的资金投入到投资大、收益慢的基础设施行业中去。另外，广西区内的高等院校比较少，教育水平不高，导致人才的匮乏。

2. 政府在制定中小企业相关法律方面的缺失

北部湾中小企业在注册成立时，审批程序简便，门槛低。随着经济区的成熟，相关法律有所改变和更新，形成新成立的中小企业与旧的中小企业在各方面存在一定的差距，导致企业素质与基础条件良莠不齐，监管方面存在许多的漏洞，经营风险高，对融资不利，增加了北部湾经济区企业向社会公众直接融资的风险。

四　对策与建议

（一）加强金融合作、构建良好的金融环境

要解决北部湾经济区企业融资和金融环境问题需要推进北部湾经济更好地融入国内外金融市场的一体化进程，并在一体化基础上推动北部湾经济的发展，加强北部湾经济区的金融合作刻不容缓。

1. 加强与珠三角经济区金融合作

要加强与珠三角经济区的金融合作，充分利用珠三角经济区的资金。而珠三角经济区的资金丰富，北部湾经济区需要的资金可以通过该方解

---

① 马兆蔚：《北部湾（广西）经济区金融合作问题研究》，硕士学位论文，中南民族大学，2009年，第5—8页。

决。北部湾与珠三角经济区的金融合作不仅能充分发挥广西市场优势以及丰富的自然资源优势，还能获得港澳、广东等发达地区金融的支持，主动接受珠三角经济区发达的金融辐射作用。[①] 另外，北部湾经济区企业可以争取到珠三角地区、深圳以及香港证券交易所发行股票和借壳上市，缓和北部湾和珠三角经济区资金需求不平衡的矛盾，在实现区域金融合作的同时，促进区域内外资本的自由流动，进而实现区内金融与经济、社会发展的和谐运行，促进北部湾企业与经济的发展。

2. 加强与东盟各国的合作

中国—东盟博览会促进了北部湾经济区的建设，历年召开的中国—东盟博览会为北部湾经济引进了大量的境外投资项目，扩大了北部湾经济区的知名度和影响力。据统计资料，近些年广西北部湾经济区的 4 个城市与东盟国家的经贸合作发展良好，2009 年区内 4 市合计进出口额为 66.38 亿美元，2010 年增加到 76.93 亿美元，比 2009 年增长 15.89%，占同期广西进出口总值的 43.45%，2013 年增长更多。因此，为加快北部湾经济区经济发展，需要与东盟国家合作。而北部湾经济区与越南在货币流通、银行来往、中越贸易结算等方面也已经取得了不错的成绩；在与新加坡合作方面，随着具有领先水平的新加坡银行——星展银行进驻北部湾经济区，带来了先进的管理理念，带动了本地银行发展，增强了北部湾经济区的金融实力。

同时，还应改善北部湾经济区金融基础设施和金融环境，通过制定和实施法律法规以打造诚信北部湾工程，加强北部湾经济区的金融吸引力，构建和谐的金融生态系统。

(二) 提高企业自身素质和盈利能力，加强企业间的合作

1. 规范公司治理结构，提高经营者素质

经营者必须加强学习，掌握现代企业管理知识，致力于实施科学化管理，逐步提高综合管理能力。对企业管理要有长期发展战略，而不只看短期的目标，即不能只顾及眼前的利益，而是要做长期发展规划。另外还要加强企业管理中资金、成本、营销、质量和战略五大方面的管理。针对管理制度不健全、经营不规范、财务不够透明等，要规范公司治理结构。公司的运行绩效在很大程度上决定其治理结构的有效性，公司治理结构不仅

---

① 钟树林：《泛北部湾区域金融合作与发展探讨》，《广西金融研究》2008 年第 5 期。

影响投资决策和资金筹措，而且也影响公司的管理效率和内部凝聚力。因此，企业一定要规范公司治理结构。

2. 完善企业财务制度，构建良好的银企关系

企业融资的主要方式是银行贷款，因此，构建良好的银企关系，是顺利实现融资的必要条件。企业要赢得银行的信任和支持，就必须建立符合现代企业标准并能正确反映企业财务状况的财务管理制度和内部监控制度。企业只有建立起规范的财务制度，定期提供真实准确的财务报告，才能有机会获得银行贷款，为企业通过证券市场进行股权融资奠定良好基础，为提高企业融资能力创造必要的条件。

（三）建立多层次金融市场，拓宽多元化融资渠道

1. 加大银行对企业的支持

银行业应当认识自身对于北部湾建设的重要性，积极改善自身经营方式和服务态度等支持企业的发展，建立一种相互促进、共同发展的良好银企关系。对于那些资金缺乏，但发展潜力很好，银行要认真考察和灵活应变，加以支持和协助，盘活北部湾企业，实现银企双赢。

2. 加大证券市场对企业的支持力度，做大直接融资规模

积极发展股票市场，鼓励经济区内实力雄厚的大中型企业到主板或中小板市场上市融资，鼓励和扶持小企业特别是高新技术企业通过创业板市场上市融资，对有潜力、有市场的企业，通过资产重组、并购等方式，帮助其创造条件上市。还可支持有条件的企业到东盟各国证券市场进行上市融资尝试，让更多具备条件的企业复制成功经验。引进和鼓励私募股权PE、风险投资VC机构来北部湾经济区投资，做大北部湾经济区直接融资规模。

3. 积极发展债券市场

在加强风险控制的基础上，大力支持符合条件的企业发行债券或者中小企业集合债券，扩大企业债券发行规模和额度。根据北部湾经济区特点，开发新的债券品种，开拓新的融资渠道，满足更多企业融资需求和北部湾经济区经济发展的需要。

4. 积极引导民间金融，发展壮大新型金融机构

充分利用民间金融的优势，在一定程度上满足中小企业的发展需要。一方面，正确引导民间融资并加强法制建设，提高金融监管水平，合理控制民间融资的风险，规范和引导民间融资向资本金融市场转移，使得民间

金融有法可依，成为一种有效的合法的融资渠道，以支持中小企业融资。另一方面，不断建设和完善村镇银行、小额信贷公司等新型金融机构以及中小企业信用担保机构，完善农村金融体系，以解决中小企业融资问题。

（四）加大政府支持力度

1. 加强政府的扶持和引导工作

基础设施建设要依靠当地政府招商引资，并应在财税、产业、收入政策等各方面给予政策扶持，打造诚信北部湾工程，加强北部湾经济区的金融吸引力。另外，当地政府要牵针引线，支持和帮助企业发展，通过引进中小企业和民营企业资本充实资本金，实现股权结构多样化；支持经营良好的中小金融机构通过发行长期次级债券扩充自身实力，更好地服务于当地企业发展。

2. 培养和引进优秀人才

北部湾经济区的经济发展速度很快，新企业数量增加迅速，人才需求旺盛，特别是优秀的经济管理和金融人才。所以，政府必须重视培养和引进优秀的管理和金融人才，要设立专门的人力资源机构，做好人力资源的开发和管理，制定人才需求整体规划，逐步形成一个寻才、用才、育才、激才和留才多位一体的人才管理体系。

结 论

北部湾经济区具有我国通向东南亚、南亚、中东、欧洲和非洲最便捷的港口，能为广西及大西南的经济发展提供有利条件，所以研究建设该经济区良好的金融环境，解决该地区企业的发展特别是企业的融资问题，对于促进该地区的经济发展意义重大。北部湾经济区作为新兴的开发区，其经济与企业的发展也面临一些问题。该地区中小企业占绝大多数，其发展也遇到了融资难的问题，解决北部湾经济区企业融资难问题，不仅要提高企业自身的经营素质，增强实力，还要建立一个适合企业发展的金融环境。因此应该加强该地区的金融合作，形成优势互补，并加大银行和证券市场建设以及对当地中小企业发展的金融支持；政府也要健全各项支持体系，加大基础设施建设以及金融人才的培养等。

第二节　恩施民族地区企业发展 和金融支持调查研究

湖北恩施土家族苗族自治州（以下简称"恩施州"）作为少数民族地区之一，其企业发展直接关系该地区的经济发展，而金融支持体系的发展又是影响企业发展程度的重要方面。下文收集了恩施民族地区企业发展及相关金融支持体系的数据和资料，考察了恩施州企业发展的现实背景和状况，以及相应的金融支持状况，并对其存在的问题及其原因进行了剖析，最后提出了增强恩施州企业发展和金融支持体系的兼容性与配套性的思路对策。[①]

一　恩施州总体经济情况

（一）恩施州综合经济实力

近几年来，恩施州的国内生产总值从 2009 年的 293.91 亿元上升到 2012 年的 482.19 亿元，2013 年的 540 亿元，在湖北省排名第 13 位，比 2012 年增长 11.99%。规模以上工业增加值从 2009 年的 56.58 亿元上升到 2012 年的 100.81 亿元，实现了近双翻番，比 2011 年增长 17%，在全省 17 个地市州中增速排第 3 位，占全省工业增加值的 1.05%。具体如表 5-5 所示。此外，2012 年恩施州完成全社会固定资产投资 406 亿元，增长 29%；实现社会消费品零售总额 183 亿元，增长 16.3%。

表 5-5　　　　　　　　　恩施州综合经济指标　　　　　　　单位：亿元、%

年份	地区生产总值		规模以上工业增加值	
	金额	增幅	金额	增幅
2009	293.92	18.0	56.58	41.9
2010	350.59	19.3	73.48	29.9
2011	417.79	19.2	81.81	11.3
2012	482.19	15.4	100.81	23.2

资料来源：本节所有数据均源于 2009—2013 年《湖北统计年鉴》；湖北经济和信息化委员会网站 http://www.hbeitc.gov.cn/structure/index；恩施政府网 http://www.enshi.gov.cn/以及笔者的调研数据并经计算整理而成。

[①]　郑军、周运兰：《民族地区企业发展和金融支持研究——湖北省恩施土家族苗族自治州的调查》，《中南民族大学学报》（人文社会科学版）2012 年第 2 期。

尽管恩施州实现了快速增长，但将其放在全省范围内比较，则处于落后状态。以 2012 年为例，恩施州支出法生产总值仅占全省总量的 2.16%，在全省 17 个市州中排名第 13 位，仅高于 3 个直管市（仙桃、潜江、天门）和神农架地区；最终消费支出为全省的 3.94%，除比仙桃、潜江、天门和神农架 4 个地区高以外，同时也高于随州、咸宁与鄂州地区；资本形成总额为全省的 2.92%，在全省排名第 11 位，略高于鄂州、随州、仙桃、潜江、天门和神农架等地区；货物和服务净流出为负值，表明得到的各种货物和服务的价值大于出售和无偿转让的各种货物和服务的价值；民营经济增加值处于倒数第 2 位，仅高于神龙架地区。可见，恩施州从纵向比较取得了长足发展，但是从全省地位来看仍处于落后状态；从全省发展来看，恩施州地区经济发展仍处于缓慢水平。具体见表 5 - 6。

表 5 - 6　　　　2012 年恩施州各项指标与湖北省其他市对比

单位：亿元、%、位

地　区	地区生产总值	最终消费性支出	资本形成总额	货物和服务净流出	民营经济增加值
武　汉	8003.82	3597.87	5289.2	-880.7	2622.29
黄　石	1040.95	429.98	571.12	38.98	463.29
十　堰	955.68	374.5	418.96	63.7	401.92
宜　昌	2509	1008.77	1380.44	70.42	1258.73
襄　阳	2501.96	1143	1322.9	35	1066
鄂　州	560.39	166.31	368.79	25.29	287.61
荆　门	1085.26	454.71	616.54	14.01	504.29
孝　感	1105.16	467.52	628.51	11.33	594.73
荆　州	1195.98	584.33	962.13	-350.43	467.11
黄　冈	1192.88	609.8	583.06	0	643.09
咸　宁	773.2	312.02	731.02	14.16	470.44
随　州	590.07	272.65	300.79	17.22	348.8
恩　施	482.19	357.07	418.95	-293.83	155.39
仙　桃	444.2	109.18	276.93	58.09	263.3
潜　江	441.76	131.11	301.01	7.7	254.5
天　门	321.22	176.98	119.9	15.48	184.17
神农架	16.81	8.59	9.35	-1.13	5.24

续表

地　区	地区生产总值	最终消费性支出	资本形成总额	货物和服务净流出	民营经济增加值
全　省	23220.53	10204.39	14299.6	-1154.71	9990.9
恩施州占全省的比例	5.5	3.0	5.2	-6.6	10.0
恩施州在全省的排名	13	10	12	15	16

（二）第一、第二、第三产业发展情况

近年来，恩施州开发区始终坚持发展特色经济，食品、能源、烟草、药化、建材、矿产等产业渐呈聚集效应，2012 年上述六大支柱的工业增加值达到 88 亿元，占规模工业增加值的 87%。初步形成以绿色食品、烟草、医药化工、机械制造、建材、物流商贸六大产业聚集的恩施经济开发区；以绿色食品、医药、建材和旅游等聚集的利川开发区；以化工、绿色食品、医药、清洁能源等聚集的来凤开发区；鹤峰区的氨基酸产业链，宣恩区的农产品加工，巴东区的农产品精深加工、轻工、矿产、化工，建始区的电子产业，咸丰区的石材建材产业聚集雏形已经出现。第一产业生产总值从 2009 年的 95.99 亿元增长到 2012 年的 124.87 亿元，第二产业生产总值从 2009—2012 年接近翻两番，第三产业生产总值四年来的涨幅水平达到 171%，三次产业构成由 2009 年的 33∶28∶39 调整为 2012 年的 26∶33∶41，第一产业比重继续下降，第二产业和第三产业比重继续提高，产业结构进一步优化。

表 5-7　　　　　恩施州第一、第二、第三产业发展情况　　　单位：亿元、%

年份	第一产业	第二产业	第三产业	三次产业构成比
2009	95.99	83.27	114.65	33∶28∶39
2010	107.65	104.40	138.53	31∶30∶39
2011	118.24	132.07	167.47	28∶32∶40
2012	124.87	161.29	195.91	26∶33∶41

（三）招商引资情况

恩施州各开发区坚持"亲商、安商、富商"理念，通过创优体制机制、创新工作方式，实现开发区的持续、快速、健康发展。开发区管委会机构健全、人员到位，职能履行逐步得到授权。努力优化产业配套环境，做好主导产业和企业的上下游配套；大力优化市场环境，助推资源要素市场建设；优化经营环境，促进企业做大做强；优化服务环境，强化政府服务职能。恩施州近四年招商引资情况如表5-8所示。

表5-8　　　　　　　　　　恩施州外商投资现状　　　　　　单位：万美元、%

年份	招商引资		实际利用外资	
	到位资金（亿元）	增幅	资金额（万美元）	增幅
2009	29.63	25.9	1057	13.6
2010	36.52	23.2	1584	49.8
2011	42.30	15.8	1217	−23.1
2012	47.95	13.3	1779	39.9

（四）恩施州财政收支现状

1. 财政收入现状

恩施州财政收入从2007年的13.05亿元逐年增长，到2012年财政收入增长至40.43亿元，完成地方公共财政预算收入40.4亿元，增长26.8%。随着全省整体的增长，恩施州占全省的比例一直处于2.1%—2.2%左右，排名有所下降，由前几年的第9名跌至第11名。

表5-9　　　　　　　　　　　恩施州财政收入　　　　　　单位：亿元、%、位

年份	2007	2008	2009	2010	2011	2012
全　省	590.36	710.85	814.87	1011.23	1526.91	1823.05
省　级	161.83	174.37	184.06	206.78	188.67	130.07
恩施州	13.05	15.4	18.28	22.16	31.89	40.43
恩施州占全省的比例	2.21	2.17	2.24	2.19	2.09	2.22
恩施州在全省的排名	9	9	9	11	11	11

2. 财政支出现状

恩施州地区的财政支出从2007年的54.89亿元逐年增长，到2012年财政支出增长至179.69亿元，随着全省整体的增长，恩施州占全省的比

例一直处于4%—5%，排名也基本上一直处于全省17个市州的第8位。具体情况见表5-10。

表5-10　　　　　　　恩施州财政支出　　　　单位：亿元、%，位

年份	2007	2008	2009	2010	2011	2012
全　省	1274.27	1650.28	2090.92	2501.4	3214.74	3759.79
省　级	312.94	388.9	258	273.4	378.5	449.69
恩施州	54.89	71.04	102.25	129.79	160.14	179.69
恩施州占全省的比例	4.31	4.30	4.89	5.19	4.98	4.78
恩施州在全省的排名	6	8	8	8	8	8

二　恩施州企业发展现状

恩施州500万元产值以上规模企业500多户，2000万元产值以上规模企业200多户，2012年实现规模工业增加值101亿元，增长17%。企业多是传统的工业、农业、手工业等方面的"五小企业"。只有近40户关系国计民生的供水、供电等企业属于国有企业，其他基本是民营企业。总体来看，恩施州企业规模较小、实力差，具有龙头、引领作用的优秀企业少，没有大集团和上市公司，经济总量低，没有具有核心竞争力的产业，尚未形成区域产业规模特色，缺乏对全区的经济拉动和辐射作用。2012年，恩施州净增规模工业企业67家，总数达到306家，新增重点农业龙头企业26家；科技创新能力不断增强，新增高新技术企业3家，高新技术产业实现增加值3.1亿元，增长26%；资源型新型工业加快发展，食品、能源、烟草、药化、建材、矿产六大支柱工业增加值达到88亿元，占规模工业增加值的87%。[1]

（一）规模以上企业现状

恩施州现有工业企业整体素质不高，拉动作用不强。从2010年556户年销售收入过500万元的工业企业发展情况来看，销售收入超过2000万元的企业仅207户，占总户数的37.23%；产值过2000万元的企业仅231户，占总户数的41.55%，其中，过10亿元的仅有湖北中烟恩施卷烟

---

① 杨天然：《恩施州政府工作报告》，恩施新闻网（http：//www. eswt. gov. cn. 2013. 02. 01）。

厂、州电力总公司、水布垭电厂 3 家；产值 1 亿—10 亿元的有 37 家，产值超过亿元的企业仅占总户数的 7.19%。产值 5000 万—1 亿元的有 38 家，仅占总户数的 6.83%。产值在 2000 万元至 5000 万元的有 153 家，占总户数的 27.52%。产值 2000 万元以下的有 325 家。据恩施州经信委消息称：2012 年，食品、能源、烟草、药化、建材、矿产 6 大产业已成为恩施州的支柱产业。在这 6 大产业中，主营业务收入过 2000 万元的规模以上工业企业达到 309 户，比 2011 年年初净增 70 户（张隽，2013）。虽然恩施州的资源型新型工业得到了快速发展，但产业集群优势尚未完全形成。

（二）上市及科技创新企业现状

截至 2013 年年底，湖北省共有上市公司 84 家，其中：主板 63 家，中小板 10 家，创业板 11 家。境外上市 13 家，已报会的企业有 15 家，在湖北证监局报备辅导的后备企业有近 20 家，列为省级上市后备企业有近 400 家。由于全国中小企业股份转让系统（"新三板"）扩容，2013 年湖北有武汉东湖高新区的 40 家企业在此挂牌，总市值 37.7 亿元。湖北省以武汉股权托管交易中心（四板）为标志的区域性场外交易市场发展态势良好。截至 2013 年年末，已有 160 家企业挂牌，364 家企业登记托管，挂牌和登记企业累计融资 55.9 亿元，恩施州也有多家企业在此挂牌。2014 年 1 月 24 日，全国首批 266 家企业集体在新三板挂牌，其中湖北省有 10 家。至此，新三板共有 621 家企业挂牌，超过创业板，并与中小板企业数量相近。其中湖北省新三板挂牌企业有 46 家，位居全国第三。但是，至此恩施州还没有 1 家上市公司，也没有企业在新三板挂牌，后备企业仅 1 家。近些年来，湖北省成功登陆中小企业板块和创业板的十多家上市公司多数为高新技术企业。而恩施州由于缺乏科教文化优势，目前没有属于国家级的科技创新企业。

三　恩施州金融支持现状

（一）恩施州整体金融体系及其存贷款状况

恩施州金融业发展稳定，已形成以国有商业银行为主体，政策性银行、农村信用社、邮政储蓄银行、村镇银行等各类银行业机构分工合作的银行组织体系和银行、证券、保险业分业经营、分业监管的体制。截至 2011 年 6 月，恩施州一共有 325 家银行业机构，其中一级分行 2 家，都属于村镇银行，二级分行共 8 家，支行和分理处分别为 131 家，有 52 家邮政储蓄所，离行式自动银行 1 家，一共有自动取款机 ATM 356 台。而恩施州银行机构在册的员工 5713 名，其中在职的有 4063 名，共有高管人员 310 名。可以看出，恩施州地区的银行业发展相对缓慢，无论从机构设置的网点还是从机构人员来看，其规模无法满足当地日益增长的经济发展需要，各家银行网点设置也有不合理的地方。①

　　其中，恩施州整体金融机构存贷款情况以及存贷比情况如表 5 - 11 和表 5 - 12 所示。2012 年年末，恩施州金融机构人民币存款余额 681.83 亿元，比年初增长 17.2%；相比于 2009 年年末的 355.75 亿元增加了 326.08 亿元；年末贷款余额为 374.33 亿元，比年初增长 21%，从州各项存贷款余额占湖北省全省的比例来看都所有上升。

表 5 - 11　　　　　　　恩施州金融机构（含外资）人民币存、
贷款年末余额　　　　　　　　单位：亿元、%

地区	各项存款				各项贷款			
	2009 年	2010 年	2011 年	2012 年	2009 年	2010 年	2011 年	2012 年
湖北省	17505	21568	23949	28006	11659	14136	15662	18004
恩施市	134.02	192.45	231.67	256.29	114.95	134.96	158.63	191.52
利川市	52.58	64.68	83.76	104.83	17.77	25.04	36.02	44.27
建始县	31.90	39.53	47.98	57.32	12.58	16.80	21.17	28.13
巴东县	44.93	54.70	69.84	78.89	13.22	16.45	22.97	30.48
宣恩县	19.83	24.29	33.15	42.7	8.09	8.76	11.31	14.98
咸丰县	26.62	33.52	43.74	55.4	11.46	14.53	17.42	20.71
来凤县	25.56	31.34	38.94	47	12.00	15.20	20.05	21.7
鹤峰县	20.30	26.54	32.51	39.4	16.84	19.22	21.24	22.54
恩施州合计	355.75	467.05	581.59	681.83	206.92	250.96	308.81	374.33
恩施州占全省的比例	2.03	2.17	2.43	2.43	1.77	1.78	1.97	2.08

---

　　① 郑军、周运兰：《民族地区企业发展和金融支持研究——湖北省恩施土家族自治州的调查》，《中南民族大学学报》（人文社会科学版）2012 年第 2 期。

表 5 - 12 　　　　　　　　　 恩施州金融机构年存贷比情况 　　　　　　　 单位:%

地区	存贷比			
	2009 年	2010 年	2011 年	2012 年
湖北省	66. 60	65. 54	65. 40	64. 29
恩施市	85. 77	70. 13	68. 47	74. 73
利川市	33. 80	38. 72	43. 00	42. 23
建始县	39. 45	42. 49	44. 12	49. 08
巴东县	29. 42	30. 06	32. 89	38. 64
宣恩县	40. 76	36. 05	34. 12	35. 08
咸丰县	43. 06	43. 36	39. 83	37. 38
来凤县	46. 96	48. 52	51. 49	46. 17
鹤峰县	82. 94	72. 41	65. 33	57. 21
恩施州合计	58. 16	53. 73	53. 10	54. 90
恩施州占全省的比例	87. 33	81. 98	81. 19	85. 40

从表 5 - 11 和表 5 - 12 可以看出，恩施州 2009—2012 年年末存、贷款余额呈现稳定增长的趋势，但相较湖北省整体增长的水平来看，仍处弱势地位，且恩施州占全省的比例有所下降。同时，恩施州 2009—2012 年年末存贷比呈现稳定增长的趋势，除宣恩县、鹤峰县存在递减趋势外，其他六个县市都呈现增长趋势，但增长比例有所不同。同时恩施州占全省的比例有所起伏。

总体上看，近年来，恩施州金融机构深入贯彻落实国家宏观调控政策，为全州经济的稳定增长提供了有力的金融支持。总体上信贷快速增长，银行业支持地方经济发展力度加大，具体体现在银行业发展势头良好，结构日益完备；企业存款增长较快，居民储蓄趋于活期化；贷款增速累创新高，信贷结构不断优化。另外，金融生态环境持续改善，2012 年，恩施州及 8 个县市均被授予"金融信用市州县"称号，金融支持实体经济发展的作用进一步增强，金融主体培育力度加大，湖北银行在恩施设立了分行。同时恩施州成功发行了 8 亿元城市投资债券，实现了资本市场直接融资零的突破。[①]

---

① 杨天然：《恩施州政府工作报告》，恩施新闻网（http：//www. eswt. gov. cn. 2013. 02. 01）。

（二）恩施州金融支持体系对各县市经济发展支持状况

目前，恩施州各县市经济都处于发展的重要阶段，金融支持经济发展具有推动作用，见表5-13和表5-14。

表5-13　2008—2012年恩施州各县市存、贷款与地区生产总值及其排名

地区	各项存款（万元）		各县市在全州排名		各项贷款（万元）		各县市在全州排名		生产总值（亿元）		各县市在全州排名	
	2008年	2009年	2008年	2009年	2008年	2009年	2008年	2009年	2008年	2009年	2008年	2009年
恩施市	1137325	1340228	1	1	910353	1149512	1	1	58.8	72.63	1	1
利川市	425144	525787	2	2	112036	177719	3	2	38.98	47.86	2	2
建始县	273964	319015	4	4	91390	125846	5	5	28.49	33.04	4	4
巴东县	365378	449322	3	3	100880	132177	4	4	35.68	40.72	3	3
宣恩县	146626	198349	8	8	63400	80856	8	8	21.5	24.31	6	7
咸丰县	206764	266157	5	5	83415	114615	6	7	23.63	28.78	5	5
来凤县	191138	255590	6	6	81132	120035	7	6	19.53	25.05	7	6
鹤峰县	154096	203025	7	7	132786	168395	2	3	18.17	21.54	8	8
合计	2900435	3557473			1575392	2069155			244.78	293.93		

表5-14　2011—2012年恩施州各县市存、贷款与地区生产总值及其排名

地区	各项存款（亿元）		各县市在全州排名		各项贷款（亿元）		各县市在全州排名		生产总值（亿元）		各县市在全州排名	
	2011年	2012年	2011年	2012年	2011年	2012年	2011年	2012年	2011年	2012年	2011年	2012年
恩施市	231.67	256.29	1	1	158.63	191.52	1	1	105.34	123.1	1	1
利川市	83.76	104.83	2	2	36.02	44.27	2	2	64.77	73.35	2	2
建始县	47.98	57.32	4	4	21.17	28.13	5	4	47.87	55.92	4	4
巴东县	69.84	78.89	3	3	22.97	30.48	3	3	57.52	65.51	3	3
宣恩县	33.15	42.7	8	8	11.31	14.98	8	8	34.64	40.28	7	7
咸丰县	43.74	55.4	5	5	17.42	20.71	7	7	41.98	48.18	5	5
来凤县	38.94	47	6	6	20.05	21.7	6	6	35.24	40.89	6	6
鹤峰县	32.51	39.4	7	7	21.24	22.54	4	5	30.43	34.97	8	8
合计	581.59	681.83			308.81	374.33			417.79	482.2		

从表 5-13 和表 5-14 可以看出，2011—2012 年，恩施州各县市的存、贷款及地区生产总值都有所增长，且除鹤峰县外，其他各县市的生产总值在全州的排名与存、贷款的排名情况基本保持一致。鹤峰县的存款在全州排第 7 名，地区生产总值排第 8 名，但贷款在全州排名依次为第 2 名、第 3 名、第 4 名、第 5 名，这一现象离不开湖北省以及恩施州对于鹤峰县因脱贫奔小康试点而在经济发展过程中的重点支持。

（三）恩施州新型农村金融机构发展现状

1. 小额贷款公司

新型农村金融机构包括村镇银行、贷款公司和农村资金互助社。2008 年 9 月，湖北省人民政府金融办、省银监会等部门联合发布了《湖北省小额贷款公司试点暂行管理办法》，全省小额贷款公司试点工作正式启动。经调查发现，湖北省小额贷款公司发展已经起步，在服务"三农"和中小企业融资上发挥了积极的社会效益。截至 2012 年年末，湖北省已批准设立 238 家小额贷款公司，注册资本金 213.5 亿元，累计发放贷款 582.8 亿元。① 截至 2011 年 8 月，恩施州已营业小额贷款公司 8 家，其中 2009 年注册成立 1 家，2010 年注册成立 2 家，2011 年成立了 5 家，注册资本均为 3000 万—5000 万元。2013 年，湖北省的新型农村机构数量继续扩大，全省新增村镇银行 3 家，小额贷款公司 97 家②；但湖北省新增的银行类金融机构网点主要集中在"8+1"城市圈，恩施州由于较为偏远落后则相对较少。

2. 中小企业担保机构

近年来，恩施州为多渠道解决企业融资难问题采取了许多措施，重点是组织各中小企业担保机构申报融资性担保机构经营许可证。截至 2012 年末，湖北省融资性担保公司共有 415 家，注册资本金达到 352.2 亿元，比 2011 年增长 25%。2013 年共为 4.86 万家企业提供担保总额 1596 亿元，年末在保余额 1055 亿元。截至 2011 年 8 月，恩施州已有农发担保、恩施金源、建始聚信、巴东恒信等 9 家担保公司通过审核顺利领取了资格证书并注册，全州信用担保体系逐步健全。截至 2011 年上半年，恩施州担保机构注册资本金共计 32675 万元，全部为货币资本，其中政府出资

---

① 《湖北省已设立 238 家小额贷款公司》，人民网（http://news.163.com.13.01.18）。
② 中国人民银行武汉分行货币政策分析小组：《2013 年湖北省金融运行报告》，2013 年。

27245万元。截至6月末，全州担保机构累计担保企业1446户，本年累计担保企业217户，本年担保累计759笔。2011年上半年，恩施州新增担保总额29549万元，新增担保户数314户，在保企业户数1010户，在保责任总额62718万元。恩施州农发担保公司4.3倍的担保放大倍数为最高，恩施金源担保公司和利川宏财担保公司为3倍左右，其余均在1∶1左右，甚至更低。通过努力，目前担保公司内部流程、业务信息报送、从业人员管理等工作已基本厘清，而且由于数据信息报送规范、及时，恩施州9家担保企业均在2011年年初进入国家担保系统项目储备笼子。恩施州农发担保公司、恩施金源担保公司更是获得国家支持担保（再担保）业务补助项目的机会。并且恩施州农发公司获得补助资金200万元，金源公司获得补助资金150万元。目前，恩施州已向中央、省申报中小企业发展基金和中小企业技术改造资金项目共计16个，申报资金总额3700余万元，其中有8个项目获得认可支持，安排贴息580万元。2013年，湖北省经信委按年末在保余额、担保放大倍数和担保业务收入三项指标，对全省各担保公司业绩进行了排序，其中恩施州的恩施州农发信用担保公司、利川市宏财信用担保公司都因为业绩突出排名比较靠前。

3. 恩施州村镇银行发展现状

截至2013年年末，全国共组建村镇银行1071家，其中开业987家、筹建84家。截至2011年6月，恩施州村镇银行在恩施州有4个营业网点，其中2个为一级分行，2个为支行，分别地处咸丰县、恩施市和利川市，其中恩施市有2个营业网点。目前村镇银行正在恩施州巴东县筹备营业网点。村镇银行首先在咸丰县成立，咸丰村镇银行作为湖北省第二家、恩施州第一家村镇银行，由江苏常熟农村商业银行主发起，注册资本1000万元。总体来看，恩施村镇银行对县域和市场的推动效应初步显现，村镇银行取得了初步成效，但也面临一些问题。截至2010年年末，恩施州两家村镇银行的存款虽已达12033.85万元，但储蓄存款仅1818.33万元，其中定期储蓄616.32万元，存款稳定性差，这种状况在短期内可能难以改变，将影响其今后的业务发展。[①]

4. 恩施州农村信用社发展现状

截至2011年6月，恩施州农村信用社网点共有140个，其中办事处1

---

① 陈旭、张国春:《村镇银行发展与财政金融政策扶持研究》,《内蒙古金融》2011年第5期。

个、农合行 1 个、县级联社 7 个，信用社（支行）94 个，分社（分理处）
37 个。在册员工 2399 人，其中在岗员工 1603 名。总体上看，恩施州农
村信用社各项业务发展步入了快速发展时期，市场份额不断扩大，支农主
力军地位日益凸显，产权改革加速推进，历史包袱得到化解，资产质量得
到好转，在面向中小企业、面向县域经济，大力支持恩施州新农村建设和
农村经济发展方面作用突出。从 2000—2011 年 6 月消化了历史包袱 5.19
亿元，不良贷款占比由 68% 降至 3.19%，至 2011 年 6 月末，恩施州农村
信用社存款规模 106 亿元，比 2004 年增加 81 亿元，增幅 324%，各项存
款在恩施州金融机构中名列第一；贷款规模 66 亿元，比 2004 年增加 50
亿元，增幅 312%，各项贷款在恩施州金融机构中名列第二；2005—2011
年 6 月累计盈利 4.7 亿元。2011 年前 6 个月，业务继续保持快速增长，各
项存款比年初增加 21.2 亿元，增幅 24.8%，各项贷款比年初增加 15.2 亿
元，增幅 29.8%。贷款增幅高于存款增幅 5 个百分点。

2011 年年初以来，为了及时满足农业春耕春播的生产资金需要，恩
施州农村信用社累计投放"三农"贷款 36.2 亿元，同比增加 12.5 亿元，
其中农户贷款 23.8 亿元，同比增加 5.4 亿元，中小企业 8.7 亿元，同比
增加 5.4 亿元，有力地支持了春耕播种。另外，2011 年 1—6 月，恩施州
农村信用社共对 200 多家中小涉农企业建立了经济档案，进行了评级授
信，有效地促进了恩施州涉农中小企业的快速发展。

四　恩施州企业层面的问题及原因分析

（一）观念陈旧，缺乏动力、管理落后

恩施州大多数企业为民营中小企业，依靠传统方式成长起来，受传
统思想的影响，企业管理者的能力有限，小富即安思想普遍。管理者对
机构投资者有恐惧感，对企业改制缺乏认识。另外，恩施州教育、文化
及科技发展落后，企业管理观念落后、企业管理能力不足，影响企业发
展后劲。

（二）资金缺乏，阻碍发展

尽管恩施州得益于国家西部大开发、武陵山少数民族经济社会发展试
验区的优惠环境，但是，2011 年以来国家已连续 6 次上调存款准备金率、
3 次上调存贷款利率，货币流动性和信贷环境收紧，信贷供需矛盾进一步
显现恩施州大量的中小型企业资金紧张，融资难问题更显突出，真正取得
融资的中小企业不多，企业融资难仍然是制约恩施民族地区企业发展的重

要因素。

（三）人才匮乏，科技创新严重不足

恩施州专业技术人才和管理人才稀缺，人力资源不断流失，极大地阻碍当地经济发展和增长方式的改变，也成为制约企业发展的关键因素。由于缺乏优秀管理人才和科技人才，恩施州的企业科技创新能力不足，没有一家创新型企业，研发活动少，企业的技术创新能力弱，大多为劳动密集型产品，质量难以保证提高。

五　恩施州金融支持体系层面的问题及原因分析

（一）金融机构存在存贷比问题

恩施州各个县市各个年份大部分都是存款余额大于贷款余额，大部分县市存贷比率还没有过半，存贷比问题较突出。一方面是因为央行关于银行存款准备金率的要求，另一方面是因为有些金融机构害怕风险等，不敢多贷款，存在"惜贷"现象。这样，使恩施地区出现了金融机构存款余额大于贷款余额，而很多中小企业却难以向金融机构融到信贷资金这种彼此矛盾的现象。

（二）金融市场弱、资金供给有限

恩施州企业在产业层次、产业比较优势、企业规模、企业实力等方面与发达地区相比存在差距，经济基础差，金融市场不发达。尽管目前恩施州出现了小额贷款公司，但其资本供给功能极其有限。加之恩施州企业因为实力较弱而在吸引其他外部资金的能力上明显不足。另外，恩施州的信贷体系不够完善，企业信用担保和信贷规模也存在缺陷。信用担保实践在恩施州起步较晚且运行机制极不完善，担保机构的数量及其担保规模有限，难以发挥很大的作用，恩施州企业贷款难的问题并未缓解。

（三）新型金融机构的管理及金融政策问题

尽管恩施的新型金融机构村镇银行和小额信贷公司起到了越来越重要的作用，但是在发展过程中仍然面临一些问题，同时金融政策也有一定滞后性，给各种金融机构操作带来一定困难。

1. 恩施州小额信贷公司存在的问题

一是后续资金来源缺乏，贷款业务发展受限；二是宏观政策扶持不到位，税费压力较大；三是转制村镇银行的积极性受挫，小额贷款公司发展前景不明；四是资金大举进入小额贷款公司，产生泡沫以及产生坏账的风险增大；五是小额贷款公司监管架构仍然缺失最为重要的一环——银监会，存在地方监管弊端。①

2. 恩施州村镇银行存在的问题

村镇银行得到的支持有限。一是缺乏财政扶持、税费减免、农贷贴息、支农再贷款等优惠政策；二是农业保险仍然停留在商业保险领域，政策性保险没有开展起来，直接导致村镇银行抗风险能力的不足；三是存在村镇银行定位与盈利偏好方面的矛盾。同时，恩施州村镇银行作为一个外来的商业银行，因为考虑生存成本问题，而将其设在主城区，与其名称不相符。②

（四）恩施州中小企业担保机构发展存在的问题

恩施州在担保公司贷款的企业主要存在如下问题：第一，资本金不足，担保基金少，影响担保实力，制约业务扩展。到目前为止，恩施州10 家公司中仅 5 家注册资本达到 5000 万元，如此担保规模，对于整个企业的需求只能是杯水车薪。第二，银行的担保覆盖面受限。第三，缺乏融资担保风险补偿机制，有些补偿政策不能落实。第四，社会信用缺失，制约担保业务健康发展。第五，担保公司的现代企业体制不健全，组织架构不清晰，融资性担保公司运作不够规范。

第三节　民族地区金融发展对公司投资的影响研究

——以武陵山恩施来凤县为例

目前，恩施州金融业发展稳定，已形成以国有商业银行为主体，政策性银行、农村信用社、邮政储蓄银行、村镇银行等各类银行业机构分工合作的银行组织体系和银行、证券、保险业分业经营、分业监管的体制。在资源分配的控制上，民族地区政府把握着绝对的资源分配权，与东部发达地区相比，政府长期控制不利于民族地区金融业的健康稳定发展。从信贷规模、金融发展环境以及保费收入等运用看，恩施州来凤县整体金融环境适合当地的金融发展，无论是国家还是地区都很重视恩施州来凤县的金融

---

①　中国人民银行武汉分行货币政策分析小组，《2009 年湖北省金融运行报告》，2009 年。

②　艾志平：《我国村镇银行在政策扶持和监管上还存在哪些问题》，新浪博客网（http://blog. sina. com. cn/s. 2011. 06. 12）。

发展。①

一　恩施州、来凤县投资与投资效率现状

（一）恩施州、来凤县的投资现状

通过地区固定资产投资额衡量当地的投资状况，该指标能够综合反映投资规模、速度、比例以及用途。恩施州、来凤县以及湖北省与全国 2008—2012 年社会固定资产投资数额见表 5 - 15。

表 5 - 15　　恩施州、来凤县以及湖北省与全国 2008—2012 年
社会固定资产投资　　　　　　　单位：亿元

地区	2008 年	2009 年	2010 年	2011 年	2012 年
来凤县	9.91	13.05	17.53	23.00	—
恩施州	139.37	182.21	244.38	314.31	406.19
湖北省	5798.56	8211.85	10802.69	12931.75	16504.17
全国	172828.40	224598.80	278121.90	311485.10	374676.00
全国平均	5575.11	7245.12	8971.67	10047.91	12086.32

注：本节所有表格数据来自 2008—2013 年的《中国统计年鉴》以及各地区的统计公报，来凤县 2012 年的数据暂缺，以"—"表示；而且全国平均值都是以全国的总值除以 31 的商表示。

而恩施州、来凤县以及湖北省 2008—2012 年第三产业投资情况如表 5 - 16 所示。

表 5 - 16　　恩施州、来凤县以及湖北省 2008—2012 年第三产业投资　单位：亿元

地区	2008 年	2009 年	2010 年	2011 年	2012 年
来凤县	4.04	5.40	8.30	13.35	—
恩施州	70.31	78.59	115.04	208.54	296.04
湖北省	3222.95	4795.12	6239.77	6961.67	8695.72
来凤县第三产业投资占社会固定资产投资的比重	0.41	0.41	0.47	0.38	—
恩施州第三产业投资占社会固定资产投资的比重	0.50	0.43	0.47	0.66	0.73
湖北省第三产业投资占社会固定资产投资的比重	0.56	0.58	0.58	0.54	0.53

---

①　杨静静、罗如芳、周运兰：《民族地区金融发对公司投资的影响研究——以武陵山恩施来凤县为例》，《中国乡镇企业会计》2014 年第 9 期。

首先，就全国、湖北省、恩施州、来凤县历年社会固定资产投资额增减情况来说，从2008—2012年，各地区每年的社会固定资产投资额都在持续增长。来凤县2008—2011年社会固定资产投资额以36.5%、31.7%、34.3%、18.9%的速率增长（该增长率以上年为基期计算，为同比增长率，下同），恩施州2008—2012年社会固定资产投资额以20.1%、30.7%、34.1%、36.2%、39.2%的速率增长，湖北省2008—2012年社会固定资产投资额以27.9%、41.6%、31.6%、28.7%、27.6%的速率增长。全国2008—2012年社会固定资产投资额以25.5%、30.1%、23.8%、23.6%、20.3%的速率增长，说明各民族地区社会固定资产投资额增长率大多比全国快。其次，来凤县的增速呈现先减后增再减的趋势，恩施州则保持稳定的增长状态，湖北省从2010年开始出现递减趋势；湖北省每年的投资额均超过全国的平均水平。

再者，无论是来凤县、恩施州，还是湖北省，2008—2012年第三产业投资均呈现不断增长的趋势，同时增幅不断扩大，说明湖北省、恩施州、来凤县都注重经济结构中第三产业的投资，第三产业投资越大，越有利于促进当地的金融发展；从湖北省第三产业投资占社会固定资产投资的比重都在50%以上，恩施州第三产业投资占社会固定资产投资的比重只有2009—2010年在50%以下，其余几年都在50%以上，尤其是2011—2012年，甚至超过湖北省所占的比重，说明恩施州积极加大第三产业的投资，并且有增长的趋势。由此可见，今后恩施州较好的投资现状更有利于当地的金融发展，进而促进当地的经济发展，但是，就来凤县第三产业投资占社会固定资产投资的比重而言，均在50%以下，2008—2009年比较稳定，但是，2010—2011年出现较大幅度下降，说明来凤县的第三产业的投资现状不理想，有下滑的趋势，当地政府需要加大第三产业的投资，增加其在社会固定资产投资中所占的比重，而通过优化产业结构来促进当地金融发展，带动经济增长。

（二）恩施州、来凤县投资率现状

通过某地区社会固定资产投资额与当地GDP的比重可以来衡量该地区的投资率，用公式表示如下：

地区投资率＝地区社会固定资产投资额/地区GDP　　　　　（5-1）

来凤县、恩施州、湖北省2008—2012年地区生产总值内见表5-17：

表 5 - 17　　　　　　　　来凤县、恩施州、湖北省与全国
　　　　　　　　　　　2008—2012 年国内生产总值　　　　　单位：亿元

地区	2008 年	2009 年	2010 年	2011 年	2012 年
来凤县	23.68	25.05	30.18	35.24	—
恩施州	249.18	294.26	351.13	418.19	482.19
湖北省	11330.38	12831.52	15806.09	19594.19	22250.16
全国	315274.70	341401.50	403260.00	472881.60	519322.00
全国平均	10170.15	11012.95	13008.39	15254.25	16752.32

　　从表 5 - 17 可以看出，2008—2012 年，无论来凤县、恩施州还是湖北省，GDP 均呈现不断增长的趋势，同时，湖北省每一年的国内生产总值均超过了全国平均水平。由此可见，横向比较而言，各地区的总体经济发展水平越来越高，但纵向比较仍有较大的差距。

　　结合表 5 - 16 和表 5 - 17 中的数据可以计算得出来凤县、恩施州、湖北省 2008—2012 年各年、各地区的投资率，具体如表 5 - 18 所示。

表 5 - 18　来凤县、恩施州、湖北省以及全国 2008—2012 年投资率

地区	2008 年	2009 年	2010 年	2011 年	2012 年
来凤县	0.42	0.52	0.58	0.65	—
恩施州	0.56	0.62	0.70	0.75	0.84
湖北省	0.51	0.64	0.68	0.66	0.74
全国	0.55	0.66	0.69	0.66	0.72
全国平均	0.018	0.021	0.022	0.021	0.023

　　从表 5 - 18 可以看出，2008—2012 年，来凤县、恩施州以及湖北省均高于全国的平均水平，并且投资率越来越高，呈现不断增长的势头，除了来凤县 2008 年的投资率不足 50%，其余年份的投资率均超过了 50%，由此可见，各地区的投资效率都相对很高；2008—2011 年，虽然湖北省的投资率低于全国的投资率，但是差距不大；除了 2009 年，恩施州的投资率均高于湖北省，说明恩施州的投资效率很高；2008—2011 年来凤县

投资率占据恩施州投资率的比重分别为 0.75、0.84、0.83、0.87，均在 70% 以上，说明来凤县的投资效率非常高。

二 存在的问题

总体而言，恩施州、来凤县的金融发展有利于促进公司投资，能够带动当地的经济发展，但是也存在一些问题，具体说明如下：

（一）金融机构方面

1. 金融供给主体单一，发放贷款的门槛偏高

由于银行贷款手续较为烦琐，程序复杂，准入门槛高，影响企业向银行申请贷款的积极性。同时，农业发展银行作为唯一的农业政策性银行，政策项目占比小，不对农民进行金融支持，仅农村信用社作为农村金融的单一供给主体。

2. 服务意识不强，金融服务创新不足

放贷银行受制度约束，放款条件单一，不能满足企业的资金需求。据调查，农发行有关文件规定，发放贷款根据企业生产的规模和公司总资产的比例，按照最高综合授信额度发放贷款。另外，由于信息不对称，当地金融机构对企业的贷款需求、规模等状况也缺乏相应的了解与把握，双方缺乏沟通与交流。

3. 金融支持力度不足，抑制金融发展

一方面，国有银行贷款业务仅服务于大企业，几乎不对农户开放贷款业务，仅部分带有"三农"性质的银行支持农村经济的发展；另一方面，由于银行等金融机构的"歧视"行为，高门槛贷款，使得来凤县大部分资金外流，造成银行信贷投资不足，未能将资金很好地投放到当地县域经济发展。

（二）企业自身发展方面

1. 企业本身资质差，信誉不足，不能达到金融机构贷款标准

民族地区大多数企业仍处于资本原始积累阶段，规模小、产业层次低、投资能力弱、信息披露、统计、财务管理制度不规范；同时企业竞争力和创新能力薄弱，给贷款带来难度和风险。

2. 企业对政策熟识度不够，缺乏积极性与主动性

当地的企业缺乏对金融机构贷款政策（包括贷款利率以及相关的贷款条件）的了解，更谈不上向金融机构贷款解决资金问题进行投资；另外，大部分企业高层表示对国家惠民贷款政策有所耳闻，但是具体操作，不了解，导致优惠贷款政策落实情况不理想。

三　对策建议

（一）金融机构方面

1. 适度扩大承贷主体范围

一方面，结合本地实际，争取扩大县域以及恩施州企业贷款承贷银行范围，除农业发展银行、农村信用社以外，争取将国有商业银行、邮政储蓄银行、村镇银行、改制后的农村合作银行和农村商业银行等纳入民族地区企业贷款行列。另一方面，加大银行机构引进力度，推动银行机构向乡镇下沉网点，加快多层次银行业金融组织体系建设，为民族地区企业发展提供便捷的融资服务窗口。

2. 加强金融创新，满足金融需求

民族地区金融机构应积极创新，提供更加丰富的金融工具和服务种类来满足当地不同发展需求，使当地金融得到发展，进而推动经济发展，为企业投资提供良好的经济发展条件。另外，金融机构在贷款决策、约束机制等方面应当结合少数民族地区发展特点和企业特点，开发新的金融产品，制定与此相适应的信贷政策，适当降低优惠利率贷款门槛，简化贷款程序，提高贷款效率。

3. 放宽民族地区企业规定，扩大贷款覆盖面

只要产品有利于改善少数民族生活水平和生产条件，都应纳入贷款支持范围，不分所有权性质，扩大企业享受贷款进行投资的范围，提高惠民信贷政策惠及面。

（二）企业自身发展方面

1. 提升企业素质，增强竞争力

县域企业要抓住机遇，用足优惠政策，加强内部管理、产品技术开发、市场开发与营销，提高产品质量，研发特色产品，使自身能够在市场竞争中站稳脚跟；同时，企业要提升品牌竞争力，诚信守法，塑造良好的信用记录。

2. 积极引进高素质人才，提高企业员工的综合能力

重视人才的培养，聘用经验丰富、专业能力强的人才，加强企业的人才创新，利用优秀的人才，带动企业的科技以及经营创新能力。

第四节 "恩施电力"吸收股权资金的 财务剖析与启示

2011 年 2 月，网上称湖北恩施土家族苗族自治州电力总公司（以下简称"恩施电力"）分红 6 亿元人民币，400 多人因此成为百万富翁，有的分红额甚至高达千万元，该消息引起了社会各界的广泛关注和热议。恩施土家族苗族自治州政府对该事件进行了调查，结果发现该事件所说"巨额分红"是恩施部分职工在 2003 年投资恩施富源等四家民营公司，当时按有关规定清退股权的股权转让收益，非"分红"或"年终奖"。而且此次股权转让经股东大会批准实施，并履行了审计、评估及各项审批程序，是合法的，不存在违规交易和国有资产流失现象。

一 案例简介

2003 年，在"股份开发、开放开发、流域开发、滚动开发、网源配套开发"办电方针下，恩施电力形成了"国家、集体、个体、共同参与"开发的局面。恩施电力部分职工以及民间出资人在 2003 年分别向恩施富源实业发展有限责任公司、建始县力源水电有限责任公司、利川市民源实业发展有限责任公司、来凤县鑫源电业有限责任公司四家民营企业进行股权投资。由于电力职工和民间资本的参与，原有投资机构的单一性和一元化得以改善。2000—2005 年被当地电力行业看作"恩施州电力史上发展速度最快、发展质量最好的五年。"2010 年 11 月 10 日，国电集团华中分公司收购这四家小水电公司，并按有关规定清退原来部分电力职工的所持股份。该次清退职工持股，3000 余名股东人均可获得 10 万元左右，而且按照投资多少、投资早晚、投资项目不同，每名股东可获得的回购收益也各不相同。总体而言，这次股权转让除去本金，退股最高收益为 1∶6.4，最低收益为 1∶1.7。① 从该案例可以得到启示和思考。

二 高股权转让收益的合理性思考

（一）股权投资与股权转让收益的含义

股权投资是投资者将资金投入到某家企业或者购买某公司的股票或股

---

① 周芳：《恩施电力分红 6 亿背后：400 多人一跃成为百万富翁》，《第一财经日报》电子版（www. eastmoney. com. 2011. 02. 17）。

权，成为该企业的投资者或者股东。股权投资者特别是其中的普通股股东有权享有公司的经营决策权、在利润分配权中获取股利的权利，但是在公司支付债务利息和优先股股息之后才能分。普通股股利一般不固定，大多要视公司净利润多少而定。只有经营有方、利润不断递增时普通股才能够比优先股多分得股利；股东不能像债权投资者那样按期收回本金利息和具有优先求偿权，而且没有权利要求公司清偿其投资本金。因此如果公司经营不善，可能一分钱都得不到，甚至连本金也可能赔掉。而当公司因破产或停业而清算时，普通股股东尽管有权分得公司剩余资产，但必须在公司债权人、优先股股东之后才能分得财产。由此可见，当公司获得暴利时，普通股东是主要的受益者；而当公司亏损时股东则是主要的受损者，因而股权投资是风险较大的一种投资。

（二）股权转让收益与"分红"、"年终奖"的区别

股权转让收益与一般企业的"分红"和"年终奖"是有区别的。其中企业"分红"是企业利润分配的一个环节，是企业从实现的净利润中在提取盈余公积金、公益金之后，按照一定比例给投资者（股份制企业中称为股东）分配利润（股份制企业中则称为股利）的行为。股份有限公司股利原则上应从累计盈利中分派，利润分配的多少一般受公司净利润以及积累的多少、现金流量水平、举债能力、投资机会、资本成本、债务约束等各种因素的影响。一般而言，公司当年利润多，利润就会分得多一些，无盈利一般不得支付股利。而职工的"年终奖"实际上是职工的奖金，是企业为了激励员工继续努力工作，实现更佳的工作表现而对职工一年来工作业绩的奖励。当然不同的单位发放年终奖的形式也可能不同，有些是直接发"红包"即现金，有的是提成，有的是"双薪"，也有极少数公司在国家政策和相关部门同意的情况下，通过发放股票作为职工奖金。一般而言，这一部分支出是作为企业的成本费用列支的，一般视企业的盈利情况与员工的贡献多少发放，在收入一定情况下，该年终奖越高则该成本费用越高，可能导致税后利润越低。

（三）恩施电力高股权转让收益合理与否的思考

根据财务管理公理：风险与收益的关系，即对额外的风险需要有额外的收益进行补偿，因此承担较高风险的股权投资者往往需要有较高的风险报酬补偿。另外，股权投资一般所投资的时间都比较长，按照财务管理的另一公理：资金具有时间价值，即今天的一元钱比未来的一元钱更值钱的

理念，股权投资应该具有资金时间价值，并且投资时间越长则资金时间价值越大，其股权转让收益也相对越高。恩施电力部分职工在 2003 年出资，到 2010 年年底，转让股权时，历经 7 年多的时间，其资金时间价值应该相对较高；而且当时作为股权投资，恩施民族自治州当时的交通条件和经济发展状况包括国家的支持政策等都不够好，投资这四家民营水电企业其风险也相对较大，要求较高的投资回报和股权转让收益。因此该次恩施电力的高股权转让收益从财务角度剖析，具有一定合理性。

三 该案例的财务理论剖析与现实反思

（一）恩施电力吸收职工和民间股权资金的理论基础

恩施电力这种吸收职工和民间股权资金行为有一定理论基础，首先是人力资本理论，其核心是将人力资本与物质资本都看作企业运营与利润增长不可或缺的要素，并且认为在经济增长中，人力资本的作用大于物质资本的作用。因此让职工持股，能够更大程度调动职工的积极性和充分发挥主人翁精神。其次是公司社会责任思想与利益相关者理论，在公司应对劳动者承担社会责任以及劳动者是公司利益直接相关的利益相关者方面，这两大理论的出发点与目标是一致的，都认为作为公司最直接的利益相关人，劳动者应被允许享有公司股份、分享公司利润。

（二）恩施电力吸收职工和民间股权资金的现实反思

根据财务管理的另外两个公理：在竞争的市场中没有利润特别高的项目；道德行为就是要做正确的事情，而在金融和财务中处处存在着道德困惑。而在该次恩施电力巨额股权转让收益的事实中，尽管各种过程是合法的，但是否都合情合理是一个颇具争议的话题。电力作为国民经济发展最重要的能源产业，是关系国计民生的基础产业，该行业不仅关系国家经济安全等战略大问题，还与人们的日常生活、社会稳定密切相关。因此从某种意义上说，在我国目前电力行业是一个受国家严格控制，非竞争而带有较高利润的行业。如果制度上存在漏洞或者不够周密完善，现实中电力行业的一些投资、电力职工持股、转让等事件操作上，容易给一些管理者钻政策空子而获取暴利的机会。职工持股特别是高管持股在电力等行业的企业，现实中易造成国有资产流失，导致 2008 年和 2009 年国资委等有关管理部门分别发布了规范电力系统职工投资发电企业以及规范国有企业职工持股、投资方面两份意见。两份《意见》合力封堵了电力企业职工对电厂的继续投资，并逐步回购原有的职工持股。

四　该案例对民族地区企业融资的借鉴意义

恩施电力的部分职工以及民间出资人在 2003 年分别对四家民营企业进行股权投资，此举属于对民营企业的股权投资行为，对如今很多民营企业解决融资困境具有借鉴意义。我国民族地区，资本稀缺仍是经济发展的瓶颈。恩施民族自治州企业在产业层次、产业比较优势、企业规模与实力等方面与发达地区相比均存在差距。因此当时恩施电力的四家民营企业通过吸收部分职工以及民间出资人的股权资金，具有较大意义。

金融支持是国家实施区域经济的核心要务，也是民族地区经济发展的重要推动力，因此，民族地区企业需要多层次金融支持体系对其提供发展所必需的资金。根据我国近几年的创业风险投资的发展报告可以知道，我国的创业风险投资总体上呈现出"东强西弱"格局，西部地区很少有高科技企业，天使资本和风险投资机构也较少，风险投资的退出机制也不够完善，因此民族地区企业难以吸收到初具规模与相对正规创业风险投资。而像恩施电力那样，在遵守国家相关财经法规制度的条件下，根据企业自身发展情况，因地制宜地筹集一些有利于自身发展需要的类似于天使资本、私募股权资金融资等民间股权资金意义重大。

总之，在民族地区建立多层次的融资体系，包括多层次的股权投资、多层次的资本市场、多层次的信贷体系和担保体系等对于解决民族地区企业融资问题，促进当地企业以及经济的发展作用巨大。尽管企业进行类似于恩施电力这种民间股权投融资在现实中有时有一定操作难度，处理不好也有一些争议和风险，但这种多层次的股权融资体系包括吸收一些民间以及职工的股权资金，在财务理论上都是可行和合理的。因此我国的立法部门和企业应总结多年的实践经验，立法采取宜"疏"不宜"堵"的精神并规范公司治理，结合我国企业实际情况进行理性设计并使其规范化，这样才能扬长避短，使其发挥更大经济效能。

第五节　湖北永恒太阳能股份公司案例剖析

湖北永恒太阳能股份有限公司（以下简称"永恒太阳能"）是一家地处恩施民族地区的民营高新科技小微企业，无锡尚德太阳能电力有限公司（以下简称"尚德电力"）是一个拥有领先光伏技术的国际化高科技企业，两个公司都属于光伏行业的企业，但无论在资金规模、业务范围还是在企业品牌形象上，两者都无法相提并论。欧债危机以来，我国太阳能光伏产业大幅度萎缩，正当尚德电力破产重组遭遇顺风光电以价格人民币31亿元将其收购时，永恒太阳能却化危机为机遇，通过及时调整经营策略，把经营视角瞄向广阔的国内市场，从而获得持续发展新生。本书拟在我国光伏产业调整的背景下，以永恒太阳能的成功转型为例，探讨我国中小光伏企业的未来发展道路，以期为我国光伏企业的发展以及民族地区中小企业的发展提供一定经验借鉴。[①]

一　我国光伏行业发展现状分析

21世纪以来，中国光伏行业利用欧美政府对光伏产业的补贴政策，迅速扩张产能，目前已经形成了包括太阳能电池及组件制造、高纯硅生产、光伏系统安装及相关配套产业在内较完整的太阳能光伏产业链。但在经历爆发式增长后，近年来投资者对光伏等新兴能源行业投资热情大幅降温，行业整体盈利也因此急速下滑；此外，我国光伏行业还接连遭遇美国反补贴、反倾销制裁以及欧盟市场开展的"双反"调查，光伏产品出口形势严峻。[②] 目前，我国50%以上的中小光伏电池组件企业和近90%的多晶硅生产企业已经停产；预计2013年年底中国光伏产品出口额将同比下降40%，约为130亿元。另外，根据中国可再生能源学会光伏分会统计数据显示：截至2013年第一季度，光伏行业已连续6个季度经营亏损；2012年，国内光伏电池和组件厂商数量减少1/4，但减产产能总量仅有10%。[③] 2013年以来，光伏电力市场稍微好转，这些产能会卷土重来。这意味着，实际上全行业去产能化过程并未有实质性推进。以上种种现状与全球光伏市场需求增速减缓、产品出口阻力增大、光伏产业发展不协调等因素密不可分。简言之，中国光伏企业普遍经营困难。

二　永恒太阳能简介与新探索

（一）永恒太阳能公司简介

湖北永恒太阳能股份有限公司是一家集太阳能光电研究、开发、生

---

① 周运兰、周琴、余宁：《光伏企业新声音——湖北永恒太阳能公司案例剖析》，《科技创业月刊》2014年第10期。

② 王轶：《我国光伏产业遭遇"双反"调查现状及对策》，《合作经济与科技》2013年第3期。

③ 孙晓霞：《光伏产业：任重道远 前景光明》，《新材料产业》2011年第5期。

产、销售于一体的民营高新科学技术企业。公司成立之初注册资金为5000万元，首期投资2.4亿元，占地面积3.6万平方米。近年来，公司投资2000万元人民币新建两条太阳能组件生产流水线和三条灯具生产流水线，预计该生产线建成后，年销售收入可增加1.4亿元。2013年，永恒太阳能斥资8000多万元建设双模电池片生产线，该生产线的建立将加快智能光伏电站转换应用，使永恒有望突破5亿元产值且可为国家创造高达5000万元的税收收入。在科技研发方面，永恒先后通过了ISO9001、ISO14001等国际权威体系的认证，公司联合国内专业院校自主开发的太阳能组件和信息化智能电站，成功地通过国内外知名实验室的检测鉴定，目前已进入市场应用推广阶段。2013年公司获国家高新技术企业认定、湖北省著名商标等的认定。此外，公司拥有专利12项，专利实施率超过90%；公司研发的双模电池片技术、太阳能智能电站遥感技术，均居国内领先水平，公司也因此顺利揽下国内新能源开发、东北棚户区改造、农村能源改造等大单。[①]在生产管理方面，公司依靠强大的技术力量，先进的生产和检测设备，严格的质量控制体系和科学管理机制，先后建立了滴胶、电池板生产线和拥有自主知识产权的LED灯具、太阳能手电筒、智能电池板、电池片生产线。在产品销售方面，于国外，公司取得自营进出口经营权，太阳能系列产品远销伊朗、德国等30多个国家和地区，成为湖北省最大光伏产业创汇企业；在国内，永恒从人性化角度出发陆续设计出太阳能手电筒、野营灯、草原灯等系列产品。其中，新型清洁节能灯以其携带方便、经济适用和使用寿命长的特性，深受广大民众喜爱，曾被中央政府作为第二个"西藏百万农奴解放纪念日"纪念品发给西藏群众。

（二）光伏产业受困背景下永恒太阳能的新探索

1. 及时调整公司经营战略，注意风险防控

光伏行业发展的高峰时期永恒太阳能就未雨绸缪，较好地进行了风险防控，不过度投资；随后面对光伏产品国际市场吃紧而国内有效市场开发不足的局面，永恒太阳能根据自身经营规模及相对优势适时调整了产品销售市场，将其光伏产品国内外市场比例由原来的95∶5逐步调整为70∶30，坚持国内、国外市场"两条腿"走路，国内市场逐渐得到重视和开发。永恒太阳能作为全国民族特需商品定点生产企业，为了扩大国内市场，除

---

① 湖北永恒太阳能股份有限公司网站（http：//www.yh‑pv.com.2014.09.07）。

了生产太阳能路灯等灯具系列远销全国多个省市外；永恒还根据民族地区大众市场需求特点，生产的太阳能手电筒、野营灯、草原灯及闭路电视等产品，畅销于内蒙古、新疆等广大民族地区。永恒在迎合广大少数民族地区人们需求的同时也为公司自身发展开辟了道路，有效规避了风险。

2. 充分利用优惠政策、合理税收筹划、节约成本

首先，永恒太阳能充分利用国家针对少数民族地区经济发展的优惠政策，成功为企业生产经营减负。我国政府历来重视民族贸易的开展和民族特需商品的生产供应，并为此制定了一系列扶持民品民贸企业发展的优惠政策措施。其中，国家制定了针对民族贸易和民族特需商品生产优惠利率贷款、税收优惠、技术改造补贴等相关政策，这都在一定程度上缓解民品民贸企业普遍面临的经营难题。永恒太阳能作为湖北省恩施土家族苗族自治州的民品企业之一，曾获得民品民贸企业的贷款贴息总额为 90 多万元以及技术改造贴息额 50 万元，还获得恩施州政府为支持企业发展提供的无息贷款 3000 万元。民贸民品政策的落实为其发展注入了活力，切实解决了一些困难。

其次，永恒太阳能也充分利用国家以及地方政府制定的各种包括减免税在内的优惠政策；永恒太阳能有很多出口方面的业务，该公司也充分利用出口退税方面的政策，合理进行税收筹划，开源节流，取得了较好的效果。例如永恒太阳能作为民贸民品企业有资格享受贴息，对于该贴息，从会计核算的角度有两种方式：一是冲减财务费用，二是计入营业外收入，两种方式都会增加企业的当期损益。若采用第一种方式，"贴息" 缴纳了企业所得税，优惠政策打了折扣；若采用第二种方式，如果 "贴息" 满足所得税免税收入，不计入当期应纳税所得额。永恒太阳能巧妙采用了第二种核算方式，使其优惠效果完整保留。

3. 解决公司融资难问题

尽管受惠于国家扶持民品民贸企业发展的相关政策，但融资难仍然是永恒太阳能这种小微企业发展面临的一大障碍。另外，由于国内外光伏产能严重过剩以及政府相关政策限制，金融机构，尤其是国有商业银行，对光伏行业贷款普遍收紧，对于中小光伏企业基本只收不贷。因此，在融资方面，永恒太阳能的贷款融资主要来源于当地农村信用社、邮政储蓄银行以及村镇银行。其中，2012 年，从以上三家银行贷款额分别为 2980 万元、500 万元、300 万元；另外 2011 年通过农业发展银行的担保首次从工

商银行贷款 500 万元。永恒太阳能 2012 年还曾因资金紧急需要，通过民间金融取得了利率与风险都较高的社会融资 2000 万元，解决了其融资难题。

永恒太阳能不断开拓创新，于 2013 年 12 月 18 日，成功登陆武汉股权托管交易中心的"企业展示板"进行挂牌展示。公司也正式更名为：湖北永恒太阳能股份有限公司，简称永恒股份，公司代码为 100133。截至 2014 年 8 月 18 日，公司的最新挂牌价为 21.8 元。武汉股权托管交易中心，是湖北省区域性的场外交易市场，具有股权托管登记、股权挂牌交易、股权融资服务和企业培育服务四项功能。该中心是我国多层次资本市场的有机组成部分和重要环节，也是对我国主板、创业板、新三板市场的重要补充。因此，永恒太阳能在武汉股权托管交易中心的挂牌，为该公司的股权转让、投融资、并购重组提供了便利；有效地拓宽了公司的融资渠道，为后续筹集天使资本、风险资本等股权性资金奠定了基础；还为以后优先升级转板进入更高层次的新三板、创业板、中小板和主板市场争取了机会。

三　案例结论与启示

当前中国光伏产业正处于残酷的产业整合期，在新的市场环境下，光伏产业中的小微企业或许会找到新的发展壮大的市场机遇，而原来的优势企业也会因为把握不住机遇而丢掉盈利空间。面临同样的行业环境，永恒太阳能拥有不同前途命运，带给我们新的思考与启示。

第一，光伏企业应注意防控风险，积极调整经营战略。光伏企业应在注意防控风险的同时，积极实现从粗放型向集约型的出口贸易增长方式的调整。应对目前光伏市场形势，中小光伏企业应通过深入市场调研，明确自身市场定位及优势，积极关注产业相关政策及最新动态，真正实现让光伏太阳能走入千家万户，从而不再过度依赖国际市场。

第二，我国中小光伏企业应积极寻求有效的融资渠道，在争取从新型中小金融机构中筹集资金的同时，也应争取地方性资本市场进行挂牌展示或者交易，为引进天使资本、风险资本等股权性资金奠定基础，以及条件成熟时再进入"交易板"挂牌交易或者登陆创业板市场上市融资争取机会，逐渐降低对银行贷款债务融资的依存度，缓解融资难困境。

第三，光伏企业应充分利用各种有利政策，合理进行税收筹划，抓住机遇发展自己。

第六章　金融机构支持民贸民品
企业发展的调查研究
——以恩施州为例

　　湖北省恩施土家族苗族自治州（以下简称"恩施州"）位于湖北省西南部，东连荆楚，南接潇湘，西临渝黔，北靠神农架，辖恩施、利川、建始、巴东、宣恩、来凤、咸丰、鹤峰六县两市，是全国最年轻和湖北省唯一的少数民族自治州。它属于纳入国家西部大开发的地区，也是武陵山片区区域发展的扶贫攻坚和少数民族经济社会发展试验区的重要腹地。"十二五"以来，恩施州在州委州政府实施以基础设施建设为突破口的"园区攻坚战"以来，不断开拓创新，实现了恩施州大发展，综合经济实力逐渐增强，产业聚集雏形显现，金融机构不断完善，投资环境日趋良好。

　　民贸民品企业作为民族地区极具特色的企业类型之一，承载着满足少数民族群众生产生活的需要，加强民族团结，维护社会稳定，促进民族地区社会经济发展的重要作用。党中央、国务院历来高度重视民族贸易和民族特需商品（以下简称"民贸民品"）的生产和供应，从我国新中国成立初期起就制定了一系列扶持民贸民品企业生产发展的优惠政策。其中，民贸民品企业优惠利率贷款政策（以下简称"优惠利率政策"）是利用信贷政策，扶持民贸民品企业发展。"十二五"以来，恩施州共有 450 多家民贸民品企业享受优惠利率贴息 12575.1 万元，比"十一五"期间净增近 5500 万元，增长率达到 66.01%。但是，相比于其他民贸民品优惠贷款政策落实较好的地区还有些地方值得改进和完善。[①]

---

　　① 罗如芳、杨静静、周运兰：《金融机构支持民贸民品企业发展研究》，《科技创业月刊》2014 年第 10 期。

第一节　恩施州民贸民品企业发展现状

由于前面第五章第二节恩施民族地区企业发展与金融支持问题研究中，已经详细阐述与分析恩施州总体经济发展情况、恩施州企业整体发展以及金融发展与支持的详细情况，在此不再赘述。以下将详细分析作为民族地区极具特色的民贸民品企业的发展与金融支持问题。

一　恩施州民贸民品企业整体状况及典型案例

近些年，恩施州的民族贸易企业（以下简称"民贸企业"）和民族特需商品定点生产企业（以下简称"民品企业"）不仅在数量上快速增多，在行业上也有所拓宽，包括生产、加工、销售等环节的饮食、生活、服饰、旅游产品开发、医药等；但并未涉及国家限制性产业以及垄断性行业。进而使得来凤安普罗（集团）食品有限公司、湖北省思乐牧业集团有限公司、湖北长友现代农业股份公司、来凤安普罗（集团）食品有限公司、好又多集团等企业脱颖而出，发展为恩施州企业中的龙头。仅2010年就有209家企业被认定为民贸企业，截至2012年年底，恩施州享受贴息政策的民贸企业411家，享受贴息政策的民品企业有14家；2013年年底共490家民贸企业享受贴息，贴息金额为8100.13万元；2014年第一季度恩施州共505家民贸企业享受贴息，金额为2528.36万元，2014年第二季度共572家民贸企业享受贴息，贴息金额2925.64万元，2014年上半年贴息额合计5454万元。

以湖北长友现代农业股份公司为例，它资产过亿元，在蔬菜生产、加工、销售环节慢慢发展为全国最大的企业，进而获得国家"绿色食品生产企业"称号，同时作为恩施自治州唯一一家国家级农业产业化龙头企业，为农民每年增收1.5亿元。"十一五"期间，享受累计近1000万元的国家流动资金贷款贴息。然而，根据我们实地调研的情况，恩施州大部分民贸民品企业都属于中小企业，规模较小，有些甚至还是小微企业、小作坊，管理者就是业主。近年来，由于国际国内波动的经济运行环境，带来企业滞后的调整结构，减弱的产品市场竞争力。另外，偏小的规模，短缺的资金，较高的产品成本，较差的技术设备条件，致使部分企业维持正常生产发生困难。

在恩施州 8 个县市中选择恩施州政治、经济文化中心，存贷款额度与生产总值排名都名列前茅的恩施市，以及各方面发展与排名处于中间水平的建始县都进行调研。

二　恩施市与建始县现状及典型案例

截至 2012 年年底，恩施州享受贴息的民贸民品企业一共 425 家，民贸企业 411 家，民品企业 14 家。其中，恩施市有享受贴息的民贸民品企业 120 家，建始县有 124 家。通过对建始县 57 家民贸民品企业的调查发现，建始县的民贸民品企业注册总资产在 50 万元以内的有 16 家，50 万—200 万元的有 20 家，200 万—1000 万元的有 15 家，而 1000 万元以上的仅有 6 家。由此可见，建始县大多数的民贸民品企业为中小型企业，涉及行业也较多，包括食品业、医药业、生态农业等，其中食品类企业最多，同时食品类企业享受的贴息额也最多，所有的企业都不享受增值税的减免。2013 年底恩施州共 490 家民贸企业享受贴息，贴息金额为 8100.13 万元；其中，恩施市 2013 年 153 家企业享受贴息，贴息金额 2726.31 万元；建始县 2013 年 91 家企业享受贴息，贴息金额 1250.83 万元。

以恩施市的湖北省思乐牧业有限公司与建始县的永恒太阳能股份有限公司为例。湖北省思乐牧业有限公司的注册资本 8746 万元，集团公司总资产达 2 亿元，具有年屠宰生猪 60 万头、肉牛 2 万头、山羊 10 万只，加工肉制品 1 万吨的生产能力，产品销往武汉、长沙、南昌、成都等全国十余个大中城市。通过了"ISO 9001：2008 质量管理体系"认证，获得肉制品加工"QS"标识，先后荣获"农业产业化国家重点龙头企业"、"国家扶贫重点龙头企业"等称号。由于该公司实行良好的人性化管理，使得公司的资金运营状况一直保持良好状态，在贷款方面占主动权，不仅仅地方性农村信用合作社和村镇银行乐于贷款，四大国有银行也急于争取这一优质客户。前期共贷款 6000 多万元享受到贴息额 100 多万元。另外，从 2011 年开始在农产品初加工方面享受免征增值税 100 多万元，在腊肉方面获得技术改造支持 1200 多万元，农业综合改造项目资金 150 万元，国家给的发展基金 450 多万元（无息贷款），一般是每隔一年就享受一点扶贫贴息额，从 2005—2012 年累计贴息额 300 多万元。2013 年 1—9 月该公司已宰杀生猪 18 万头，实现销售 3 亿元。公司一直享受优惠利息返还政策，2012 年公司优惠利息到位 864024 元；2013 年 1—9 月公司已支付银行利息 3492593.33 元，应返还利息 170 万元。该公司将 70% 的贴息额纳入资本公积作为自有流动资金，剩余的 30% 冲减财务费用，因此企业税负相对较轻，企业的资产负债率仅 30%，整体运营状况很好。

恩施州建始县的永恒太阳能股份有限公司在本书第五章第五节湖北永恒太阳能股份公司案例剖析已经详细剖析，在此不再赘述。

第二节　恩施州金融支持民贸民品企业政策落实情况

恩施州高度重视民贸民品政策的贯彻落实，"十一五"期间，民贸民品企业共享受流动资金贷款 30 多亿元，其中近 800 余家（次）享受优惠利率贴息 7000 多万元，增值税减免 448 万元，民品企业技术改造贴息财政补助 301 万元，生产补助 200 余万元，尤其 2010 年恩施州有 279 家企业共享受贴息 2871.57 万元，比 2009 年增长 103.94%，这里主要的承贷主体是恩施州的各大国有商业银行以及农村信用社。另外，"十一五"期间，恩施州积极与中国人民银行武汉分行协调配合，使得 2010 年民贸民品政策落实的资金比 2005 年增长 4 倍，政策的落实取得了显著成效。

进入"十二五"，特别是随着《湖北武陵山片区区域发展与扶贫攻坚实施规划》和《湖北武陵山少数民族经济社会发展试验区发展规划》的启动实施，恩施州继续把贯彻落实民贸民品优惠政策作为培植民族企业成长壮大的有效手段[1]，2011 年、2012 年及 2013 年上半年，共有 450 家民贸民品企业享受优惠利率贴息 12575.1 万元，享受民品企业技术改造贴息财政补助 165 万元，享受生产补助 206 万元。2013 年恩施州共享受技术改造贴息及生产补助 275 万元。

由于"十二五"时期，国家只对民品企业生产的边销茶及经销单位销售的边销茶免征增值税，而恩施州没有此类企业，所以，此期间没有增值税的减免。民贸民品企业优惠政策的贯彻落实推动了民族企业的快速发展，增强了民族企业的内生动力和造血功能，有效促进了恩施当地经济社会的快速发展。具体如表 6-1 所示。

---

[1] 《恩施州贯彻落实民贸民品政策的经验与做法》，湖北民宗委网（http://www.hb. xinhuanet. com. 2014.03.27）。

表 6 – 1   "十一五" 及 2011—2014 年恩施州民贸民品

企业优惠政策落实情况   单位：万元

指标	"十一五" 期间	2011 年	2012 年	2013	2014 年上半年
优惠利率贷款贴息	7039.00	3303.58	5622.74	8100.13	5454.00
技改贴息	301.00	0	165.00	—	—
生产补助	200.00	60.00	146.00	—	—
增值税减免	448.00	0	0	0	0

注：本章表格中的 "—" 表示数据暂未取得。

"十二五" 期间，国家继续对全国民贸民品企业实行 "三项优惠政策"，具体内容有：（1）继续对民贸民品企业的一年期流动资金贷款利率执行比一年期贷款基准利率低 2.88 个百分点的优惠政策；（2）继续对民族贸易网点建设和民品企业技术改造予以支持，贴息贷款规模由 "十一五" 期间的每年 5 亿元增加到每年 10 亿元，利息补贴由中央财政和省级财政各负担一半；（3）免征增值税优惠政策，目前已经出台了对国家定点企业生产的边销茶及经销单位销售的边销茶免征增值税政策。

一　优惠利率贷款贴息情况

（一）恩施州

1. 总体趋势

据统计，"十一五" 期间，湖北省民贸民品企业获得贷款贴息 10878.6 万元（其中，2006 年 1243 万元、2007 年 1032 万元、2008 年 1345 万元、2009 年 2618 万元、2010 年 4640 万元）。2011 年达到 5547 万元；2012 年，民贸民品企业贷款贴息资金突破 8000 万元，达到 8515 万元，较上年同期增加 2968 万元，受惠企业 508 家，占民贸民品企业总数的 47%；2013 年湖北省受惠的民贸民品企业 600 多家，享受的贷款贴息资金达到 1.25 亿元。恩施州 2009—2013 年的贷款贴息额分别为：1453 万元、2871 万元、3303.58 万元、5622.74 万元和 8100.13 万元。2012 年，民贸民品企业贷款贴息资金突破 5000 万元，达到 5622.74 万元，较上年同期增加 2319.16 万元，增长 70.20%；2013 年年底，恩施州企业共享受贴息金额为 8100.13 万元，比 2012 年增加 2477.39 万元，增长率为 44.06%。具体如表 6 – 2 所示。

表 6 – 2　　　　　　　　　2009—2013 年恩施州民贸民品企业

贷款贴息数额在湖北所占比重　　　　单位：万元、%

时间	湖北	恩施	所占比重
2009	2618	1453	55.50
2010	4640	2871	61.88
2011	5547	3303.58	59.56
2012	8515	5622.74	66.03
2013	12500	8100.13	64.80

表 6 – 3 是 2009—2013 年恩施州受惠民贸民品企业占全部民贸民品企业的比重。

表 6 – 3　　　　　　　　　2009—2013 年恩施州受惠民贸民品企业占

全部民贸民品企业比重　　　　单位：家、%

年份	民贸民品企业数量	受惠民贸民品企业数量	所占比重	受惠民贸民品企业增长率
2009	468	182	38.89	—
2010	680	279	41.03	53.30
2011	784	305	38.90	9.32
2012	862	425	49.30	39.34
2013	—	490	—	15.29

从表 6 – 2 可以看出，湖北省 2009—2013 年的贷款贴息额分别为：2618 万元、4640 万元、5547 万元、8515 万元和 1.25 亿元，从数据可以看出，贷款贴息数额在不断地增加，2012 年数额相比于 2011 年增幅较大，增长了 53.51%；2013 年贴息数额比 2012 年增加了 3985 万元，增长率为 46.80%。同时，恩施州的贷款贴息额也在不断地增长中。另外，从恩施州占湖北省的贷款贴息额比重不难发现，近四年来都在 55% 以上，虽然 2010—2011 年有波动，但是只是轻微的变动。从表 6 – 3 可以看出，恩施州民贸民品企业的数量不断增长，受惠民贸民品企业的数量也不断增长。2012 年恩施州受惠的民贸民品企业 425 家，占湖北省民贸民品企业总数的 39.34%；2013 年增加到 490 家。总体而言，贴息额表现出良好的上升势头，这也说明湖北省在落实贷款贴息方面做出了积极的努力，同

时作为湖北省唯一的民族自治州的恩施州在争取贷款贴息方面也做了努力，并成效显著。

表6-4是恩施州民贸民品企业享受贴息的贷款额占所有银行贷款额的比重。

表6-4　　　　　　　恩施州民贸民品企业享受贴息的贷款额占
　　　　　　　所有银行贷款额的比重　　　　单位：亿元、%

年份	享受贴息的贷款额	恩施州银行贷款额	所占比重
2009	1.447	206.92	0.70
2010	9.96875	250.96	3.97
2011	11.470764	308.81	3.71
2012	19.523403	374.33	5.22

通过表6-4数据对比可以看出，2009—2012年这四年里银行的贴息贷款额连续增长，恩施州银行放开的贷款额也在不断增长，所占的比重总体而言呈现着不断上升的趋势，说明民贸民品企业自身在积极地争取银行的贷款额，同时当地的民宗委（局）和承贷主体银行等相关部门也在积极推进恩施州民贸民品企业的银行贴息贷款，支持企业更好更快地发展，同时我们也有理由相信未来恩施州民贸民品企业在享受贴息的贷款额方面会越来越好。

2. 各承贷银行比较

表6-5是恩施州2009—2014年上半年各承贷银行发放民贸民品企业优惠利率贷款贴息的信息。

表6-5　　　2009—2014年恩施州各承贷银行发放优惠利率贷款贴息

单位：万元

时间	工行	农行	中行	建行	农发行	信用社	湖北银行	汉口银行
2009	126	227	124	308	129	494	0	0
2010	308	557	205	665	311	825	0	0
2011	358	683	243	708	354	958	0	0
2012	882	1031	298	1290	591	1512	0	0
2013	979.13	1647.80	294.76	2049.41	932.44	1802.53	360.21	33.85

续表

时间	工行	农行	中行	建行	农发行	信用社	湖北银行	汉口银行
2014 年第一季度	304.06	460.40	97.20	685.09	221.84	530.24	166.17	63.35
2014 年第二季度	290.33	479.82	110.45	809.43	231.39	684.02	251.64	68.56

图 6 - 1 是根据表 6 - 5 中 2009—2012 年信息绘制而成。

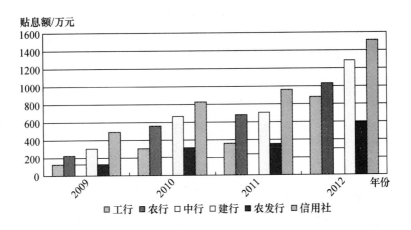

图 6 - 1　2009—2012 年恩施州各承贷银行发放的优惠利率贷款贴息对比

通过表 6 - 5 及图 6 - 1 的对比可以看出，恩施州民贸民品企业享受优惠利率贷款贴息额前三名的承贷银行分别是信用社、建行和农行；其中 2013 年以前年度信用社最高，占总贴息额的 30% 左右，建行约为 23%，农行约为 20%，这与那些年恩施州的民贸民品企业大多是规模较小的涉农企业有一定关系。而 2013 年恩施州民贸民品企业享受优惠利率贷款贴息的承贷银行新增加了由原城市商业银行改制重组的湖北银行和汉口银行 2 家，承贷银行数量有所增加；而且 2013 年和 2014 年的前两个季度，发放贴息额前三名仍然是信用社、建行和农行，但最多的已经变成了建行，信用社次之。

3. 各县（市）比较

"十一五"期间，恩施州各相关部门积极引导企业增强政策意识，加强企业工作力度。据了解，企业在流动资金贷款、技改贴息以及补助资金等方面得到逐年增多的实惠。目前，恩施州享受贴息政策企业遍及 8 县（市），2010 年享受最多的县（市）比最少县（市）的 60 万元多 440 万元。从享受的企业户数来看，2009 年有 182 家企业享受优惠贴息，2010 年的 279 家占全州民贸民品企业总数的 41%。2011 年 305 家，2012 年达到 425 家，占恩施州民贸民品企业总数的 49.30%，受惠民贸民品企业的增长率为 39.34%。其中，从 2013 年第二季度看，贴息享受最多的是恩施市，总计 605.06 万元；其次是建始县，总计 277.86 万元。2013 年恩施市有 153 家企业享受贴息，贴息金额 2726.31 万元；建始县有 91 家企业享受贴息，贴息金额 1250.83 万元。总体而言，不断增长的经济总量，逐步扩大的经营范围，使民贸民品企业在激烈的市场竞争中稳步快速发展。

下面以 2013 年第二季度为例，恩施州各县（市）民贸民品企业享受的优惠贷款贴息情况如表 6-6 所示。

表 6-6　　　　　2013 年第二季度恩施州民贸民品贴息情况　　　　单位：万元、%

地区	与第一季度情况比较				与 2012 年情况比较		
	第二季度		第一季度	环比增幅	今年上半年	去年上半年	同比增幅
	企业家数	额度					
恩施市	124	605.06	551.75	9.66	1156.81	732.10	58.01
利川市	18	103.19	355.85	-71	459.04	438.95	4.57
建始县	83	277.86	264.74	3.59	542.6	452.16	20.00
巴东县	15	47.31	75.47	-37.13	122.78	77.48	58.46
宜恩县	41	144.44	116.44	24.04	260.88	110.01	137.1
咸丰县	57	267.86	244.66	9.18	511.78	227.3	125.1
来凤县	33	178.09	164.23	8.44	342.32	181.87	88.22
鹤峰县	27	133.73	118.79	12.57	252.57	246.47	2.47
合计	398	1756.8	1891.93	-7.14	3648.78	2466.34	47.94

通过表 6-6 可以看出，2013 年第二季度享受优惠贷款贴息的民贸民品企业最多的是恩施市 124 家，占恩施州的 31%，其次是建始县 83 家，占恩施州的 21%；2013 年第一季度和第二季度贴息额最多的都是恩施市，

其次是建始县；总体上，2013 年恩施州上半年的贴息额比去年同期增长了 47.94%，增长幅度较大。总的来看，民贸企业经济总量不断增长，经营范围逐步扩大，在激烈的市场竞争中民贸企业得到了稳步快速发展。如下分别分析恩施市和建始县。

（二）恩施市和建始县

2009—2013 年恩施市的贷款贴息额分别为：144 万元、801.5 万元、948.9 万元、1612.34 万元和 2726.31 万元。2012 年，民贸民品企业贷款贴息资金突破 1500 万元，达到 1612.34 万元，较上年同期增加 663.44 万元，增长率为 69.92%，受惠企业 120 家，占恩施州享受贴息的民贸民品企业总数的 28.24%；2013 年恩施市有 153 家企业享受贴息，比 2012 年增加了 33 家，占恩施州享受贴息的民贸民品企业总数的 31.22%；贴息金额比 2012 年增加了 1113.97 万元，比 2012 年增长了 69.09%，贴息额占恩施州贴息总额的 33.66%，比例上升了 5%。由此可见，恩施市民贸民品企业数量不断增加，贷款贴息金额也不断高速地增长。具体如表 6 - 7 所示。

表 6 - 7　　　　　　　　恩施市受惠民贸民品企业数量、贷款
贴息数额在恩施所占比重　　　　　　单位：万元、%

年份	受惠民贸民品企业数量（家）			贷款贴息数额		
	恩施州	恩施市	所占比重	恩施州	恩施市	所占比重
2009	182	48	26.37	1453.00	144.00	9.91
2010	279	85	30.47	2871.00	801.50	27.92
2011	305	94	30.82	3303.58	948.90	28.72
2012	425	120	28.24	5622.74	1612.34	28.67
2013	490	153	31.22	8100.13	2726.31	33.66
比重的均值	—	—	29.43	—	—	25.80

2009—2013 年建始县的贷款贴息额分别为 193 万元、512 万元、618 万元、974 万元和 1250.83 万元。2012 年，建始县民贸民品企业贷款贴息额达到 974 万元，较上年同期增加 356 万元，受惠企业 124 家，占恩施州享受贴息的民贸民品企业总数的 29.18%。2013 年建始县有 91 家企业享

受贴息，占恩施州总数的 18.57%，数量比上年少了 33 家；但贴息金额仍比上年增加了 276.83 万元，比上年增长了 28.42%，贴息额占恩施州贴息总额的 15.44%，比例略为下降。由此可见，建始县民贸民品企业数量在 2009—2012 年不断地增加，在 2013 年有所下降，但贷款贴息金额每年不断增长。具体如表 6 – 8 所示。

表 6 – 8　　　　　　建始县受惠的民贸民品企业数量、贷款
贴息数额在恩施所占比重　　　　单位：万元、%

年份	受惠民贸民品企业数量			贷款贴息数额		
	恩施州	建始县	所占比重	恩施州	建始县	所占比重
2009	182	45	24.73	1453	193	13.28
2010	279	85	30.47	2871	512	17.83
2011	305	99	32.46	3303.58	618	18.73
2012	425	124	29.18	5622.74	974	17.39
2013	490	91	18.57	8100.13	1250.83	15.44
比重的均值	—	—	27.08	—	—	16.54

从受惠的民贸民品企业数量看，恩施市与建始县在恩施州中所占的比重都接近 30%，比重比恩施州其他 6 个县市都高，是恩施州民贸民品企业优惠利率贴息政策落实得最好的两个县市。2013 年，恩施市企业数量增加较多，所占比重也上升较多，建始县则跟恩施市完全相反，数量减少许多，比例下降到不足 20%。说明在 2013 年建始县有部分民贸民品企业在受惠方面有限制或者有困难未能够加入受惠行列。从恩施市和建始县这 5 年的贷款贴息额的变化来看，呈现出明显的增长趋势，而且增幅相比而言都较大，恩施市 2012—2013 年尤其突出。从贴息额在恩施州所占的比重来看，恩施市除了 2009 年不足 10% 外，其他年份都接近 30%，比重高，5 年均值为 25.80%；建始县各年较为平均，5 年贴息额占恩施州比重的均值为 16.54%，相对较高。以上数据说明，恩施市和建始县相关部门都做出了努力，成效突出。

图 6 – 2 是建始县民贸民品企业享受贴息贷款额及全县银行贷款额的趋势比较。

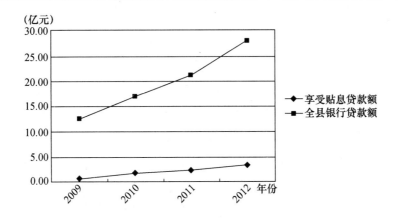

图 6 - 2　建始县民贸民品企业享受贴息贷款额及全县银行贷款额的趋势比较

注：图 6 - 2 依据调研数据表格整理绘制而成。

通过图 6 - 2 的对比可以看出，2009—2012 年 4 年里建始县民贸民品企业享受贴息的贷款额在不断地增长中，同时增长比率越来越稳定。恩施市情况也与建始县相似，好于建始县。这离不开建始县和恩施市民贸民品企业自身的努力，但同时更离不开建始县和恩施市民宗局和主要承贷主体银行，比如农信社、建行、农行等部门的积极配合与支持，进而使建始县和恩施市企业能够更好更快地发展，民贸民品企业享受贴息的贷款额占所有银行贷款额的比重总体而言呈现良好的上升势头。

二　生产补助、技改贴息情况

从"十一五"期间民品企业优惠政策的执行情况看，生产补助和技改贴息很少，大都是优惠利率贷款贴息的补贴。"十一五"期间，民贸民品企业共享受流动资金贷款 30 多亿元，其中，近 800 余家（次）享受优惠利率贴息 7000 多万元，增值税减免 448 万元，民品企业技术改造贴息财政补助 301 万元，生产补助 200 余万元，这里主要的承贷主体是恩施州的各大国有商业银行以及农村信用社。据统计，"十一五"期间，恩施州 15 家民品企业共获得生产补助 245 万元，仅囊括利川的湖北香莲药业、湖北宝石花工艺品有限公司、恩施州土司皇宫刺绣有限公司、来凤满妹贸易有限公司。2011 年恩施州只得到生产补助 60 万元；2012 年享受的生产补助和技改贴息一共 311 万元，其中生产补助 146 万元、技改贴息 165 万元；2013 年恩施州享受的技术改造贴息及生产补助共 275 万元。建始县的民贸民品企业获得技改贴息和生产补助的企业很少。据了解，永恒太阳能光电科技有限公司曾获得技术改造贴息额 50 万元。

通过数据对比发现，政策落实不平衡削弱了民贸民品企业自身的"造血"功能。流动资金贷款优惠利率政策的落实明显好于其他政策。在技改贴息政策落实方面，存在关系未理顺、机制不完善等问题，尤其是网点建设贴息规模太小，难以将贴息政策落实到位；在生产补助政策落实方面，存在规模偏小、贷款较难、争取工作难度大等问题，致使大部分民品企业难以得到该政策扶持。

三　和其他地区的比较

下面将通过与条件类似的我国其他地区民族自治州或者自治县的对比，发现恩施州民品民贸企业发展以及金融支持状况方面的优势与不足，以便发挥优势，改进不足。

（一）恩施州与新疆总体实施状况比较

"十一五"期间，新疆有 260 家民品企业，其中博州地区有 11 家，占新疆总数的 4.23%；2006—2009 年，新疆仅新华书店享受贴息 2.44 万元，2010 年新疆精河县鸿锦枸杞公司第一季度享受贴息 7.2 万元；第二季度，博州共有 11 家企业享受 272.66 万元优惠政策贴息；第四季度，博州地区金融机构对民贸民品企业共发放 227500 万元优惠利率贷款，季末贷款余额 215820 万元，共计 19 家企业享受 1397 万元的优惠贷款贴息，同比增加 18 家企业，贴息金额增加 1394.56 万元。2013 年新疆民族自治区民贸民品企业优惠政策落实成效显著，2013 年全年累计发放民贸民品贴息贷款 400.3 亿元，贷款余额达 343.9 亿元，同比增长 37.1%；取得贴息资金 6.7 亿元，同比增长 31.1%。而新疆的喀什地区、和田地区和克孜勒苏柯尔克孜自治州（统称南疆三地州）2013 年承贷机构累计发放民贸民品贷款 105.4 亿元，支持民贸民品企业 117 家，享受优惠利率贴息 1.9 亿元。①

"十一五"期间，恩施州民贸民品企业享受优惠利率贴息、增值税减免、技术改造和生产补助资金共 7400 多万元，其中近 800 余家（次）企业享受优惠利率贴息。2013 年年底，恩施州共 490 家民贸企业享受贴息，贴息金额为 8100.13 万元。由此可见，恩施州的民贸民品企业的数量跟新

---

① 曹勇：《新疆金融支持民贸民品企业发展成效显著》，金融时报网（http：//www. finan-cialnews. com. cn/dfjr/xw_ 115/201402/t20. 2014. 02. 18）。

疆博州地区和南疆三地州比要多，享受的贴息额在 2013 年以前也比新疆的大部分地区多，但 2013 年享受的贴息额比新疆南疆三地州少。因此，作为民族自治州，恩施州民贸民品企业优惠政策的落实赶不上新疆是正常的，与新疆下面某一地区或者州比较，恩施州民贸民品企业在享受优惠政策的数量及贴息额方面有优势。

（二）恩施州、市与宜昌市、南昌市比较

与湖北恩施州相邻的湖北省宜昌市 2013 年共有民贸企业 284 家，民品企业 10 家，共享受贷款贴息、生产补助、技改贴息等政策补助金额共2433 万元；而"十一五"期间，宜昌市民贸民品企业流动资金贷款贴息达 2388.14 万元，减免增值税 169.63 万元，技改贴息 38 万元，生产补助1504 万元，2013 年一年就相当于"十一五"期间的贴息总额。[1] 江西省省会南昌市 2013 年受惠民贸民品企业一共 6 家，产能共达到 9.1 亿元，贷款余额为 1.83 亿元，同比增长 161.43%；2013 年全年累计贴息 471.46万元，比 2012 年翻了一番，增幅达到 151.54%，优惠政策的落实效果明显。[2] "十一五"期间，恩施州民贸民品企业共享受优惠利率贴息、增值税减免、技术改造和生产补助资金 7400 多万元。2013 年年底，恩施州共490 家民贸企业享受贴息，贴息金额为 8100.13 万元；其中，恩施市 2013年 153 家企业享受贴息，贴息金额为 2726.31 万元，2013 年恩施州享受的技术改造贴息及生产补助共 275 万元。从与宜昌市和南昌市的比较可以看出，恩施州与恩施市在民贸民品企业优惠政策落实方面成绩突出，效果显著。

（三）建始县与苏尼特左旗民贸民品企业贷款情况比较

苏尼特左旗是内蒙古自治区一个县，2012 年四家规模以上肉食品加工企业共有贷款 2185 万元，其中在旗农行贷款 310 万元，执行利率为一年期基准利率基础上上浮 50%；在旗联社贷款 275 万元，执行利率为一年期基准利率基础上上浮 120%；在二连农发行贷款 1000 万元，执行利率为基准利率。在所调查的全部民贸企业贷款中，只有这笔贷款利率没有上浮；西苏工行贷款 600 万元，执行利率为一年期基准利率基础上上浮

---

① 《国家民委经济司到湖北省宜昌市调研民贸民品工作》，国家民委网（http://news.eastday.com/eastday/13news/auto/news/china/u7ai1135464_K4.html.2014.04.04）。

② 《民贸民品企业获"贴息"促发展》，江西省人民政府网（http://www.jiangxi.gov.cn/dtxx/zwxx/201402/t20140213_1009932.htm.2014.02.13）。

20%。据了解，以企业名义的贷款，门槛高，手续多，申请批准难。2011年1月，一家公司以企业名义向邮政储蓄银行申请贷款800万元，结果因抵押物价值不够，仅获批144万元，并且执行基准利率基础上上浮45%的利率。2012年以个人名义在农村信用社办理一年期贷款150万元，用于资金周转，利率执行同档次贷款基准利率基础上上浮105%。

由此可以看出，与内蒙古的苏尼特左旗相比，虽然恩施州建始县主要的承贷主体是信用社和村镇银行，四大国有银行中愿意贷款给民品民贸企业的不多，且贷款额度也难以满足企业的资金需求。即便是在这样的环境下，恩施市和建始县依然能够很好地执行国家政策。通过与以上民族自治州或者自治县的民品民贸工作开展情况对比发现，恩施州在民贸民品企业发展以及金融支持方面有做得好的一面；当然也还存在有待改进和完善的地方。

第三节　金融支持民贸民品企业取得的成效及原因分析

一　金融支持民贸民品企业取得的成效

"十一五"期间，恩施州的民贸民品企业共享受流动资金贷款30多亿元，其中近800余家（次）享受优惠利率贴息7000多万元，增值税减免448万元，民品企业技术改造贴息财政补助301万元，生产补助200余万元，这里主要的承贷主体是恩施州的各大国有商业银行以及农村信用社。尤其是2010年恩施州有279家企业共享受贴息2871.57万元，比2009年增长103.94%，优惠政策的具体实施在推动民族企业自身发展壮大的同时，有效促进了全州经济社会的快速发展。另外，在"十一五"期间，湖北积极主动与中国人民银行武汉分行协调配合，使得2010年民贸政策落实的资金比2005年增长4倍，而进入"十二五"，恩施州继续把贯彻落实民贸民品优惠政策作为培植民族企业成长壮大的有效手段和主要抓手，民贸政策的落实取得了显著成效。主要体现在如下几个方面：

（一）涌现优秀企业

伴随着民贸民品优惠政策的积极落实，涌现了一大批做大做强的企业，包括湖北长友现代农业股份公司、湖北省思乐牧业集团有限公司、来凤安普罗（集团）食品有限公司、好又多集团等，目前已经发展为恩施州企业中的优秀典型。

（二）提升经营绩效

政府层面和金融机构层面发挥着积极的引导作用，推动着民贸民品优惠政策的贯彻落实；民贸民品企业层面则加强了优势发展，把握战略机遇，优化产业结构，提高技术含量，进而加快了传统产业改造，提升了企业质量和效益。

（三）拓宽贴息范围

近年来，恩施州各相关部门积极引导企业增强政策意识，加强企业工作力度。2012年，恩施州共有425家民贸民品企业享受流动资金贷款优惠利率贴息，享受的贴息总额为5622.74万元，享受的家数比2011年的305家多120家，享受的额度比上年同期的3303.58万元净增2319.16万元，同比增长70.2%。2013年年底，共490家民贸企业享受贴息，贴息金额为8100.13万元；2014年第一季度恩施州共505家民贸企业享受贴息，金额为2528.36万元，2014年第二季度共572家民贸企业享受贴息，金额为2925.64万元，即2014年上半年合计贴息金额5454万元。总体而言，不断增长的经济总量，逐步扩大的经营范围，使得民贸企业在激烈市场竞争中稳步快速地发展。

（四）增强服务意识

近年来，我国出现了汶川大地震，青海玉树、云南鲁甸等地震，恩施州民贸民品企业为此举办多次慈善活动，积极踊跃捐款，仅华龙集团为社会捐款就达300多万元。同时还加强了对贫困学生帮扶力度，为恩施州赢得了社会各界的广泛赞誉。

在优惠政策的促动下，恩施州民贸民品企业主动抢抓发展机遇，依靠自身优势走集团多元化、公司专业化的路子，加快传统产业改造，优化产业结构，提高技术含量和组织程度，通过资产优化配置和管理重组等有效措施，企业运行质量和效益明显提高。有近百余家企业荣获全国、省州"农业产业化经营龙头企业"、"优秀民营企业"、"科技进步创新企业"、"纳税大户"等称号；100多项产品被授予国家、省级"著名商标"、"知名信誉名牌产品"。湖北长友现代农业股份公司、来凤安普罗（集团）食品有限公司、湖北省思乐牧业集团有限公司等一批企业成为州龙头企业。其中，湖北长友现代农业股份公司发展成全国最大的薇菜生产、加工、销售企业，被国家授予绿色食品生产企业称号。

二 金融支持民贸民品企业取得成效的原因分析

（一）政府相关部门的大力宣传

近些年来，为了用好、用活民贸民品政策，帮助民贸民品企业发展壮大，满足少数民族群众的特殊需求，恩施州加大了民贸民品政策宣传力度，举办了民贸民品政策培训班，组织民贸民品学习考察团。还将此项工作纳入州县市民族工作部门的重要工作内容，与其他工作一道安排部署，检查考核，优惠利率贷款发放和贴息额保持快速增长。具体做法如下：

（1）设立领导机构和工作专班。成立了以分管副州长为组长，州民宗委、州财政局、州工商局、州人民银行等单位为成员的领导小组，对一系列申报和审批程序进行明确规定。

（2）抓好政策的学习和宣传。采用一系列有效的宣传手段，比如，党校讲座、举办培训班、转发文件、借助网络传媒等大众平台、协会平台等，取得了较大的实施效果。

（3）强化工作责任和目标考核。把贯彻落实民贸民品政策情况纳入年度工作目标责任考核内容，与奖励进行挂钩；同时，加大考核力度。

（4）规范企业认定和管理工作。对企业的相关基本信息进行建档立卡；对获得优惠政策的民贸企业实行动态管理，保持更新；知道企业优化经营结构，扩展产品市场。

（5）注重多方交流与互动。首先，加强民领小组成员单位间的交流互动；其次，加强县市间的交流互动；再次，加强企业间的交流互动；最后，发挥好社会交流互动。

（二）金融机构的积极配合与支持

在恩施州，各国有商业银行、农村发展银行、城市商业银行、农村信用社继续对民贸民品企业实行优惠政策。在建始县工农中建四大国有银行承贷主体中，农业银行承贷最多，而对整个承贷主体而言，农村信用社是最多的。

截至2013年，在建始县农业银行享受贴息支持的民贸民品企业共有30家，享受优惠利率的贷款额度共10630万元，预测到2013年年底贷款贴息将达到288万元，总贷款额将突破45000万元。一般而言，只要涉及农业生产基本都能享受到该优惠贴息政策，比如生猪家禽类、农副产品、商场、超市、个体经营户等。在与当地银行领导的访谈中我们了解到：企业如果满足有一定的生产规模，能够正常持续经营，并且资产负债率不超过 70%，净现金流量为正值，一般就能从农业银行取得贷款。

建始县农业银行具有以下创新：

（1）银行一般的申报程序为评级、授信、贷款，但农行实行三步同时申报，即"小企业简式快速贷"，这样的申报程序既节省了大量的资金获取时间，也增加了企业运用资金的效率。

（2）国家规定金融机构发放的民贸民品贷款利率不准上浮，即只能执行一年期贷款基准利率减去贴息利率的优惠贷款利率。金融机构作为以营利为目的的企业，这项规定将直接导致金融机构因发放民贸民品优惠利率贷款而蒙受利差损失，与其经营目的有悖，这样就直接影响了金融机构执行优惠贷款贴息政策的积极性。但是建始县农行把贴息作为吸引客户的突破口，成为银行之间竞争的一种方式。具体如表 6-9 所示。

表 6-9　　2011—2012 年建始农行民贸民品企业优惠贷款贴息情况

申报时间	2011 年申报金额（万元）	申报单位数量（家）	2012 年申报金额（万元）	申报单位数量（家）
第一季度	196948.0	14	362441.6	25
第二季度	237741.6	17	438481.6	25
第三季度	317487.2	23	503112.0	25
第四季度	253809.6	22	588688.0	27
合计	1005986.4	76	1892723.2	102

通过表 6-9 的数据对比可以发现，2011—2012 年建始农行民贸民品企业优惠贷款的申报金额有较大的提升，同时申报单位数量也有较大幅度的增长，说明建始农行在支持民贸民品企业贷款方面做出了积极的实际行动。

（三）企业自身的努力

很多企业领导层都能够积极研读政策，领会政策精神，结合企业自身的实际情况与政府部门进行沟通交流，努力争取国家相关优惠贷款贴息政策的支持。湖北省思乐牧业有限公司是享受国家优惠政策最好的一个民贸企业。恩施州土司皇宫刺绣有限公司、恩施市湖北省思乐牧业有限公司、恩施山寨皮革有限公司（原恩施市民族制革厂）和建始县永恒太阳能股份有限公司都是努力享受国家优惠政策的典型民贸民品企业例子。

第四节 存在的问题及对策研究

尽管恩施州在民贸民品企业发展以及金融支持方面取得了较大的成效，但是从其民贸民品企业优惠贷款政策的制定与落实等分析来看，还是有一些地方值得改进和完善[①]，主要表现在：

一 金融支持民贸民品企业存在的问题

（一）金融支持政策层面

1. 贷款贴息到位没有保证

"十二五"期间民族贸易和民族特需商品生产贷款贴息具体程序有所改变，以往民族贸易和民族特需商品生产贷款贴息纳入中国人民银行年度财务支出预算，中国人民银行就有民族贸易和民族特需商品生产贷款贴息的终审权。而"十二五"民族贸易和民族特需商品生产贷款贴息资金纳入中央财政预算，通过专项转移支付下达至省（区）级财政。由于这个贴息资金预算管理方式的改变，贴息资金的审核和拨付方式也随之有所变化，中国人民银行需要将审核意见报至省（区）级财政部门复核。

这种预算管理和审核拨付程序的转变，使协调配合的难度加大，在民贸民品政策落实过程中，民族工作部门的主导牵头作用会受到影响。

2. 优惠利率贷款政策不符合利率市场化趋势

随着我国对金融机构贷款利率的逐步放宽，贷款利率将逐渐实现市场化。而按照民贸民品优惠政策的规定，民贸民品企业贷款优惠利率均不准上浮，上浮的利率部分不予补贴，这样优惠政策的程度将明显降低。从商业银行作为营利性金融机构的角度来看，金融机构以利润最大化为目标，其资金价格直接决定着其收入。尤其是对于欠发达地区的中小金融机构，信贷资金成本较高，若优惠贷款利率不准上浮，将直接减少金融机构的利息收入，这样金融机构就不愿意给这类企业发放贷款，进而增加了民贸民品企业获得优惠利率贷款的难度，优惠政策的程度将明显降低。

---

① 罗如芳、杨静静、周运兰：《金融机构支持民贸民品企业发展研究》，《科技创业月刊》2014年第9期。

从民贸民品企业获得资金的成本来看，大多数企业认为只要能获得财政 2.88% 的贴息补贴仍愿意承担比正常利率高的利率，即接受金融机构利率上浮的要求，但这又不符合国家民贸民品贷款优惠利率政策的相关规定。

3. 优惠利率贷款政策的品种单一，较难满足企业需求

根据相关规定，民贸民品企业享受优惠利率政策的贷款，必须是一年期流动资金贷款。随着企业产业化的发展、产业链的加长，中长期贷款的需求更多。企业无论申请短期贷款还是中长期贷款，其申请贷款的程序、资料、审批手续都大致相同，这样很多企业为防止在急需资金时难以获得资金，都倾向于申请中长期贷款。如果只将一年期的流动资金贷款纳入贴息范围，势必将使民贸民品企业的很多其他贷款无法享受优惠政策，影响政策实施效果。

4. 利差补贴标准，吸引力差

根据相关规定，人民银行给予当地承贷银行的利差补贴，均为 2.88% 的年利率。该规定自 1991 年开始实施从未改变，而一年期基准利率是随市场变化的。当一年期基准利率水平随市场较高时，此项利差补贴对企业来说缺乏吸引力。

5. 企业优惠利息使用限制性规定没有实际意义

目前，人民银行规定，民族特需商品定点生产企业流动资金贷款全额用于生产《少数民族特需用品目录》（2011 年修订）中规定的商品，并要求企业将利息优惠部分的 70% 以上用于补充企业自有流动资金。这一规定缺乏现实意义。在没有优惠利息专用账户管理的情况下，人民银行信贷部门无法监测使用情况。资金是否得到专款专用无法检测和准确衡量。

6. 金融网点少

根据民贸利差补贴有关文件规定，具备承贷民贸民品贷款资格的金融机构有工行、农行、中行、建行、农发行、城市商业银行、农村信用社。根据"十二五"相关文件，从 2012 年 9 月 1 日起，将交通银行、招商银行纳入执行优惠利率政策的承贷金融机构范围。承贷银行发放的民族贸易和民族特需商品生产贷款执行比一年期贷款基准利率低 2.88 个百分点的优惠利率，优惠利率贷款一律不准执行基准利率。经调查了解，恩施州共 9 家承贷银行机构中发放民贸民品贷款执行优惠利率的有工行、农行、中行、建行、农发行、农村信用社，2013 年以后增加了原城市商业银行改

制重组的湖北银行和汉口银行，但整体上优惠贷款贴息比率参差不齐，农村信用社、建行和农行承贷的比率最高。

另外，尽管"十二五"后，优惠贷款贴息承贷银行机构有所增加，但是能享受民贸民品利差补贴的金融机构相对范围较小，没有实现金融机构全覆盖，其他金融不能享受此项政策。

7. 政策享受主体范畴较窄，政策覆盖面不够

恩施州民贸民品企业虽然从 2009 年的 468 家增加到了 2012 年的 1064 家，四年来增长比率达到 127%，但是从对于恩施州几万家企业总数来讲还是比重很低的，尤其是还有一些极具民族特色的企业未能纳入享受优惠贷款贴息政策的民品民贸企业中来。以我们走访的恩施州西兰卡普生产企业为例，土家织锦西兰卡普是恩施州的非物质文化遗产保护项目，多以丝、棉、麻为原料，一般以红、蓝、青三种颜色的丝、棉、麻线为经线，自由选择各色丝、棉、麻线为纬线，用古式织机、挑花刀（竹、牛骨制成）采取断纬反面挑织的方法手工挑织，在我国各种织锦中是独一无二的技艺，具有三大特色——"手工""民族""原生态"，目前恩施州有西兰卡普生产企业大概 20 余家，但是只有 4 家纳入享受优惠贷款贴息民品民贸企业的范畴。这一方面反映了州人民银行和民宗委协作不够，未能及时和最大限度地将辖内符合政策条件、发展情况良好、信用水平较高的民族企业纳入民族贸易企业的范围；另一方面说明我国对民品民贸企业的金融支持所设门槛较高，一些民族特色企业难以享受到该方面的优惠贷款贴息政策。

（二）政策的执行层面

1. 具体实施和操作规程方面

在《中国人民银行、国家民委关于继续对民族贸易和民族特需商品生产贷款实行优惠利率》政策出台后，湖北省及恩施州民宗委和州财政尚未根据当地实际情况制定相关的实施细则和操作规程，导致当地民贸民品企业未得到最大支持。而在优惠利率贷款政策执行较好的新疆，就有《民族贸易和民族特需商品生产贷款贴息管理实施细则》，规范民贸贴息的合规性和真实性，做到补贴程序、补贴范围、补贴资金使用"三规范"。

2. 申请及审批程序

根据《民族特需商品生产补助资金管理办法》第五条规定：省级财

政部门收到中央下达的补助资金后，应商本级民（宗）委部门，按照本办法规定及有关业务要求，落实到具体项目，经公示无异议后及时拨付补助资金。已享受民贸技改贴息等中央财政资金支持的项目不得重复支持。据调研了解，实际操作过程当中，由于没有制定具体的民族特需商品生产补助资金申请、审批程序和具体的准入门槛，导致许多企业没有积极申请，符合条件的企业没有得到有效资助。同时，本级民（宗）委部门往往只是接到这个民族特需商品生产补助资金发放到某个企业的告知函或者相关文件，并没有真正参与这个民族特需商品生产补助资金的审批中来，仅仅只是享有知情权。

（三）金融机构层面

1. 利息补差与人行规定不符

人民银行规定民贸民品企业优惠利率贷款补贴程序应该是，金融机构在发放贷款时，直接执行比人民银行基准利率低 2.88% 的利率，然后再由人民银行把低于基准利率 2.88% 的部分，按季直接补给贷款经办金融机构。但实际执行中，个别地方存在补贴程序倒置的问题，即贷款经办金融机构在贷款发放时，先执行人民银行基准利率，人民银行按季将这 2.88% 的利差补给金融机构后，金融机构再全额划到贷款企业账户，这样，企业本应享有的贷款贴息相当于少享用了一个季度，对于流动资金不够充裕，急需资金周转的企业来讲，是一笔很大的损失。

2. 贷款贴息门槛普遍高，审批时限长

由于银行贷款不仅有较高的准入门槛，而且程序复杂、手续较为烦琐，从贷款的申请到审批需要较长时间，这些都影响了企业向银行申请贷款的积极性。导致一些符合贷款条件、实力较强的企业并不十分乐意向银行贷款，并申请这些优惠利率。

3. 服务意识不强，金融服务创新不足

人民银行的相关文件规定，发放贴息贷款的额度根据企业生产特需商品的规模和公司总资产的比例，按照最高综合授信额度进行发放。然而在实际操作中，要求民贸民品企业必须拥有符合抵押条件的资产。然而，大部分民贸民品企业基础差、底子薄、规模小，尽管有发展潜力，也因提供不了符合贷款条件的抵押品而无法得到承贷银行的优惠利率贷款。

（四）企业层面

1. 企业资质差，不能达到金融机构贷款贴息标准

大多数民贸民品企业目前仍然处于经营规模较小、产业层次较低，信息披露、财务管理制度不规范的阶段，向银行申请贷款比较困难。企业资本原始积累阶段，投资能力较弱，产业层次不高，竞争力和创新能力薄弱。特别是一些民贸民品企业，主要采用手工生产，固定资产很少，缺乏有效的抵押物，基本没有第二还款来源，导致向金融机构申请贷款贴息被拒。

2. 会计核算问题

根据《中国人民银行、国家民委关于继续对民族贸易和民族特需商品生产贷款实行优惠利率的通知》（银发〔2011〕171号）（以下简称《通知》），"十二五"期间，对民贸民品企业的流动资金贷款利率比一年期贷款基准利率低2.88个百分点，贷款利差部分由中央财政承担。

民贸民品企业流动资金贷款贴息存在"先垫后收"，即企业先垫付贴息，后经贷款行向人民银行、民委等审核批准才补发到企业账上，这时就会涉及民贸民品企业如何对"贴息"进行会计核算的问题。《通知》要求民贸民品企业将享受贴息的流动资金贷款额的70%以上用于补充企业自有流动资金，这就意味着至少70%的"贴息"可以计入企业的自有资金，免征企业所得税。

而根据对恩施州10家有代表性民贸民品企业进行的实地调研，仅湖北思乐牧业集团有限公司一家企业采用了这种会计核算方式，其余民贸民品企业都是冲减财务费用，这样无疑使优惠政策效果大大打了折扣，这也反映了大部分民贸民品企业存在财务会计体系不健全、财会人才匮乏等问题。

二 对策建议

（一）金融支持政策层面

1. 进一步规范贷款贴息工作流程

在贴息工作实施过程中，应该尽量提高工作效率及科学性，让贴息资金及时到位，使企业规范便捷地享受民贸民品政策，真正使民贸民品企业优惠利率贴息工作成为解决企业流动资金短缺的"及时雨"。

2. 取消上浮利率不予补贴限制性规定

建议人民银行放开基准利率的限制，适应当前利率市场化的趋势，修

改"贷款优惠利率一律不准上浮"的规定。建议承贷银行根据民贸民品企业的信用等级、经营状况、财务情况等，合理确定贷款利率，实行差异化贴息。下放金融机构对民贸民品企业贷款利率的自主定价权，这样可以增加金融机构营销的积极性，加大民贸民品企业贷款优惠政策享受的覆盖面，加快推动民贸民品企业的发展，达到银行和企业"双赢"。

3. 丰富优惠利率贷款品种

一是对所有民贸民品企业的流动资金贷款都实行优惠利率政策，特别是将半年期的贷款纳入政策范围。二是把中长期贷款纳入优惠利率政策范围，人民银行规定各贷款期限的贴息比例。这样不仅可以扩大政策的覆盖率，满足企业过多的资金需求，促进民贸民品企业的快速发展，而且还将大大提高承贷银行的积极性。

4. 提高利差补贴标准

鉴于目前承贷银行贷款利率普遍较高，建议人民银行提高民贸民品企业贷款的利率补贴标准。可以考虑与五年修订一次《少数民族特需用品目录》同步，每五年根据当前经济发展水平等因素对利差补贴标准进行修订。

5. 对优惠利率贷款实行封闭式管理

政策规定"享受优惠利率贷款政策的企业，其利息优惠部分的70%以上应用于补充企业自有流动资金"。因此，为了确保该优惠利率贷款政策的专款专用，同时也为了加强银行对企业贷款资金流向的跟踪，确保资金安全，建议新增相关政策，如规定银行有权对优惠利率贷款进行封闭式管理，民贸民品企业生产资金的支付与回收均可由贷款行去负责监控等。

6. 扩大承贷主体范围，将邮政储蓄纳入其中

要紧密结合本地实际，积极争取扩大民贸民品企业贷款承贷银行范围，除国有商业银行、农业发展银行、农村信用社等以外，争取将邮政储蓄银行、村镇银行、改制后的农村合作银行和农村商业银行等纳入民族企业贴息范围。同时积极加大银行机构引进力度，推动银行机构向乡镇下沉网点，加快多层次银行业金融组织体系建设，为民贸民品企业发展提供便捷的融资服务窗口。充分体现了国家对民族企业的优惠照顾，同时又充分发挥了金融部门的杠杆作用，从而支持企业做大做强。

7. 放宽民贸民品企业范畴，扩大政策覆盖面

建议逐步放宽对民贸民品企业在经营范围、企业性质、信贷期限和品

种方面的规定，只要产品有利于改善少数民族生产条件和生活水平，不分国有、私营和个体，都应纳入补贴范围；不断扩大享受优惠政策的企业范围，提高惠民信贷政策的惠及面。通过实行规范管理提高企业品质、优化企业结构，通过动态管理让企业优胜劣汰，做到让符合条件的企业都能享受到政策。对于一些传承民族文化具有重要作用的民族特色企业，如一些生产西兰卡普的企业，尽可能将其纳入享受优惠贷款贴息政策的民贸民品企业中来。

（二）职能部门执行政策层面

1. 制定实施细则

根据当地实际情况，在以《中国人民银行、国家民委关于继续对民族贸易和民族特需商品生产贷款实行优惠利率的通知》为准绳的前提下，制定具体实施细则，明确实行优惠利率的民族特需商品生产贷款范围、民品企业名单和民族特需商品目录、承贷银行，并对贷款的发放与收回、利差补贴程序、贷款的监测、监督与检查等有关事宜做出具体规定。

2. 明确财政部和民（宗）委部门的具体职责

为使补助资金科学合理、公正透明、规范有效地落实到各个民族地区，调研团队建议，对于民族特需商品生产补助资金，各个地区应遵循《民族特需商品生产补助资金管理办法》总体要求并结合本地区实际情况，制定具体的实施细则和操作规程，并且明确补助资金管理过程中财政部和民（宗）委部门的具体职责，有效避免"政出多门"或者一方完全不知情的情况，真正使两部门能动起来，对补助资金使用情况进行实时监督、定期不定期的检查，追踪问效，将补助资金的效用发挥到最大化，真正达到符合条件，需要这笔资金的企业有效合理地享用。

（三）金融机构层面

1. 改变"先垫后收"的做法

改变民贸民品企业的贴息由企业"先垫后收"的做法，承贷银行对贴息部分在计息时不从企业账上扣收，暂列入"其他应收款"，待人民银行审核批准后冲销"其他应收款"。

2. 降低贷款准入门槛，简化审批程序

金融机构要根据实际，针对民贸民品企业财务信息不透明、抵押不充足、担保缺失等问题，突破传统授信评级、担保抵押等信贷准入条件限制，开发灵活多样的信贷产品和信用模式，同时简化贷款审批程序，切实满足恩施州民贸民品企业"短、频、急"的补充融资需求。建议对一些极具民族特色的如生产西兰卡普的民贸民品企业适当降低优惠贷款门槛，使其有机会享受该政策优惠。

3. 加大金融创新，积极扶持民贸民品企业

一方面，承贷银行在坚持利率市场化的同时，对民贸民品企业的信贷政策，在贷款决策、约束机制等方面结合少数民族地区的发展特点和民贸民品企业的发展，不断创新金融产品，制定适时的信贷政策，适当降低优惠利率的门槛，简化贷款程序。

另一方面，承贷银行要主动与民贸民品企业联系，严格执行人民银行优惠贷款利率政策的相关规定，协助做好政策宣传工作，让民贸民品企业真正享受到优惠政策的好处，达到银行和企业"双赢"的目的。

（四）企业层面

1. 提升企业素质和竞争力

一方面，民贸民品企业特别是那些极具民族特色的企业要大力提升自有产品的竞争力。抓住机遇，用足用好国家的优惠利率政策，逐步加强内部的管理、产品的技术研发以及市场的开发与营销，大胆引进人才，不断提高产品质量。

另一方面，民贸民品企业要提升品牌竞争力。诚信守法，不逃避债务，塑造良好的信用记录。

2. 合理的税务筹划

根据《中国人民银行、国家民委关于继续对民族贸易和民族特需商品生产贷款实行优惠利率的通知》，民贸民品企业应该将享受贴息的流动资金贷款额的70%用于补充企业自有流动资金，这就意味着至少70%的"贴息"可以计入企业的自有资金，免征企业所得税。在调研过程中，我们发现只有极少数企业的财务人员准确解读了优惠利率政策，并为企业节流做出了贡献。因此，企业财会人员应该加强对国家有关政策及相关专业知识的学习，在法律法规允许的范围内合理为企业进行税务筹划，减轻企业的税负，从而加快企业的发展。由此也对民贸民品企业提出了要求：一是要重视人才的培养，建立健全企业员工职业发展规划，形成企业独有的企业文化和核心竞争力；二是要企业领导层积极关注国家的政策，为企业的发展多多进行规划，谋得更快更稳健的发展。

第七章 我国民族地区上市公司债务融资结构对财务绩效的影响研究

第一节 债务融资结构对公司财务绩效影响的研究回顾

一 关于债务总体结构对公司财务绩效的影响研究

詹森和梅克林（1976）认为，资本结构源自股东和管理人员及股东与债权人之间的矛盾是由代理成本决定的。债务的存在能够有效减少管理者为自己谋福利的机会，使代理成本减少，公司财务绩效得到提高。① 奥布赖恩（O'Brien，2003）采用实证研究的方法分析企业在采取创新这一竞争战略时负债比率的选择，并且指明过高的资产负债率会影响公司创新战略的实施，阻碍财务绩效的提升。Frank 和 Coya（2003）通过对美国非金融企业的研究发现，绩效与账面价值财务杠杆比率呈正相关关系，与市场价值财务杠杆比率呈负相关关系。② 奥特曼（Altman，2010）则用实证研究的方法检验其资本结构对企业经营业绩的影响。研究表明：存在一个最佳的资产负债率水平，在这个水平之下，资产负债率的提升会带动财务绩效的增长，超过这一水平则会适得其反，这与权衡理论的观点趋于一致。

国内学者对于债务融资整体结构对财务绩效的影响也做了不少研究。孙永尧（2006）研究发现，不管是权益融资还是债务融资，在融资后，企业的经营业绩都会下跌。权益融资比债务融资对企业经营绩效关系更密切，外部债务融资比内部债务融资对业绩更相关。所有融资对企业经营都

---

① 李锐：《公司财务治理：理论与实证研究分析》，《国际商务财会》2010 年第 4 期。
② 许南燕：《我国上市公司债务融资结构对公司经营绩效影响的研究》，硕士学位论文，湘潭大学，2010 年。

有不利的影响，风险较大的融资有较大不利影响。通常权益融资对企业经营绩效的影响时间比债务融资长。① 尹宗成、王珺珺、李冬（2009）选取高速公路行业上市公司为样本，以营业利润率作为衡量公司经营绩效的指标，将其与反映债务结构的指标进行回归分析，得出债务融资与公司经营绩效负相关的结论。凌江怀、胡青青（2011）以广东省 2003—2010 年 8 年的面板数据作为考察对象，分行业进行研究，对所取得的 352 个组数据进行二次回归，最终指出债务融资水平与公司经营绩效呈现出倒 U 形的关系。资产负债率在 40% 的水平是使得广东省上市公司最大限度地提升财务绩效的最佳比率。梁彤伟、齐鸽子（2012）对深沪两市中河南省上市公司进行研究，样本的观测时间为 2008—2010 年，选取净资产收益率作为衡量公司财务绩效的指标，最终得出资产负债率越高，公司财务绩效越好的结论。

二　关于债务期限结构对公司财务绩效的影响研究

巴克利（Barclay，2003）以美国工业上市公司为样本，对其不同的债务期限结构与公司价值关系进行实证研究。研究表明，长期债务比率越高，公司的价值反而越低，也就是说，长期债务与公司价值之间存在显著负相关的关系。Roserph（2007）则认为，财务质量好的公司倾向于发行短期债务，而财务质量相对较差的公司则会选择发行长期债务。总的来说，在债务融资结构对公司财务绩效影响的研究中国外学者并没有得出一致结论，主要是因为他们认为这两者之间的关系还受到公司质量、信用等级、利率水平和税收等因素的影响。

与国外研究学者一样，国内对于债务期限结构对公司财务绩效的影响也未达成一致意见。袁卫秋（2007）选取 2001—2004 年上市公司的数据，进行了债务期限和公司绩效的相关性研究，通过短期债务占总负债比例与公司绩效关系的研究，发现债务期限与公司绩效之间呈正相关关系，适当延长债务期限可以改善公司绩效。② 田美玉、孙敏（2009）以我国上市公司 2005—2008 年的数据为样本，选取 7 个具有代表性的绩效指标用主成分因子分析法构建了公司综合财务绩效评价体系，并得出长期负债与财务绩效负相关而短期负债能有效地促进财务绩效提升的结论。周三深

---

① 孙永尧：《外部融资与经营业绩》，《山西财经大学学报》2006 年第 5 期。
② 尹航、刘超：《上市公司融资结构对公司绩效的影响——以河北省为例》，《企业经济》2013 年第 11 期。

（2009）以我国沪深股市 A 股上市公司为样本，选取 2007 年财务数据进行实证分析。通过实证研究发现，资本结构对公司绩效有显著的影响。负债水平与公司绩效负相关，短期负债有助于公司综合绩效的提升，长期负债会降低公司综合绩效，无息负债和有息负债与公司绩效均呈正相关关系。① 宁静、宋小满（2010）通过研究经典资本结构理论并且结合我国房地产上市公司的特点，总结出我国房地产上市公司债务融资期限结构与公司财务绩效之间发生作用的传导机制，指出经营业绩越高的公司越倾向于进行长期贷款，同时房地产上市公司债务期限结构的惯性作用很明显。向俊（2012）选取 2007—2010 年我国上市公司中具有代表性的 719 个样本进行分析，发现公司财务绩效与流动负债率和长期负债率都是负向相关的关系。

三　关于债务来源结构对公司财务绩效的影响研究

Nakamura（1977）的研究结论证明，相比于企业债券，银行贷款由于债权人较少且集中，并且违约风险较高，使得银行贷款债权人主动积极参加公司治理以提升收益；肖尔斯和沃尔夫森（Scholes and Wolfson，1992）在分析债务来源结构对公司收益的影响时引入了有效边际税率这一因素指出。由于债务融资的税盾效应，公司负债额越多，节税效应更明显，这一效应得以发挥的提前在于有效边际税率。因此，他提出建议发行风险利息率更高的公司债券，这能使有效边际税率越高的公司充分享有债务税盾效应带来的收益。斯塔尔兹（Stulz，2004）提出，由于私人债务发行和偿还模式比较灵活，对于管理层努力提高业绩的激励作用更大，而公共债务由于其债权人多且分散，债权人的话语权不够，谈判成功率不高，对公司管理层的监管约束作用不强。

国内学者的研究结果同样不尽相同。董黎明（2007）以 2002—2006 年发行债券的上市公司为样本，以未发行债券的上市公司作为比较分析，发现债券融资相比于银行贷款对于企业的管理者具有更强的约束作用和激励作用，更能促进财务绩效的提升。王艳辉、王晓翠（2007）认为，对于我国上市公司而言，银行借款、商业信用与公司绩效之间均存在显著的负相关关系，而其他债务如财政性负债与公司绩效之间则为显著的正相关

---

① 周三深：《资本结构对公司绩效影响的研究——基于 2007 年沪深两市 A 股上市公司的研究》，《科学技术与工程》2009 年第 5 期。

关系。[1] 宋亮亮（2008）以 2004—2006 年上市公司中发行公司债券的公司的财务指标为研究对象，发现我国上市公司的公共债务有效促进了公司财务绩效的提升；而私人债务与财务绩效负相关。倪铁文、周咏梅（2009）实证研究了我国上市公司融资结构与公司治理效率的关系。研究表明，银行债务融资率在 5% 的水平上与公司绩效显著正相关，表明我国上市公司治理机制得到改善，债权治理效率有所提高。[2] 许南燕（2010）以 2006—2008 年为研究区间，以我国沪深两市上市公司为研究样本，研究得出银行贷款比率和公司债券比率对公司财务绩效的影响不显著，并且进行了原因分析，他认为主要在于我国银行贷款的"软约束"，以及债券发行规模小，债权人对公司治理的谈判能力弱，导致了前述两者对公司经营的影响不明显。

由上述相关文献回顾可以看出，关于公司债务融资结构对公司财务绩效的影响的研究在国内外来讲都已经达到了一定的水平和高度。虽然由于中西方总体环境的不一致，或者选取样本的差异，使得这方面的研究结果尚未形成一定的定论，但是，研究方法和研究思路都趋于成熟，并且研究结论中绝大部分都显示出公司债务融资结构对公司财务绩效的影响是显著的，并且都针对不同的情况提出了如何不断优化公司的债务融资结构以提高其绩效水平的合理化建议。

第二节　我国民族地区上市公司债务融资现状及成因分析

一　我国民族地区债务融资整体环境分析

企业债务主要包括商业信用、银行信贷、企业债券、租赁等几种类型。因此，主要从以下几个方面了解我国民族地区债务融资的大环境状况，重点研究截至 2012 年这一时点各自治区债务融资的情况。总体来说，2012 年，我国民族地区金融机构认真执行着稳健的货币政策和中央赋予

---

① 王艳辉、王晓翠：《我国上市公司债务融资结构与经营绩效的实证研究》，《山西财经大学学报》2007 年第 1 期。

② 倪铁文、周咏梅：《中国上市公司融资结构与公司业绩关系的实证研究》，《青岛大学学报》（自然科学版）2009 年第 2 期。

民族自治区的特殊优惠金融政策，金融业继续保持着平稳健康发展。银行业运行平稳，证券业稳步发展，金融体系日益完善，金融生态环境不断改善，债务融资环境趋于良好。主要体现在如下几个方面[①]：

（一）银行业发展稳健，贷款融资运行平稳

民族地区银行业认真贯彻落实稳健的货币政策，贷款总量适度增长，资产规模不断扩大，地方法人金融机构实现快速发展，城市商业银行加快网点布局，服务于农村及中小企业的多层次、多功能地方金融组织较快发展，体系不断完善。2012年，五大民族自治区金融机构网点达到15982个，创历史新高，其中农村金融机构、新型农村金融机构发展迅速，设点速度加快，两者法人机构数分别为291个、112个，银行业资产规模达到264324亿元，实现稳步增长，经营效益持续向好。2009—2012年，贷款融资平稳运行，2012年比2011年增加312.3亿元，同比增长5.65%，其中增长最快的是西藏。

表7-1　　　　　　　　2012年民族地区银行业金融机构情况

机构类别	营业网点			
	机构个数	从业人数	资产总额	法人个数
大型商业银行	5950	127871	27397.8	0
国家开发银行和政策性银行	262	6597	8142.8	0
股份制商业银行	184	7544	5328.2	1
信托公司	5	452	70.5	5
邮政储蓄银行	2704	26753	2668.9	0
城市商业银行	684	22492	9194.1	14
主要农村金融机构	5982	67925	10902.4	291
财务公司	4	67	86.9	1
外资银行	5	176	68.3	0
新型农村金融机构	202	4447	437.1	112
合计	15982	264324	64297	424

资料来源：表7-1、表7-3、表7-4、表7-5、表7-6和表7-12的数据均来自各自治区金融运行统计报告，并经笔者计算整理而得。

① 罗如芳：《我国民族地区上市公司债务融资结构对财务绩效的影响研究》，硕士学位论文，中南民族大学，2014年。

表7-2　　　　　　2009—2012年民族地区贷款融资总额　　　单位：亿元

地区	2009 年	2010 年	2011 年	2012 年
广西	2248.69	1619.67	1663.09	1709.04
西藏	31.39	53.47	107.18	255.05
内蒙古	1839.11	1607.37	1876.18	1630.5
宁夏	515.3	489.7	487.69	464.72
新疆	1032.72	1257.31	1392.77	1779.9
合计	5667.21	5027.52	5526.91	5839.21

（二）证券机构健康发展，债券融资增长迅猛

2012 年，民族地区证券业规范稳步发展，国内 4 家证券机构在该地区相继设立分支机构；证券新业务加快发展，资产管理业务、融资融券业务、IB 业务等相继推出，运行平稳。其中新疆辖内唯一证券公司——宏源证券资产管理业务不断拓展，固定收益稳步增加，实现利润 11.9 亿元，综合实力在全国 109 家证券公司中排名第 15 位，主要业务在 10 名以内。股票筹资额和中期票据筹资额分别为 363.5 亿元、285.6 亿元，都较上期有了较大增长。由表 3-3 可以看出，2009—2012 年我国民族地区债券融资发展迅猛，市场主体积极参与，债券市场交易活跃，由 2009 年的 164.11 亿元，上涨到 2012 年的 1243.57 亿元，涨幅达到 9 倍之多，但是民族自治区之间发展差异较大，西藏债券融资额除了 2011 年有 10.02 亿元之外近几年都为 0，债券融资基本上未发挥作用，发展最好的是新疆，2009 年其债务融资额仅为 38.7 亿元，2012 年飙升至 414.58 亿元，短短 4 年时间，增长了 10 倍多。

表7-3　　　　　　2012年民族地区证券业基本情况

项目	家数
总部设在辖内的证券公司数（家）	4
总部设在辖内的基金公司数（家）	1
总部设在辖内的期货公司数（家）	2
年末国内上市公司数（家）	118
当年国内股票（A股）筹资（亿元）	363.5
当年发行H股筹资（亿元）	57

续表

项目	家数
当年国内债券筹资（亿元）	1229
其中：短期融资券筹资额（亿元）	259.4
中期票据筹资额（亿元）	285.6

表7-4　　　　　　　　2009—2012年民族地区债务融资总额　　　　单位：亿元

地区	2009年	2010年	2011年	2012年
广西	13.63	112.96	172.24	321.85
西藏	0	0	10.02	0
内蒙古	96.8	163.4	197.94	481.98
宁夏	14.98	10.2	42.97	25.16
新疆	38.7	126.21	242.52	414.58
合计	164.11	412.77	665.69	1243.57

（三）票据融资活跃，信用体系日趋完善

2012年，票据融资再度成为民族地区金融机构合理匹配资产流动性和收益率的重要工具，市场交易异常活跃，承兑、贴现规模迅速扩大，市场利率应声回落。五个自治区累计签发银行承兑汇票4785.9亿元，办理银行承兑汇票贴现总计5665.5亿元，办理商业承兑汇票贴现累计86.5亿元。信用体系建设日益完善，金融生态环境建设向更广层次推进，各自治区出台《关于促进金融业发展的指导意见》，加大政策扶持力度。加强信用档案的建立，征信体系建设和服务水平进一步提高，新版信用报告、关联企业查询等的成功上线及机构信用代码系统的推广应用，为经济主体提供了更加优质的征信产品和服务。

表7-5　　　　　　2012年民族地区金融机构票据业务量统计　　　　单位：亿元

时间	银行承兑汇票		贴现			
			银行承兑汇票		商业承兑汇票	
	余额	累计发生额	余额	累计发生额	余额	累计发生额
第一季度	2928.1	1701.9	836.3	1421.1	16.1	30.1
第二季度	3302.8	2916.2	1089.9	3199.7	15.6	102
第三季度	3358.58	3768.3	1136.1	4546.7	4.7	55.3
第四季度	3294.88	4785.9	840.1	5665.5	6.9	86.5

二　我国民族地区上市公司债务融资现状

(一) 我国民族地区上市公司资本结构分析

1. 股票市场不发达，股权融资能力差

从表7-6中发现在我国民族地区上市公司对外募集资金的过程中，股权融资发挥的作用较小，在2009年股权融资仅占外部融资总额的0.88%，2009—2012年所占比例最高的一年也只达到6.48%，说明我国民族地区股票市场不发达，上市公司股权融资能力差，这与我国整体上市公司的情况不一致，因为大量研究表明，我国上市公司存在明显的股权融资偏好。与股权融资相比，债权融资是我国民族地区上市公司对外募集资金的主要途径，2009—2012年债券融资占外部融资总额的比例基本上都在95%以上。根据优序融资理论（Pecking Order Theory），当公司存在融资需求时，首先，与外源融资相比，公司偏好于内源融资；其次，当内部融资不能支撑其所需资金，公司偏好于债务发行；最后，当债务发行过量而外部融资又必须进行时，公司才会发行股票。可见，我国民族地区上市公司的融资顺序与这一理论相符合。

表7-6　　　　2009—2012年我国民族地区上市公司外源融资统计

单位：亿元、%

指标	2009年	2010年	2011年	2012年
外部融资总额	5884.30	5817.10	6452.90	7304.00
债权融资	5831.32	5440.29	6192.6	7082.78
百分比	99.10	93.52	95.97	96.97
股权融资	51.89	376.81	260.31	286.34
百分比	0.88	6.48	4.03	3.92

2. 资产负债率比较低，债务资本融资率不足

资产负债率一定程度上能反映公司对于债务融资的态度。根据表7-7可以看出，我国民族地区上市公司在2009—2012年间，资产负债率的平均值为51.38%，四年当中某一年某家上市公司资产负债率低至5.65%，资产负债率最高的一家某年的数据高达98.39%。而相关研究表明，在西方发达国家资产负债率基本上在70%以上。由此可见，我国民族地区上市公司资产负债率偏低，债务融资比例不高。与资本市场较成熟的国家相比，我国民族地区上市公司举债空间还很大。

表 7-7　　　　　2009—2012 年我国民族地区上市公司资产负债率　　　　单位:%

	样本数	极小值	极大值	均值	标准差
资产负债率	392	5.64707300	98.38503900	51.3842980536	20.18767424694

资料来源：表 3-7、表 3-8、表 3-9、表 3-10、表 3-11 和表 3-13 的数据均来自锐思金融研究数据库，并经笔者计算整理而得。

从我国民族地区上市公司 2009—2012 年资产负债率的统计描述来看，不足 40% 的上市公司资产负债率在 60% 以上，有接近 30% 的公司主要采用权益资本的方式来募集公司所需资金。这些数据进一步证明我国民族地区上市公司资产负债率偏低，债务融资率不足，债务融资未良好地发挥财务杠杆作用。

表 7-8　　　2009—2012 年我国民族地区上市公司资产负债率分段统计

		20%以下	20%—40%	40%—60%	60%—80%	80%以上
2009 年	公司数	4	20	36	35	3
	百分比（%）	4.08	20.41	36.73	35.71	3.06
2010 年	公司数	7	21	33	34	3
	百分比（%）	7.14	21.43	33.67	34.69	3.06
2011 年	公司数	12	20	31	30	5
	百分比（%）	12.24	20.41	31.63	30.61	5.10
2012 年	公司数	14	17	28	33	6
	百分比（%）	14.29	17.35	28.57	33.67	6.12
总样本	公司数	37	78	128	132	17
	百分比（%）	9.44	19.90	32.65	33.67	4.34

3. 资产负债率逐年下降，负债融资两极分化加剧

从描述性统计数据可以发现，2009—2012 年我国民族地区上市公司资产负债率的平均值分别为 53.09%、51.13%、50.67%、50.64%。可见，我国民族地区上市公司负债融资水平呈逐年下降趋势。然而，资产负债率的标准差正在逐渐增大，2009—2012 年分别为 17.94%、19.00%、

21. 30%、22. 41%，资产负债率的极大值和极小值的差距也在不断拉大，差距从74%左右拉大到89%，说明我国民族地区上市公司与公司之间融资渠道选取差异越来越大，资产负债率两极分化趋势增强。

表7-9　　　　　　　2009—2012 年我国民族地区上市公司
资产负债率描述性统计　　　单位:%

年份	样本数	极小值	极大值	均值	标准差
2009	98	11. 76856200	85. 47388500	53. 0865776735	17. 93545931257
2010	98	8. 38750500	89. 47262100	51. 1320454490	19. 00108628868
2011	98	5. 89364300	98. 38503900	50. 6734321837	21. 30107540153
2012	98	5. 64707300	94. 15942500	50. 6451369082	22. 41117847911

(二) 我国民族地区上市公司债务融资期限结构分析

1. 流动负债比率偏高，财务风险较大

从表7-10可以看出，2009—2012 年我国民族地区上市公司流动负债占总负债的比重的平均值一直居高不下，维持在75%左右，而长期负债占总负债的比率不到25%。可见，该地区上市公司负债主要靠流动负债来维持，虽说流动负债能提高财务杠杆效率，但是过高的流动负债比率无疑大大增加了公司的财务风险，一旦公司流动负债到期，而公司流动资金出现周转困难，则公司将面临很大偿债风险，不能到期按时偿还债务，公司的正常生产经营势必受到影响。同时，由于流动负债融资比率太高，公司不能不定期偿债，资金机会成本增加，也会带来融资资源的浪费。

表7-10　2009—2012 年我国民族地区上市公司债务期限结构统计　　单位:%

年份	样本数	流动负债比率	流动负债融资	长期债务融资率
2009	98	75. 28	39. 63	13. 46
2010	98	74. 72	37. 46	13. 68
2011	98	76. 33	37. 57	13. 11
2012	98	75. 14	36. 82	13. 83
总样本	392	75. 47	37. 96	13. 52

2. 长期负债融资不足，未发挥其应有的治理作用

根据信号传递理论，长期负债融资率高，向外界传递公司财务稳健的信号，表明公司借助长期外来资金来进行企业生产经营的能力强，预示预期企业经营业绩会提升。从我国民族地区上市公司 2009—2012 年长期负债融资率的统计表来看，长期负债融资基本上在 13% 左右，流动负债是其债务融资的主要方式。我国民族地区上市公司长期负债这种融资方式的应用不足，长期负债没有发挥其应有的治理作用。

表 7 - 11 　　　　　　　2009—2012 年我国民族地区上市公司
长期负债融资率统计表　　　　　　单位:%

年份	极小值	极大值	均值	标准差
2009	0.00	52.80	13.46	12.15
2010	0.00	55.16	13.68	12.83
2011	0.00	55.86	13.11	13.40
2012	0.00	70.51	13.83	14.32
总样本	0.00	70.51	13.52	13.15

（三）我国民族地区上市公司债务融资来源结构分析

1. 债务融资来源单一，债券发行不足

我国民族地区上市公司发行债券的公司很少，在 392 个样本中，2009 年和 2010 年发行债券的公司都仅仅只有 4 家，2011 年为 12 家，2012 年增长到 23 家，虽然从发展趋势上来看，发行债券的公司数量呈不断增长的趋势，然而从总体比例上来看还是严重偏低，2012 年的 23 家也只占上市公司总数的 1/5 左右。而且从债券融资募集到的资金额来看，2009 年我国民族地区上市公司债券融资额占其外源融资额的 2.81%，非常低，近年来虽然增长迅速，到 2012 年达到了 17.56%，但是相比于西方资本市场比较发达的国家，其债券融资比率基本上都在 40% 以上，这一比例就显得微不足道了。从表 7 - 13 可以看出，我国民族地区上市公司 2009—2012 年银行贷款比率的均值为 43.82%，商业信用比率的均值为 28.12%，两者的合计额高达 71.93%。由此可以看出，银行贷款和商业信用是我国民族地区上市公司债务融资的主要渠道。负债融资方式单一，负债来源结构严重失衡，不利于我国民族地区上市公司良性发展。

表7-12 2009—2012 年我国民族地区上市公司债券融资占外源融资的比重

民族地区上市公司	2009 年	2010 年	2011 年	2012 年
外部融资总额（亿元）	5884.3	5817.1	6452.9	7304
债券融资（亿元）	164.11	412.77	665.69	1243.57
百分比（%）	2.81	7.59	10.75	17.56

表7-13 我国民族地区上市公司 2009—2012 年债务来源结构统计 单位:%

比率	2009 年	2010 年	2011 年	2012 年	总样本
银行贷款比率	44.54	45.68	43.88	41.17	43.82
商业信用比率	28.81	27.38	27.65	28.64	28.12
合计	73.35	73.06	71.52	69.80	71.93

2. 对银行贷款依赖性强，流动性风险大

从图7-1可以看出，2009—2012年，民族地区上市公司负债中的银行借款比例平均为43.82%，全国上市公司银行贷款比率平均为37.57%。可见，民族地区上市公司更多地依赖银行贷款。这一现象从侧面说明我国民族地区上市公司净现金流量不足，银行贷款是公司维持正常生产经营的

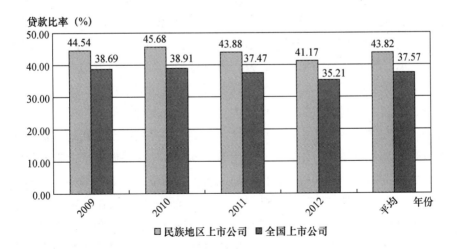

图7-1 银行贷款比率对比

必要手段。银行贷款比率高，有效地缓解了公司资金不足的窘境之余却使得我国民族地区上市公司的信用风险和流动性风险增大，很有可能使公司陷入另一个财务困境。

三　我国民族地区上市公司债务融资问题的原因分析

我国民族地区上市公司资产负债率偏低，债务融资不足；资产负债率逐年下降，负债融资两极分化加剧；流动负债占总负债比率偏高，财务风险较大；长期负债融资率不足，未发挥其应有的治理作用；债务融资渠道单一，债券发行严重不足；过分依赖银行贷款，容易发生破产危机。这些问题的存在主要有以下几个原因：

（一）民族地区股票市场和债券市场发展滞后

整体来看，我国资本市场发展迅猛，尤其是股票市场发展得很快，上市公司的数量不断增多，企业普遍通过上市发行股票来圈钱。然而，我国民族地区通过发行股票融通资金的比率非常低，主要原因在于其股票市场不发达，很多公司都不能达到上市的准入条件，截至 2012 年，五个民族自治区中上市公司也只有 118 家，不仅数量少，发行规模也小。

民族地区债券市场发展更是大大落后于全国的平均水平，不仅发行规模不大，而且发展速度也很慢。在统计的 392 个样本中，2009 年和 2010 年发行债券的公司都只有 4 家，2011 年为 12 家，2012 年增长到 23 家，虽然从发展趋势上来看，发行债券的公司数量呈不断增长的趋势，然而从总体比例上来看还是严重偏低，2012 年的 23 家也只占上市公司总数的 1/5 左右。究其原因，一部分与我国债券市场大环境有关，如债券市场制度不完善，债券发行门槛过高，发行限制过多，债券发行方的自主权限较小，发行债券的利率不能很好地体现发行方的信用级别差别，也就造成了债券市场利率机制的扭曲。由此大大打击了企业发行债券的积极性，导致债务市场发展滞后。其次在于民族地区本身，主要是由于民族地区企业本身素质不高，偿债能力比较弱，信用等级不高，使得民族地区上市公司依靠债券融资的行为受到限制；民族地区上市公司很大一部分都属于中小上市公司，其中，像 ST 明科、*ST 广厦、*ST 国化这些亏损在一年或者一年以上的公司不在少数，总体经营绩效不佳，符合债券发行条件的不多。另外，民族地区证券公司较少，五个民族自治区中只有宏源证券和国海证券两家证券公司，证券公司在民族地区开设的网点少，辐射面窄，使得债券不能迅速出售和变现，债券流通的渠道受到限制，加之民族地区本身比较偏远，交通不便利，证券行业从业人员素质不高，原因导致民族地区上市公司债券融资成本的上升，不利于债券融资规模的扩大，债券流通渠道的狭窄也是限制因素之一。

（二）民族地区债务融资成本较高，中长期信贷市场不发达

利息费用、破产清算费用、手续费基本囊括了我国上市公司进行债务融资所需成本的绝大部分，其中利息费用往往是需要定期进行支付的，这就对上市公司形成了一种硬约束。加之，现在银行为了提高自身财产的安全性，不断增强对信贷资产的考核和风险控制，使得这种硬约束更为明显。相比于债务融资的定期费用支付，股权融资就显得灵活得多，股权融资成本主要包括股利和发行费用，是否支付股利，何时支付股利，上市公司都可以根据自身的情况选择。

对于民族地区上市公司而言，债务融资的高成本更为明显。债务融资按照来源主要可以分为商业信用、银行贷款和发行债券。商业信用由于其融资成本基本上为 0，所以我们不予讨论。发行债券方面，民族地区上市公司由于不利的地域和交通条件、素质相对较低的证券从业人员，等等，导致债券交易成本较高；银行贷款方面相比于我国其他地区，民族地区取得银行贷款的成本也要高得多。一般而言，中长期贷款的成本比流动负债贷款的成本要高，成本越高，约束力就越强，而不同的约束强度会致使上市公司形成不同的偏好，低成本的驱动，使得民族地区上市公司在债务融资中更偏向于流动负债融资而不是中长期负债融资。

（三）激励与约束都不足，经理人市场不完善

一般来说，债务融资能发挥公司治理效益，主要体现在对公司管理层的激励和约束这两方面。而债务融资对管理层产生激励的前提是公司管理层持有一定份额的公司股份。有调查显示，在我国民族地区上市公司中，公司管理层本公司股份持股比例很低，有的甚至压根不持有本公司股份，这种现象导致的结果就是，就算公司通过发行债券筹集资金，债的增加对于持股比例极低的公司管理层来讲基本没有影响，难以体现债务对公司管理层的激励作用，这种激励甚至为零。可见，债务融资对我国民族地区上市公司管理层激励不足，所以，管理层就不会有足够的动力来通过增加债务融资以减少代理成本。债务融资对我国民族地区上市公司管理层激励作用没有发挥，其约束作用也不明显，减弱了债权对于公司管理人员的约束，管理层很可能会将原本准备留存以备偿债的资金拿出去投资对自己

有利的项目，或者增加给自己谋利的机会。

另外，目前，我国民族地区还没有形成具有竞争性的经理人市场，在民族地区上市公司中高层管理人员往往实施行政级别制度，市场优胜劣汰的情况比较少。经理人薪酬机制不规范，公司职员薪资极差过大，有时候会出现经理人获得天价年薪，而公司普通职工工资还不及当地平均水平的情况。不完善的经理人市场和制度也使得债务融资很难发挥对管理层的约束作用。

第八章　我国民族地区金融发展与
公司投资效率关系研究

第一节　投资效率相关理论与文献回顾

一　投资效率相关理论

西方各国资本市场的发展都比较早，使得西方各国学者较早对投资以及投资效率问题进行关注，因而也使得西方各国研究者对投资以及投资效率问题的研究时间较长，取得的成果较多。[①]

西方对于投资的早期理论大致形成于 19 世纪 70 年代初到 20 世纪 50 年代末，主要有三大经济理论的流派对投资理论的形成起到作用。首先是以杰文斯（W. S. Jevons，1871）、奈特等（F. H. Knight，1921）为代表的新古典主义资本理论；其次是以马歇尔（A. Marshell，1920）为代表的新古典主义的企业厂商理论；再次是以克拉克（M. J. Clark，1917）为代表的加速器理论，后经 Ehenery（1952）和 Koyek 等（1954）的发展而成为西方最早的投资决策理论。[②] 之后，乔根森（Jorgensen）通过多次分析研究，最终把新古典生产函数代入计算企业投资的函数中，在发现资本与劳动投入之间可能存在的替代性后，使用连续时间段的动态最优模型对企业的投资行为进行描述，从而产生了新古典投资理论，这也标志着现代企业投资理论的形成。

随后，托宾（Tobin，1969）提出了著名的托宾 Q 理论，但在实际使用中，人们往往更偏重于将托宾 Q 理论运用到宏观方面的分析研究。之后，著名的 MM 定理产生。该定理由 Modigliani 和 Mizier（1958）提出，

[①] 刘琼：《民族地区金融发展与公司投资效率研究》，硕士学位论文，中南民族大学，2013年。

[②] 阳建军：《上市公司投资效率研究》，硕士学位论文，中南大学，2009 年。

该定理在托宾 Q 理论之后，在宏观方面的研究分析之后，开创了企业从微观投资角度来研究的先河。该理论认为，在发展完全的资本市场中，公司的投资、融资以及相关的股息政策是分开并相互独立的。但随后大量的实证研究结果表明公司的投资、融资以及相关的股息政策之间具有依赖性。随后，为解释这些现象，诸多学者通过研究，相关的理论也随之逐步建立并发展，如公司治理结构理论、委托—代理理论、资本结构理论以及信息不对称理论等，这些理论被广泛运用到现代企业投资领域研究中。

在国内外经济学研究中，对于投资效率的定义有很多种。从"效率"本身来看，其定义就很宽泛。综合现有的很多文献以及相关的研究现状，投资效率分为宏观和微观两个方面。以国家、区域或单独地区作为研究对象进行分析的，即为宏观角度的投资效率；以企业、行业或产业作为研究对象进行研究的，即为微观角度的投资效率。本书所讨论的投资效率，既有宏观的投资效率，即五个民族自治区的投资效率；也有微观的投资效率，即上市公司的投资效率。

二　对公司投资效率影响因素的研究回顾

（一）国外对公司投资效率的研究回顾

斯塔尔兹（1990）对自由现金流和投资效率之间可能存在的关系进行了分析。结果表明，自由现金流会影响经理人做出的投资决策，从而影响公司投资效率。当自由现金流充足时，往往会导致经理人决策的投资形成投资过度；当自由现金流不足时，经理人所做投资决策常会导致公司投资不足。Kaapakkaln（1998）对公司规模与投资效率之间的关系进行了研究。研究结果表明：公司规模的大小不同，导致信息不对称对其影响不同，从而最终影响公司投资效率。规模较大的企业受到的信息不对称的影响越小。Polk 和 Sapienza（2002）对公司价值与投资效率进行了研究，通过建立模型的分析方法考察了公司价值对公司投资效率的影响。得出结论：当公司价值被高估时，公司倾向于投资过度；当公司价值被低估时，公司倾向于投资不足。贝克、斯特恩和沃格勒（Baker，Stein and Wurgler，2003）研究了市场非有效性与公司投资之间的关系，结果证明，前者对后者有巨大的影响。原因在于实证得到的结论中有证据证明对股权的依赖性越强的公司，股票价格对其投资效率的影响越明显。Hovakimian（2006）用公司当年的资本支出与该年同行业平均资本支出之间的差额来对公司是否投资过度或者投资不足进行判断。理查森（Richardson，

2006）建立了公司投资期望模型，投资期望模型中有一个残差，将这个残差作为对公司非效率的衡量尺度。

（二）我国对公司投资效率的研究回顾

翟华云（2010）利用我国2004—2006年A股上市公司的数据作为样本，对法律环境、审计质量与公司投资效率之间的关系进行了实证分析，得出结论：我国上市公司的审计质量与公司投资不足之间存在负相关关系，且相关性较高，即审计质量越高，越能够有效地减少上市公司的投资不足，从而提高公司投资效率。[①] 赵惠芳、刘曼、潘立生（2010）选取2008—2008年我国上市公司的数据作为样本，对股权激励与公司投资效率之间的关系进行了实证分析，得出结论：股权激励与公司投资过度之间存在负相关关系，股权激励能够最大限度地减少公司的过度投资，从而提高公司投资效率。刘斌、吴娅玲（2011）利用我国A股上市公司2001—2008年的数据做样本，对会计稳健性与公司资本投资效率之间关系进行了实证分析，得出结论：会计稳健性与公司投资过度（投资不足）呈负相关关系，会计稳健性越高，越有利于缓解公司投资过度（投资不足）的行为，从而改善公司的投资效率。[②]

潘立生、权娜娜（2011）选取我国A股上市公司2008—2008年的数据做样本，对公司投资效率与会计信息质量之间的关系进行了实证分析，其中对上市公司投资效率的度量借鉴理查森（2006）模型，得出结论：公司投资不足（过度）与会计信息质量之间呈负相关关系，也就是说，会计信息质量越高，公司投资不足（过度）的程度越低，越有利于公司投资效率的提高。[③] 江辉、彭洁（2011）选取我国上市A股公司2004—2008年的数据做样本，引入"双重代理"的概念，通过建立投资估算、资本投资模型，把双重代理对公司投资决策影响进行了实证分析。得出结论：两类代理成本都导致了上市公司投资不足（过度）行为的加剧。李焰、秦义虎、张肖飞（2011）选取我国上市公司2004—2009年数据作为

① 翟华云：《法律环境、审计质量与公司投资效率——来自我国上市公司的经验证据》，《南方经济》2010年第8期。
② 刘斌、吴娅玲：《会计稳健性与资本投资效率的实证研究》，《审计与经济研究》2011年第4期。
③ 潘立生、权娜娜：《会计信息质量与投资效率的关系研究——来自我国上市公司的经验数据》，《财会通讯》2011年第3期。

研究样本，研究了企业产权、管理者背景特征与投资效率之间的关系，得出结论：企业产权不同，公司投资效率受到管理者背景特征的影响不同。赵连静、何忠伟（2011）选取我国 39 家农业上市公司 1998—2009 年有关数据，对融资约束、代理冲突与投资效率之间进行了研究分析，得出结论：我国农业上市公司投资不足的现象明显，对因融资约束而导致投资不足的公司来说，会计信息质量越高，越能缓解其投资不足问题，但如果考虑现金过剩因素，上述关系则变得不明显。[①]

我国关于公司投资效率影响因素的研究，大多以整个上市公司为对象，或是以某行业，为依托，较少有关于民族地区上市公司投资效率的关注。同时，对公司投资效率的影响因素的研究也大多集中在会计信息质量、股权激励、代理成本、融资约束、委托—代理等方面，较少提及地区金融发展对公司投资效率的影响。

第二节　我国民族地区投资效率分析

一　民族地区投资与公司投资效率现状

（一）民族地区投资现状

反映一个地区投资状况的指标通常有固定资产投资等指标，而固定资产投资额指的是用货币来表现的建造以及购置固定资产活动的工作量，它可以反映固定资产投资的规模、投资的速度、投资的比例关系以及投资的使用方向，是一个综合性的指标。[②] 民族地区 2007—2012 年社会固定资产投资数额具体如表 8 - 1 所示。

首先，从表 8 - 1 可以看出，就各个民族地区历年社会固定资产投资额增减情况来说，2007—2012 年，各地区每年的社会固定资产投资额都在持续增长。广西社会固定资产投资额以 28%、39%、35%、13%、52% 的速率增长（该增长率以上年为基期计算，为环比增长率，下同），西藏社会固定资产投资额以 15%、22%、22%、12%（其中，2011—2012 年

---

① 赵连静、何忠伟：《融资约束、代理冲突与农业上市公司投资效率研究》，《农业技术经济》2011 年第 4 期。

② 王博、伍楠林：《我国股指期货收益与宏观经济关系的实证分析》，《国际贸易问题》2012 年第 6 期。

表 8-1　　　　　　　　　2007—2012 年五大民族自治区与

全国社会固定资产投资　　　　　　单位：亿元

地区	2007 年	2008 年	2009 年	2010 年	2011 年	2012 年
广西	2939.70	3756.40	5237.20	7057.60	7990.70	12171.78
西藏	270.30	309.90	378.30	462.70	516.30	709.98
内蒙古	4372.90	5475.40	7336.80	8926.50	10365.20	13112.01
宁夏	599.80	828.90	1075.90	1444.20	1644.70	2109.52
新疆	1850.80	2260.00	2725.50	3423.20	4632.10	6258.38
全国	137323.90	172828.40	224598.80	278121.90	311485.10	374676.00
全国平均	4429.80	5575.11	7245.12	8971.67	10047.91	12086.32

资料来源：本章所有表格数据均来自 2007—2012 年的《中国统计年鉴》以及各地区的统计公报，其中西藏 2012 年的数据暂缺，以"—"表示；而且全国平均值都是以全国总值除以 31 的商表示。

的无法计算）的速度增长，内蒙古社会固定资产投资额以 25%、34%、22%、16%、27% 的速度增长，宁夏社会固定资产投资额以 38%、30%、34%、14%、28% 的速度增长，新疆社会固定资产投资额以 22%、21%、26%、35%、35% 的速度增长。全国社会固定资产投资额以 26%、30%、24%、12%、20% 的速度增长，说明各民族地区社会固定资产投资额增长率大多比全国快。其次，就五大民族自治区相互比较来说，内蒙古的社会固定资产投资最多，增长速度较快，广西地区其次，新疆第三，宁夏和西藏地区最次，而西藏历年社会固定资产投资额未达到宁夏该指标的一半。同时，新疆、宁夏、西藏三地区社会固定资产投资额的总和不及内蒙古的水平。再次，就五个民族自治区与全国平均水平比较来看，除 2009 年、2011 年、2012 年内蒙古、2012 年广西的社会固定资产投资额达到全国平均水平以外，2007—2012 年各民族地区的社会固定资产投资额都未能达到全国平均水平。

综上所述，从地区社会固定资产投资额来看，我国五个民族自治区的投资现状都未达到全国平均水平，民族地区应注重社会固定资产投资，通过固定资产的投资活动，如购买更好、更先进的设备或通过引入高新技术从而进一步调整经济结构，使经济快速发展，地区的经济实力也得到增强。

（二）民族地区投资率现状

衡量一个地区的投资率，常以地区当年的社会固定资产投资额占当年地区 GDP 的比重来表示，具体公式如下：

地区投资率 = 地区社会固定资产投资额/地区 GDP　　　　　　（8 - 1）

其中，2007—2012 年五个民族自治区地区生产总值见表 8 - 2。

表 8 - 2　　　　　　　　2008—2012 年民族地区与全国
国内生产总值（GDP）　　　　　　单位：亿元

地区	2007 年	2008 年	2009 年	2010 年	2011 年	2012 年
广西	5823.41	7021.00	7759.16	9569.85	11720.87	13031.04
西藏	341.43	394.85	441.36	507.46	605.83	701.03
内蒙古	6423.18	8496.20	9740.25	11672.00	14359.88	15988.34
宁夏	919.11	1203.92	1353.31	1689.65	2102.21	2326.64
新疆	3523.16	4183.21	4277.05	5437.47	6610.05	7530.32
全国	266411.00	315274.70	341401.50	403260.00	472881.60	519322.00
全国平均	8593.90	10170.15	11012.95	13008.39	15254.25	16752.32

从表 8 - 2 可以看出，五个民族自治区国内生产总值与全国平均水平比较，都达不到全国平均水平，有些地区比全国平均水平差很多。从增长率来看，广西地区国内生产总值以 21%、11%、23%、22%、11% 的速度增长（该增长率以上年为基期计算，为环比增长率，下同），西藏地区国内生产总值以 16%、12%、15%、19%（其中 2011—2012 年的无法计算）的速度增长，内蒙古地区国内生产总值以 32%、15%、20%、23%、11% 的速度增长，宁夏地区国内生产总值以 31%、12%、25%、24%、11% 的速度增长，新疆地区国内生产总值以 19%、2%、27%、22%、14% 的速度增长。全国国内生产总值以 18%、8%、18%、17%、10% 的速度增长，说明各民族地区社会固定资产投资额增长率比全国快。

根据（8 - 1）式，结合表 8 - 1、表 8 - 2 中的数据可以计算得出五个民族自治区 2008—2012 年各年、各地区的投资率，具体如表 8 - 3 所示。

表 8 - 3　　　　　　　　　　2007—2012 年民族地区与全国投资率

地区	2007 年	2008 年	2009 年	2010 年	2011 年	2012 年
广西	0.50	0.54	0.67	0.74	0.68	0.93
西藏	0.79	0.78	0.86	0.91	0.85	1.01
内蒙古	0.68	0.64	0.75	0.76	0.72	0.82
宁夏	0.65	0.69	0.80	0.85	0.78	0.91
新疆	0.53	0.54	0.64	0.63	0.70	0.83
全国	0.52	0.55	0.66	0.69	0.66	0.72
全国平均	0.52	0.55	0.66	0.69	0.66	0.72

从表 8 - 3 可以看出，2008—2012 年五个民族自治区的投资率大都达到国家平均水平，其中 2007 年广西比当年全国平均水平低，其余四个地区的投资率都高于全国平均水平；2008 年广西、新疆比当年全国平均水平低，其余三个地区的投资率都高于全国平均水平；2009—2012 年五个民族自治区的投资率都超过全国平均投资率。

二　民族地区上市公司投资效率现状

在目前已有的实证研究中，对公司投资效率的衡量大多是用模型进行推导，从而得出衡量结果。例如 Vogt（1994）是通过构建现金流和投资机会的交乘模型，用交乘项（CF × Q）前面的系数对公司是否投资过度或者投资不足来进行判断的。Titman、Weiand Xie（2004）通过本年度投资额与之前三年投资额平均值之间的差再减 1 所得数来对公司投资效率进行衡量。Hovakimian（2006）用公司当年资本支出与该年同行业平均资本支出之间差额对公司是否投资过度或者投资不足进行判断。这些衡量方法中某些是对于投资效率的衡量不具有直接性，某些计算出来的投资效率与公司投资效率的定义之间存在差异。

自从理查森（2006）提出公司投资期望模型后，该模型便开始被运用到公司投资效率以及与之相关研究中。公司投资期望模型中有一个残差，将这个残差作为对公司非效率的衡量尺度。通过残差对某公司某个时间段的投资效率进行直接度量，从而打破此前难以对投资效率进行衡量的困境。本书借鉴理查森（2006）的公司投资期望模型对我国民族地区上市公司投资效率进行度量。

具体模型表示为：

$$Invest_{i,t} = \beta_0 + \beta_1 Growth_{i,t} + \beta_2 Lev_{i,t} + \beta_3 Cash_{i,t} + \beta_4 Size_{i,t} + \beta_5 E_{i,t} + \varepsilon_{i,t}$$

$$(8-2)$$

式中，$\varepsilon_{i,t}$ 为回归残差，如果 $\varepsilon_{i,t} < 0$，则表示该公司该年投资不足，用 $Underinv$ 来表示；如果 $\varepsilon_{i,t} > 0$，则表示该公司该年投资过度，用 $Overinv$ 表示。$\varepsilon_{i,t}$ 的绝对值越大，上市公司投资效率越低。为了避免系统性偏差的存在，在使用该模型时需假定所选取的上市公司没有非正常投资的现象，即整体投资行为正常。

除 $\varepsilon_{i,t}$ 指代回归残差外，模型中 $Invest_{i,t}$ 指的是公司资本支出，代表新增加的支出，用固定资产、长期投资和无形资产的净值变化量除以平均总资产计算得出；$Growth_{i,t}$ 指的是公司的成长机会，用主营业务收入增长率来指代；$Lev_{i,t}$ 指的是资产负债率；$Cash_{i,t}$ 指的是现金流量；$Size_{i,t}$ 指的是公司规模，用总资产的自然对数来表示；$E_{i,t}$ 指的是公司的每股收益。

截至目前，五个民族自治区共有 117 家上市公司，截至 2013 年 3 月 19 日尚有多家上市公司未披露 2012 年财务报表，因此下文使用 2008—2011 年的数据，共计 468 个上市公司样本数据。通过这 117 家上市公司每年的购建固定资产、无形资产和其他长期资产支付的现金、总资产、本年营业收入、上年营业收入、经营活动产生的现金流量净额、投资活动产生的现金流量净额、筹资活动产生的现金流量净额、资产负债率、每股收益等原始数据，直接计算得到模型中公司资本支出、主营业务收入增长率、现金流量、公司规模、资产负债率、每股收益数据。下面接着再通过 SPSS 统计分析软件工具对样本数据分别进行回归分析。为更好地反映各年度的情况，将 2008—2011 年的情况分别进行分析。[①]

1. 2008 年投资效率情况

按照 (8-2) 式运用 SPSS 统计分析软件对 2008 年民族地区 117 家上市公司的数据进行回归分析，得到具体的残差值。

在 117 个样本数据结果中，62 个回归残差小于 0，剩余 55 个回归残差大于 0。因此，我们得出结论，五个民族自治区的上市公司在 2008 年中，有 62 家的投资效率属于投资不足，占 53%；另外，有 55 家上市公司属于投资过度，占 47%。

———————

① 刘琼：《民族地区金融发展与公司投资效率研究》，硕士学位论文，中南民族大学，2013 年。

2. 2009 年投资效率情况

按照（8 - 2）式运用 SPSS 统计分析软件对 2009 年民族地区 117 家上市公司的数据进行回归分析，得到具体的残差值。

在 117 个样本数据结果中，78 个回归残差小于 0，剩余 39 个回归残差大于 0。因此，我们得出结论，2009 年，五个民族自治区的上市公司中，有 78 家的投资效率属于投资不足，占 67%；另外有 39 家上市公司属于投资过度，占 33%。

3. 2010 年投资效率情况

按照（8 - 2）式运用 SPSS 统计分析软件对 2010 年民族地区 117 家上市公司的数据进行回归分析，得到具体的残差值。

在 117 个样本数据结果中，84 个回归残差小于 0，剩余 33 个回归残差大于 0。因此，我们得出结论，2010 年，五个民族自治区的上市公司中，有 84 家的投资效率属于投资不足，占 72%；另外有 33 家上市公司属于投资过度，占 28%。

4. 2011 年投资效率情况

按照（8 - 2）式运用 SPSS 统计分析软件对 2011 年民族地区 117 家上市公司的数据进行回归分析，得到具体残差值。

在 117 个样本数据结果中，71 个回归残差小于 0，剩余 46 个回归残差大于 0。因此，我们得出结论，2011 年，五个民族自治区的上市公司中，有 71 家的投资效率属于投资不足，占 61%；另外，有 46 家上市公司属于投资过度，占 39%。

五个民族自治区 117 家上市公司 2008—2011 年投资效率情况如 8 - 4 所示。

表 8 - 4　　　　　2008—2011 年各民族地区上市公司投资效率

年份	有效样本量	投资不足公司数量（家）	投资不足百分比（%）	投资过度公司数量（家）	投资过度百分比（%）
2008	117	62	53	55	47
2009	117	78	67	39	33
2010	117	84	72	33	28
2011	117	71	61	46	39

综上所述，民族地区 117 家上市公司 2008—2011 年中有接近 2/3 的公司的投资效率都处于投资不足，剩下的 1/3 公司投资过度。

第三节　我国民族地区金融发展与公司投资效率实证研究

下面基于金融发展与公司投资效率等理论，借鉴国内外现有的对公司投资效率的研究方法，围绕可以体现我国民族地区金融发展的相关指标以及我国现已上市、处于民族地区企业的相关财务绩效展开实证分析。[①]

一　研究假设

民族地区的金融发展能够建设与优化民族地区金融生态环境，通过鼓励境内与境外金融机构到我国民族地区的金融机构也到异地设立分支机构，或通过民族地区创建地方法人金融机构、建设与完善金融服务网点、创新金融服务品种等方式，使民族地区资金得到有效融通，从而避免公司的投资不足。民族地区的金融发展可以改善民族地区金融资源分配不合理以及完善民族地区的金融体系，从而有效避免公司投资过度。因此，提出假设：

假设：在其他条件相同的情况下，金融发展与公司投资不足（投资过度）显著负相关。

二　研究设计

（一）样本选择、数据来源

本书选择五个民族自治区（广西、西藏、内蒙古、宁夏、新疆地区）的上市公司 2008—2011 年的相关数据作为研究的样本。本书使用的财务数据均源于巨灵金融服务平台（http：//terminal. chinaef. com），并运用 SPSS 统计分析软件进行相关性分析和回归分析，民族地区金融发展数据来自五个民族自治区统计年鉴、统计公报中的数据。

（二）检验模型的建立以及各个变量的定义

为检验上述假设，在本书第四章第二节使用的公司投资效率(8 - 2)式的基础上，建立民族地区金融发展与公司投资效率的检验模型如下：

$$Underinv \text{ 或 } Overinv = \lambda_0 + \lambda_1 Growth_{i,t} + \lambda_2 Lev_{i,t} + \lambda_3 Size_{i,t} + \lambda_4 Roe_{i,t} +$$

---

① 刘琼：《民族地区金融发展与公司投资效率研究》，硕士学位论文，中南民族大学，2012 年。

$$\lambda_5 Inv_{i,t-1} + \lambda_6 FD_{i,t} + \varepsilon_{i,t} \tag{8-3}$$

1. 公司投资效率为因变量，即被解释变量

（8-3）式中，*Underinv* 与 *Overinv* 分别表示公司投资不足或投资过度。当公司投资不足时，用符号 *Underinv* 代表残差的绝对值；当公司投资过度时，用符号 *Overinv* 代表残差的绝对值。

2. 民族地区金融发展为自变量，即解释变量

本书的自变量是金融发展 FD。为了使金融发展得到更具体的衡量，在实证研究分析中，采用了多种多样的变量对金融发展进行替代，从而更好地进行量化。Clarke、Xu 和 Zou（2003）在其研究金融中介部门的发展与收入分配差距之间模型中，用私人信贷/GDP 来衡量金融发展。Honoban（2004）运用私人信贷/GDP、股票市场成交量/GDP 等作为替代金融发展的指标，通过回归等分析方法对金融发展、增长以及贫穷之间的关系进行了分析。

除此之外，国外文献常用银行贷款余额占 GDP 比重来度量金融发展水平，国内学者也常以这一指标来衡量金融发展水平。如王景武（2005）在其分别对东、中、西部地区金融发展与经济增长之间的关系研究中选择以各省区贷款总额与国内生产总值的比例作为衡量各省区金融发展水平的指标。章奇、刘明兴、Chen 和陶然（2003）用银行信贷额占 GDP 的比重作为替代金融发展的指标，对金融中介增长与城乡收入差距之间的关系进行了分析。[①] 李斌、江伟（2006）在其研究我国各地区金融发展与上市公司融资约束以及公司成长之间关系的模型中，借鉴 King 和 Levine（1993），以我国各地区银行当年年末总贷款余额与各地区当年 GDP 比值作为我国各地区金融发展深度的指标。张正斌（2008）在其对宁夏金融发展与城镇化之间的关系研究中，选取金融相关比率（FIR = 全部金融机构存贷款总额/GDP）作为衡量宁夏金融发展的指标。沈红波、寇宏、张川（2010）在其利用欧拉方程投资模型对金融发展与融资约束关系研究中，利用各地区当年金融机构贷款总额与各地区当年 GDP 之比来代表金融发展。[②]

---

① 张文、许林、骆振心：《金融发展与收入分配不平等：回到 G—Z 假说》，《当代财经》2010 年第 11 期。

② 沈红波、寇宏、张川：《金融发展、融资约束与企业投资的实证研究》，《中国工业经济》2010 年第 6 期。

在现有实证研究中较多运用金融机构贷款总额与各地区当年 GDP 之比来衡量金融发展水平，该指标多用于某一国或某一地区在不同年度其金融发展水平的增长，为使得金融发展水平具有可比性，本书将广西、西藏、内蒙古、宁夏以及新疆当年的金融机构贷款总额、GDP 两个指标加总成为民族地区总的贷款余额、GDP，再计算出二者的比值，将其定义为民族地区当年的金融发展水平指标，用 FD 指代，即 FD＝民族地区金融机构贷款总额/民族地区 GDP。

3. 控制变量

借鉴与投资效率研究相关文献，本书选取公司规模、公司成长、公司杠杆、公司上年投资水平以及收益水平为控制变量。Size 指的是公司规模，用总资产的自然对数来表示，Growth 指的是公司成长性，用主营业务收入增长率来指代；Lev 指的是资产负债率；Roe 指的是净资产收益率；$Inv_{i,t-1}$ 指的是上年投资水平，按照（8-2）式计算得到的上年的残差值来。

三 实证结果与分析

（一）描述性统计

按照本书第四章选定的 468 个公司样本中，根据（8-2）式计算的残差结果可知，有 295 个样本属于投资不足，占总样本量的 63%；剩下 173 个样本属于投资过度，占总样本量的 37%，该结果表明，我国民族地区上市公司投资不足现象较多。

表8-5　　　　　　　　　　变量描述性统计结果

	样本	极小值	极大值	均值	标准差
Underinv/Overinv	468	-1.65	8.60	0.0000	0.97212
Growth	451	-1.00	140.24	0.6719	6.82632
Lev	465	0.02	5.78	0.5719	0.39475
Size	463	17.27	24.63	21.4882	1.33812
Roe	452	-147.41	162.07	9.3955	22.26021
Inv	458	0.00	0.68	0.0736	0.07247
FDI	468	0.67	0.86	0.8044	0.07911
有效的 N（列表状态）	434				

从表 8 - 5 可以看出，*Underinv/Overinv* 的极小值为 - 1.65，极大值为 8.60，五个民族自治区的上市公司中，存在投资过度现象的公司比存在投资不足现象的公司投资效率更低。

（二）相关性统计

为检验假设，对各变量进行相关性检验，得到结果如表 8 - 6 所示。

表 8 - 6　　　　　　　　　各变量相关性统计结果

		Underinv/ Overinv	Growth	Lev	Size	Roe	Inv	FDI
Underinv/ Overinv	相关性	1	0.003	0.001	0.028	0.020	0.981 **	- 0.037
	显著性		0.953	0.978	0.543	0.678	0.000	0.425
	样本	468	451	465	463	452	458	468
Growth	相关性	0.003	1	0.072	0.062	0.090	0.016	0.039
	显著性	0.953		0.126	0.191	0.061	0.733	0.407
	样本	451	451	451	451	436	447	451
Lev	相关性	0.001	0.072	1	- 0.072	0.005	- 0.021	- 0.001
	显著性	0.978	0.126		0.122	0.912	0.654	0.983
	样本	465	451	465	463	450	458	465
Size	相关性	0.028	0.062	- 0.072	1	- 0.024	0.114 *	0.099 *
	显著性	0.543	0.191	0.122		0.606	0.014	0.033
	样本	463	451	463	463	448	458	463
Roe	相关性	0.020	0.090	0.005	- 0.024	1	0.075	0.059
	显著性	0.678	0.061	0.912	0.606		0.112	0.213
	样本	452	436	450	448	452	445	452
Inv	相关性	0.981 **	0.016	- 0.021	0.114 *	0.075	1	0.002
	显著性	0.000	0.733	0.654	0.014	0.112		0.963
	样本	458	447	458	458	445	458	458
FDI	相关性	- 0.037	0.039	- 0.001	0.099 *	0.059	0.002	1
	显著性	0.425	0.407	0.983	0.033	0.213	0.963	
	样本	468	451	465	463	452	458	468

表 8 -6 给出了各变量之间分别相关的系数。其中，金融发展与公司投资不足/投资过度之间的相关系数为负（ - 0.037），显著性较好

（0.425）。在一定程度上说明民族地区金融发展水平越高，越有利于民族地区上市公司抑制投资过度，减少投资不足，从而提高民族地区上市公司投资效率。金融发展与公司投资不足/投资过度之间呈负相关关系，假设得到证实。同时可以看出，各控制变量与自变量之间的相关性不强，在回归分析中不会产生多重共线性，对回归结果不产生较大影响。

（三）回归结果及分析

民族地区金融发展与公司投资效率的检验模型的回归结果如表 8 - 7 所示。

表 8 - 7　　　　　　　　　　　　回归结果

模型汇总

模型	R	R^2	调整后 R^2	标准估计的误差
1	0.988[a]	0.976	0.975	0.14655419

a. 预测变量：（常量），FDI, Inv, Growth, Lev, Roe, Size.

Anova[b]

模型		平方和	Df	均方	F	Sig.
1	回归	366.786	6	61.131	2846.197	0.000[a]
	残差	9.171	427	0.021		
	总计	375.957	433			

a. 预测变量：（常量），FDI, Inv, Growth, Lev, Roe, Size.

b. 因变量：Underinv/Overinv

系数[a]

模型		非标准化系数		标准系数	T	Sig.
		B	标准差	试用版		
1	（常量）	0.014	0.007		1.991	0.047
	Growth	0.004	0.007	0.004	0.575	0.565
	Lev	0.109	0.011	0.074	9.570	0.000
	Size	-0.113	0.008	-0.113	-14.329	0.000
	Roe	-0.056	0.007	-0.061	-8.046	0.000
	Inv	1.002	0.008	1.001	130.194	0.000
	FDI	-0.015	0.007	-0.016	-2.032	0.043

a. 因变量：Underinv/Overinv

表 8 - 7 检验结果显示，R = 0.988，R^2 = 0.976，调整后 R^2 = 0.975，该回归方程的拟合优度较好，所选取的自变量对因变量有较强的解释力。F 值为 2846.197，相对应的伴随概率 Sig. 为 0.000，说明回归方程整体显著性较强。另外，在给定显著水平 α = 0.05 下，除 *Growth* 外，变量 *Lev*、*Size*、*Roe*、*Inv*、*FDI* 通过 t 检验，说明因变量与自变量关系显著。

从自变量 FD 的回归系数看，为 - 0.015，说明民族地区金融发展水平越高，越能有效整合我国民族地区金融资源，提高资源的有效配置，从而抑制上市公司过度投资现象，补充上市公司投资不足，最终提高民族地区上市公司的投资效率。

四　调整自变量后的实证结果及分析

随着我国金融的发展，仅仅用民族地区金融机构贷款总额/民族地区 GDP 来表示金融发展水平还不够全面。股票的筹资额和保费收入也是衡量一个地区金融发展水平并影响投资效率的因素，因此，本书试将信贷、资本市场、保险业务三方面的指标综合得到新的代表金融发展的指标，用 FD1 表示，FD1 = （民族地区金融机构贷款总额 + 民族地区股票筹资增加额 + 保费收入）/民族地区 GDP。除自变量发生变化外，其他变量不变，模型调整为：

$$Underinv \text{ 或 } Overinv = \lambda_0 + \lambda_1 Growth_{i,t} + \lambda_2 Lev_{i,t} + \lambda_3 Size_{i,t} + \lambda_4 Roe_{i,t} + \lambda_5 Inv_{i,t-1} + \lambda_6 FDI_{i,t} + \varepsilon_{i,t} \tag{8-4}$$

在此基础上对新的数据样本进行相关统计分析，得到以下结果。

首先，相关性分析结果如表 8 - 8 所示。

表 8 - 8　　　　　　　　　相关性统计结果

		Underinv/Overinv	Growth	Lev	Size	Roe	Inv	FDI
Underinv/Overinv	相关性	1	0.003	0.001	0.028	0.020	0.981 **	- 0.038
	显著性		0.953	0.978	0.543	0.678	0.000	0.410
	样本	468	451	465	463	452	458	468
Growth	相关性	0.003	1	0.072	0.062	0.090	0.016	0.038
	显著性	0.953		0.126	0.191	0.061	0.733	0.420
	样本	451	451	451	451	436	447	451

续表

		Underinv/Overinv	Growth	Lev	Size	Roe	Inv	FDI
Lev	相关性	0.001	0.072	1	-0.072	0.005	-0.021	-0.001
	显著性	0.978	0.126		0.122	0.912	0.654	0.979
	样本	465	451	465	463	450	458	465
Size	相关性	0.028	0.062	-0.072	1	-0.024	0.114 *	0.099 *
	显著性	0.543	0.191	0.122		0.606	0.014	0.034
	样本	463	451	463	463	448	458	463
Roe	相关性	0.020	0.090	0.005	-0.024	1	0.075	0.061
	显著性	0.678	0.061	0.912	0.606		0.112	0.196
	样本	452	436	450	448	452	445	452
Inv	相关性	0.981 **	0.016	-0.021	0.114 *	0.075	1	0.001
	显著性	0.000	0.733	0.654	0.014	0.112		0.979
	样本	458	447	458	458	445	458	458
FDI	相关性	-0.038	0.038	-0.001	0.099 *	0.061	0.001	1
	显著性	0.410	0.420	0.979	0.034	0.196	0.979	
	N	468	451	465	463	452	458	468

其次，依照（8-3）式对其进行回归分析，结果如表8-9所示。

表8-9　　　　　　　　　　回归结果

模型汇总				
模型	R	R^2	调整后 R^2	标准估计的误差
1	0.988[a]	0.976	0.975	0.14654355

a. 预测变量：（常量），FDI，Inv，Growth，Lev，Roe，Size.

Anova[b]					
模型		平方和	Df	均方	F	Sig.
1	回归	366.787	6	61.131	2846.620	0.000[a]
	残差	9.170	427	0.021		
	总计	375.957	433			

a. 预测变量：（常量），FDI，Inv，Growth，Lev，Roe，Size.

b. 因变量：Underinv/Overinv

续表

模型		非标准化系数		标准系数	t	Sig.
		B	标准差	试用版		
1	（常量）	0.014	0.007		1.991	0.047
	Growth	0.004	0.007	0.004	0.574	0.566
	Lev	0.109	0.011	0.074	9.569	0.000
	Size	−0.113	0.008	−0.113	−14.329	0.000
	Roe	−0.056	0.007	−0.061	−8.039	0.000
	Inv	1.002	0.008	1.001	130.197	0.000
	FDI	−0.015	0.007	−0.016	−2.048	0.041

系数[a]

a. 因变量：Underinv/Overinv

实证结果表明，代表金融发展水平的 FDI 与公司投资不足/投资过度之间的相关系数为负（−0.038），R = 0.988，R^2 = 0.976，调整后 R^2 = 0.975，F 值为 2846.620，相对应的伴随概率 Sig. 为 0.000，自变量 FDI 的回归系数为 −0.015。说明金融发展与公司投资不足/投资过度之间呈负相关关系，假设仍得到证实。同时调整自变量后的回归方程拟合优度很好，自变量 FDI 对因变量的解释力较强。

但调整后的自变量 FDI 与原自变量 FD 相比，对因变量投资效率的解释力未产生较大变化，原因可能是由于民族地区股票市场与保险业务发展落后，股票筹资额、每年新增的股票筹资额以及保费收入有限等，同时这也进一步说明我国民族地区金融发展落后的现状。

综上所述，以 FD 或 FDI 作为自变量进行实证的结果都表明，民族地区金融发展越快，越有利于民族地区上市公司抑制投资过度，减少投资不足，从而提高民族地区上市公司的投资效率。

五　结论

首先，本书通过影响民族地区金融发展因素对民族地区金融现状进行分析，主要从金融生态环境、政府治理、地区经济基础和制度文化四个方面来看。从金融生态环境看，从宏观角度来说，金融生态环境包括经济、文化、政治、人口、地理等，是金融赖以运行的基础条件；从微观角度来说，金融生态环境包括法律制度、行政管理体制、企业发展状况、银行与企业之间的关系等方面，与金融运行中的具体内容相关，对金融发展产生影响。从政府治理来看，政府作为我国经济生活中的一个重要参与者，对我国的经济具有主导作用。由于各地方政府手中拥有引资权利、准入优惠条件等，使其在很大程度上主导、掌控了当地的金融资源的配置，对当地金融发展带来影响。从地区经济基础来看，经济基础对当地的金融发展产生影响。地区经济发达程度越高，就越能促进当地金融机构发展业务、壮大实力；城市基础设施的完善程度越高，当地金融发展水平也就越高。同时，地区经济结构还决定了该地区防范金融风险以及化解金融风险的能力，对地区金融发展有重要作用。从制度文化因素来看，一个地区的制度文化深刻影响着当地金融发展。其中，金融法治环境决定了金融发展的稳定性与持续性，是金融发展的基本条件。良好的金融法治环境可以使得金融主体的产权得到有效的保护，同时保护投资者、债权人以及存款者的权益，对于金融发展来说，是极其重要的保障条件。另外，制度文化中的诚信文化是金融信用关系中的重要约束条件，只有在诚信文化的氛围中，才能使当地金融持续健康发展。

其次，本书对民族地区金融发展现状进行了描述，同时通过民族地区之间的相互比较、与全国平均水平的比较以及与东、中部地区代表地区相关数据的比较，得出民族地区金融发展现状。从信贷规模来看，广西、西藏、内蒙古、宁夏和新疆金融机构存款余额、贷款余额都处于快速增长状态，但由于本身基数小，目前存款与贷款余额规模都较小。从金融发展环境来看，分别对广西、西藏、内蒙古、宁夏和新疆2007—2012年各地政府治理与地区经济基础两方面进行了分析。其中，从政府治理角度来说，五个民族地区地方财政支出占地区 GDP 的比重都呈增长态势，说明在分配资源的控制上，各地区政府处于绝对的主导地位，这与我国近年来不断以政策、资金投入的方式来支持我国民族地区的发展相符合。正由于民族地区的经济比较落后、发展速度较慢，政府才运用制度、政策等手段参与资源分配，一定程度上能促进民族地区的金融与经济发展，但不利于民族地区金融的长期健康发展。从资本市场运用来看，目前民族地区所拥有的上市公司数量较少，民族地区企业对股票市场的运用不足，表明我国民族地区金融发展水平较低。总的来看，我国民族地区目前金融发展处于落后状态，金融发展水平较低。与东部、中部地区比较，显现出我国民族地区金融发展的落后程度。

　　再次，本书对民族地区投资现状进行了分析，2007—2012年各民族地区的投资率大都达到全国平均投资率水平。从民族地区上市公司投资效率来看，民族地区所拥有的117家上市公司，2008—2011年中有接近2/3的公司的投资效率都处于投资不足。总的来说，民族地区上市公司投资效率比较低。

　　最后，本书通过构建民族地区金融发展与公司投资效率的模型，分析了二者之间的关系。选取五个民族地区（广西、西藏、内蒙古、宁夏、新疆地区）的上市公司2008—2011年的相关数据作为研究的样本，通过描述性、相关性以及回归分析，得出结论：民族地区金融发展与上市公司投资过度/投资不足之间呈负相关关系，即民族地区金融发展水平越高，越能有效地整合我国民族地区有利的金融资源，提高资源的有效配置，从而抑制上市公司过度投资的现象，同时补充上市公司投资不足，提高民族地区上市公司的投资效率。

第九章 政策与建议

第一节 我国民族地区金融发展的政策建议

民族地区金融发展主要是通过中央和地方政府制定政策有关的宏观层面以及金融业相关的中观层面着手，其政策建议如下：

一 完善扶持民族地区发展的财政、税收、金融等相关政策

我国已逐步制定了包括扶持民族地区发展的转移支付、少数民族发展资金等在内的财政政策，以及包括投资税收优惠、民贸税收优惠和企业税收优惠政策等的税收政策①，对于一些具有民族地区特色的民贸民品企业也有一些利率优惠等相关扶持政策。一方面，随着经济的不断发展变化，有关政策制定部门应该不断改进与完善扶持民族地区发展的相关政策，使民族地区经济的发展真正受益。另一方面，民族地区也应充分利用各种优惠鼓励政策，加快金融与经济的发展。把握地区经济与金融发展的契机，结合地区政府在经济资源分配上的倾斜，大力发展民族地区经济与金融。同时，民族地区应积极争取国家在财政等方面的更多支持，为民族地区创造更多有利条件。

二 加大对民族地区的投入，促进其经济发展并带动金融发展

民族地区金融机构和金融网点较少，这对民族地区金融的发展造成不便。因此，要发展民族地区金融，首先应增加对民族地区基础设施等方面的投入，改善民族地区的经济环境，促进民族地区经济的发展并使得当地的整体收入水平提高，从而改善金融生态环境。这样，才有利于民族地区

---

① 魏后凯、成艾华、张冬梅：《中央扶持民族地区发展政策研究》，《中南民族大学学报》（人文社会科学版）2012年第1期。

金融机构的建立与运行，改善金融服务环境，加快民族地区金融发展。

三　强化政府与金融机构的战略合作，扶持其发展

具体政策包括政府对民族地区主要金融机构注资，引导产业资本、战略投资者以及民间资本投资参股民族地区金融机构；争取国家政策性银行更多的贷款份额，积极争取各商业银行总行在信贷规模、结构等方面的支持力度，并防范信贷资金流出民族地区；鼓励保险资金在购买民族地区企业债券方面的直接投资等。[①]

四　加强金融创新，完善民族地区金融体系

一方面，通过金融业务创新，丰富金融工具种类，满足不同经济主体不同的金融需求。另一方面，民族地区的经济发展需要大量资金，仅仅依靠地方财政以及地区信贷体系是远远不够的，民族地区应充分利用资本市场，来解决融资的问题。通过建立与发展股票、债券市场，来分散金融风险，增加地区资金来源，促进民族地区资本市场的发展，完善民族地区金融体系。[②]

五　建立与健全促进金融发展的信用体系和金融法律体系

首先，国家应当制定符合民族地区经济发展特色的金融法律法规，同时与其他法律法规相配合和支持。其次，应当修改与民族地区经济社会发展不相符的金融法律法规，从法律角度突出民族地区经济发展的特殊性，完善民族地区特有的金融法律体系。最后，加强民族地区法制经济环境的建设，加大金融法律法规的宣传和普及，增强民族地区金融机构和企业以及居民的金融法律意识，并规范执法行为，建立健全有效的金融法律监督机制，加大对金融违法行为的惩处力度，造就民族地区良好的执法环境，改善金融生态环境，促进少数民族地区金融业的快速发展。[③]

六　培养和引进高层次金融及经济管理人才

民族地区应该建立培养、选拔或者引进金融等专业人才的有效机制，为金融及经济管理类的高端人才创造良好的工作环境，留住人才。

---

① 李福祥、魏江锋：《西部欠发达省区经济增长中的地方金融新政研究——基于甘肃省的实证分析》，《管理世界》2012 年第 3 期。

② 刘琼：《民族地区金融发展与公司投资效率研究》，硕士学位论文，中南民族大学，2012年。

③ 周运兰、李子珺：《民族地区企业融资的多层次金融支持体系构建》，《商业时代》2012年第 5 期。

第二节　解决民族地区企业融资问题的政策建议

本书第五章具体分析了广西北部湾经济区、恩施州等民族地区的金融环境和企业融资问题，而我国绝大部分民族地区这方面情形是相似的，即经济发展相对落后，金融发展较慢，企业面临更突出的融资问题。要解决民族地区企业的融资问题，并促进当地经济发展。本书认为，除本章第一节所阐述过的通过政府制定政策有关的宏观层面以及金融业相关的中观层面采取措施外，还应该结合企业微观层面和金融业中观层面着手[①]。

一　企业层面的政策建议

（一）加强内部治理，建立现代企业制度

民族地区企业应在经营和管理上寻求突破，将更多精力放到加强企业管理、加快技术改造、合理运用资金上，引进具有战略思维和战略眼光的专业人才，建立现代企业制度，改变简单粗放的增长模式和家族化的管理体制，通过企业内部改革，明晰产权，实行多元式产权管理模式，建立健全企业财务会计管理制度，全面提升自身经营和管理能力。

（二）拓宽视野，转化发展理念

民族地区企业管理者应从传统的思维方式中解放出来，突破传统观念的束缚，顺应潮流，敢于接受新思想、新观念，对风险和失败保持正确的态度，积极转变经营理念，改善经营机制，把企业做大做强。特别是应该改变小富即安的保守思想，承担更多的社会责任，主动接受先进的管理理念和发展思路。在公司上市方面，更应该有战略思维与胆识。民族地区符合条件或有发展前途的企业应主动引入投资机构，催化上市进程，推进与创业投资、风险投资等各类资本有效对接。

（三）调整经营策略，提高产品市场竞争力和财务实力

民族地区企业打破现有的传统产业格局，围绕当地开发区和产业集群的发展战略，转变发展模式、发展方式，变粗放为集约，走科技含量高、经济效益好、资源消耗低、环境污染小、人力资源得到充分发挥的新型发

---

① 郑军、周运兰：《民族地区企业发展和金融支持研究——湖北省恩施土家族苗族自治州的调查》，《中南民族大学学报》（人文社会科学版）2012 年第 2 期。

展之路。具体要求企业合理调整经营策略，采用先进技术工艺，大力实施节能减排，加快设备更新，调整产业产品结构，推进企业技术进步和技术创新，提高核心技术水平，提高产品技术含量和附加值，增强企业的财务实力和可持续发展能力。

（四）加强人才建设，提高综合素质

企业要更新用人观念，广纳人才，实施企业人才战略，培养、造就和引进一支高素质包括企业家、经营管理者及专业技术人才在内的优质队伍。采取必要措施，建立全方位的人才吸纳机制、竞争有序的人才流动机制、科学公正的人才评价机制和配套完善的人才服务机制等，进一步营造良好的工作氛围。

（五）增加资金投入，促进科技创新

民族地区企业一是大力抓好企业技术开发机构的建设，有条件的企业还可以建立起自己的技术研发中心，其规模不应千篇一律，可以灵活构建，条件尚不具备的企业可以采取"借鸡生蛋"的模式，加强企业与科研院所之间的产学研合作，既克服企业在技术研发方面的劣势，也可以解决高校和科研机构在成果转化上的弱点，达到"双赢"的目的；二是坚持以市场为导向，以产权制度改革为核心，推动科研成果与资本、资产等生产要素直接融合和重组，最大限度地简化科技成果转化为生产力的环节，如把科技人员、经营管理人员和企业利益捆绑在一起，形成以业绩为取向的分配机制，可以采取股权激励等手段，激发科技人员的创业热情；三是强化内部资金管理，增强自我投入能力，加大技术创新的投入力度。

（六）加强诚信建设，增强企业内部信用

企业应积极推进诚信建设，建立企业诚信档案，制定一套规范的信用风险管理制度，重信用、守合同，通过提高自身信誉度，提升形象，便于与客户、金融机构的业务交流。

二　金融业层面的政策建议

（一）转换理念，针对民族地区设计差别化信贷考核方式

银行机构从扶持民族地区经济发展的角度，要创新信贷服务方式，针对民族地区企业特点，减少硬性考核指标，重点帮助扶持有社会责任感的、有民族地区特点的、有创新性的中小企业。为了更好地服务民族地区企业发展，设计银行考核制度、贷款流程时应予以差别化处理。

（二）落实优惠政策，实行优惠利率

民族地区在依靠经济结构的调整和加快经济发展方式转变的同时，金融机构应该深入实际确实了解中小企业的实际困难，专门配合支持西部大开发和武陵山试验建设区的特殊政策，更有针对性地做好金融服务，特别是在银根紧缩的现实背景下，贷款利率不能随行就市，金融机构对民族地区企业的信贷投放规模予以倾斜，在贷款利率浮动区间内，与其他地区区别对待，实行较为优惠的浮动政策，特别是对民贸、民品企业应设定下浮的比例。同时，针对目前我国民贸、民品企业一年内流动资金贷款贴息的优惠政策，只涉及工商银行、农业银行、中国银行、建设银行享有，而为民族地区的经济发展做出最大贡献并承载着社会责任的农村信用合作社等金融机构则排除在贴息政策之外，为体现公平，建议将四大国有商业银行之外的某些银行纳入此项政策范围之内。

此外，各金融机构应进一步落实支持民族地区中小企业发展的各项政策措施，降低对民族地区的贷款门槛，营造和谐的信用环境。各金融机构应该加大对民营企业的帮扶力度，改变"重大、轻小"的传统做法，在贷款审批条件上应适当放宽，尽量简化手续，放宽条件，核定贷款计划时，应对民族地区予以重点倾斜。同时，创新贷款方式，提高服务质量和效率，根据民族地区的实际情况下放贷款审批权限，增加授权授信额度，降低存款缴存比例，控制资金的流出数量，提高存贷比，最大限度地缓解企业融资难题，促进民族地区经济发展。

（三）健全金融机构设置体系，规范信用担保管理

首先，应建立完善民族地区金融体系，通过各种形式搭建中小企业与金融机构交流与合作的平台，在现有金融机构基础上，发展服务于民族地区中小企业的地方性银行，鼓励非公有银行和其他金融机构，积极引进国内股份制银行设立分支机构，引导创业投资机构和风险投资机构开展业务。

其次，鉴于目前民族地区小额贷款公司、村镇银行一方面享受财政按照贷款余额奖励的优惠待遇，另一方面村镇银行没有设在村镇而是设在县城，违背其服务农村市场的初衷，建议对此进行规范管理，为中小企业发展提高更多支持。

最后，应建立完善信用担保制度，建立政府扶持与商业化运作结合的担保模式，鼓励各级财政出资的中小企业担保机构以现有的财政资金为引

导资金，吸引民间资金和企业资金参与，扩大资本实力，鼓励引导社会资金组建民间担保机构，在担保机构和贷款机构之间合理分担风险，推进民间贷款担保基金的建立和扩展。

（四）建立企业信用档案，加强信用体系建设

民族地区应推进信用主体电子信用档案建设，协调组织金融机构、财政、农业、银监局等有关部门，建立企业主体电子信用档案，形成主体信用信息数据库。并以信用档案为基础，完善主体信用评估机制，开发主体信用评估模型，形成信用评级规范，对信用良好贷款主体，在贷款额度、期限、利率等方面给予优惠。

第三节　优化民族地区上市公司债务融资结构的政策建议

一　针对债务总体结构的政策建议

（一）发展债券市场，增强债券融资能力

发展债券市场，主要从以下几个方面着手：

第一，政策上的支持，国家应该从政策上支持民族地区债券市场的发展，强化债券融资在民族的地区上市公司资本结构中的地位，明确其与股票市场的关系。

第二，放宽限制，简化程序，应放宽对对民族地区上市债券发行审核的标准，将更多基本符合条件的民族地区上市公司纳入到债券市场中来，使债券市场更为活跃有生机。

第三，增加公司债券投资品种，目前民族地区市场上债券品种比较单一，可考虑开发一些功能比较齐全而利率又相对灵活的债券来满足市场的需求。可以鼓励并扶持民族地区上市公司当中具有发展潜力的企业来发行可转换债券，以融通长期资金。

第四，完善健全债券信用评级体系，良好的信用评级体系能有效保证和促进我国民族地区债券市场的发展。加强债券信用的透明度，可为债券投资人提供投资决策依据降低其投资风险。

第五，可以大力培养投资主体，引入机构投资者，促进债券市场合理有序的发展。

（二）提高债务融资比率，发挥债务融资治理效益

我国民族地区上市公司应多手段、多方式结合使用，不断拓宽债务融资的渠道，以提升债务融资的总体水平，使其达到一个有效水平，在这个水平下，债务融资能有效抑制管理层过度投资也能减少投资不足，充分发挥债务融资对公司的治理效应。

（三）增强自身实力，提升"造血"功能

增强民族地区上市公司债务融资能力的一个根本问题在于增强企业自身实力。从政策上讲，应大力扶持民族地区上市公司，尤其要重点扶持民族地区上市公司中那些独具民族特色，拥有一定市场规模和科学技术含量的企业积极推进民族地区上市公司信用制度的建设，促进其综合实力的提高，使得其能够获得更多的债务融资机会。民族地区上市公司也应不断开阔思维，增强自身产品开发、人员管理的能力，扩宽销售渠道，在企业生产经营管理的各个环节狠下工夫，稳扎稳打，提高自身市场竞争力和盈利水平。

二 针对长短期债务结构的政策建议

（一）适度提高长期负债融资率

我国民族地区上市公司应保障其获利能力的情况下，要针对生产经营过程中不同的资金需求，合理安排短期、长期负债的比例关系，避免过高的短期负债造成集中的还债期限。一般而言，短期负债占总负债的50%较为合理。因此，我国民族地区上市公司应该适度提高长期负债融资率，从而有效避免短期负债严重替代长期负债这一问题。

（二）建立最优债务期限结构动态调整体系

公司一般有债务融资和股权融资。对负债而言，通过税前列支负债利息进行合理避税，这样不影响股东对公司的控制权。但是公司财务风险伴随着负债的增加而增大，进而影响公司信誉，甚至可能使公司面临破产。所以在优化融资结构时，合理安排债务和权益的比例是重中之重；其次，长期借款和短期借款的比例问题也是急需注意的，我国民族地区上市公司短期负债占总负债的比例，近几年都在75%以上，短期借款过多，利息成本比较多，短期还款压力大，也加重了公司的流动性风险，而长期负债融资明显不足，长期负债降低企业资本成本，提高企业价值的作用并没有得到有效发挥。因此，如何寻求短期负债与长期负债之间最优的比例结构，我国民族地区上市公司应根据自身企业实际情况，各显神通，综合考

虑市场环境的变化，建立有效的财务预警机制，形成动态的最优融资结构调整体系，及时应对环境变化，对公司债务总体结构和期限结构进行调整，不断提高公司财务绩效。

三 针对商业信用和银行贷款的政策建议

（一）健全商业信用体系

建立健全商业信用体系。首先，要建立健全相关的法律法规，强化政府的监管意识，从法律这一根本层面来保障债权人的合法权益；其次，加快商业信用的结构调整，建立信用评级制度；最后，完善信用担保制度和有关风险监督机制增强商业信用质量，进一步降低信用风险。

（二）完善债权人保障机制

建立偿债保障机制和债权人保障机制，保障债权人利益，约束债务人的行为，发挥债务融资对公司财务绩效的正面影响作用。

（三）强化银行贷款"硬约束"

银行应该积极主动行使监督职权，并通过多种合作方式参与公司的治理，真正把自己塑造成具有监管能力和把控能力的独立市场化主体，发挥其公司治理效应。

第四节　我国民族地区企业融资的多层次金融支持体系构建

构建民族地区企业融资的多层次金融支持体系，是一个非常重要的系统工程。要建立能对民族地区经济社会发展具有强大支撑作用并且能够拓宽民族地区企业融资渠道的创新型金融服务体系，不仅需要国家相关政策的倾斜和支持，还需要民族地区政府以及社会各有关部门的通力合作和相互配合。只有这样，才能更好地促进民族地区经济社会的快速协调发展，逐步解决民族地区企业融资难的问题。具体有如下政策建议：

一 发展天使投资、风险投资和股权投资相结合的投融资链

天使投资和风险投资，作为企业创业初期融资的重要来源，是企业长远发展的基石，对民族地区企业以及民族地区的经济发展都意义重大。有研究表明，风险投资对产业创新的贡献率非常高。发展风险投资，相当于为民族地区企业建立了企业孵化器，是构建民族地区多层次金融支持体系

的关键。同时，我国民族地区本身天使资本和风险投资机构较少，加之民族地区大量民间资本游离于实体经济之外，为寻求投资渠道，甚至出现过度追逐金融资产、房地产的不健康投资现象。因此，为扶持民族地区企业创业，大力发展天使投资、风险投资和股权投资相结合的投融资链，一方面完善天使投资信息平台，规范与天使投资相关的政策法规，发挥国家政府资金的杠杆作用，壮大天使投资家队伍，促进天使投资发展；另一方面，通过减免对民族地区企业进行投资的天使投资和风险投资的税费，建立民族地区风险引导基金，吸引天使投资和风险投资更多关注民族地区企业的早期发展。同时，构建资本的多重退出机制，让天使投资和风险投资能够有充分的退出渠道，最终完善创业投资产业链体系①，也完善民族地区企业的融资渠道。

二　优化和完善金融支持组织体系

建立多元化的、功能互补的金融支持组织体系，建立由各种金融机构组成的，覆盖民族地区城乡的金融网络，是民族地区多层次金融支持体系的基础和前提。首先，鼓励民族地区金融机构的多样化，尽快建立专门服务于民族地区企业的金融机构，构建多层次中小银行体系。其次，加大对农业发展银行在民族地区向基层延伸的力度，充分发挥农业发展银行政策性金融的功能，同时可以建立与民族地区发展相适应的政策性银行，集中使用国家提供的中长期重点建设项目的投资和扶贫开发资金。再次，充分发挥国有商业银行的作用，创新商业银行的贷款制度，丰富企业信贷的品种，为民族地区经济发展提供优质的金融服务。最后，完善民族地区的保险体系，通过保险公司为民族地区企业寻求融资渠道，开发适合民族地区的保险产品，为民族地区企业的发展提供良好的保险支持。

三　积极发展民族地区多层次资本市场体系

第一，加大民族地区股权融资力度，增加上市企业数量。国家有必要增加民族地区股权融资数量，放宽民族地区企业准入股权资本市场的条件，优先扶持民族地区的资源型、有民族特色和产业优势的企业上市。首先，应该不断营造良好的上市环境，提高办事效率，缩短民族地区企业上市的审批时间并且简化程序；其次，在时机成熟时，鼓励发展成熟、规模较大、盈利状况较好的民族地区企业到境外或者我国的主板或者中小企业

①　辜胜阻：《构建四大"多层次"金融体系》，《证券日报》2012 年 12 月 1 日。

板上市，鼓励处于成长期和创业期的中小企业特别是高科技企业到我国的创业板上市，进而扩大民族地区上市规模。2014 年以来，随着"新三板"扩容至全国，在此挂牌的企业数量猛增，截至 2014 年 8 月 18 日，"新三板"存量挂牌企业已达 1024 家，总股本达 425.11 亿股。"新三板"为许多达不到上市标准的企业开辟了一条新的融资渠道，也为一些机构投资者开辟了一条挖掘企业价值进行实业投资的完善途径。因此，应该鼓励不能公开上市的民族地区企业抓住"新三板"市场扩容机会，争取进入"新三板"市场挂牌交易，或者鼓励到当地的股权托管交易中心、产权交易中心等场外市场（俗称"四板"市场）进行挂牌等进行股权转让，为以后升级到高级别的板块公开上市融资奠定基础。

第二，积极发展民族地区债券市场。在发达国家，债券融资是企业融资的重要渠道。而我国目前过度依赖间接融资，这种现象在民族地区表现尤为突出，债券融资比例在直接融资体系中并不高。当前，我国应当积极发展民族地区的债券市场，壮大民族地区企业的债券发行规模，加快民族地区债券市场的发展，合理引导民间资本的流动，改变仅仅依靠银行进行融资的格局。为进一步探索债券融资的方式，可以借鉴美国债券融资经验，创新债券融资工具，加快民族地区债券市场发展，为民族地区企业发行债券营造良好的市场环境。还应当鼓励民族地区大型国有企业发行企业债券，中小企业发行集合债券，金融企业发行混合资本债券和次级债券，扩大民族地区企业直接融资的比例。

第三，尝试发展民族地区投资基金，发展民族地区产业投资基金、旅游发展投资基金、风险投资基金等，并在政策上支持这些基金的发展，以吸引闲散资金，并允许各基金在全国范围公开发行和上市交易，为民族地区企业规模较大的投资项目提供有利的融资条件，丰富民族地区资本市场的金融产品。

四　建立健全信用担保体系

为建立健全信用担保体系，应当建立和完善政策性信用担保机构、合作互助性担保机构和商业性担保机构，促使担保机构与金融机构在平等、自愿、公平以及等价有偿的原则下建立利益共享、风险共担的合作关系。

第一，采取政策性运作方式，建立政策性担保机构，附属于政府相关职能部门。

第二，发展合作互助性担保机构，主要由民族地区企业相互之间为解决自身融资难题建立的互助性担保机构，以实现融资方面的互惠互利。

第三，以市场化手段成立股份制担保公司，该担保公司具有独立法人地位，产权明晰，以营利为目的，完全市场化运作，主要为其出资人（可以是地方政府、金融机构，也可以是民族地区城镇中小企业、个体工商户和农村小企业）提供贷款担保服务，也可以从事其他投资业务。

第四，担保机构与贷款银行之间通过比例担保共担风险，也共享担保中可能获得的利益。

参考文献

［1］陈宝明：《资本市场与产业结构调整》，中国市场出版社 2008 年版。

［2］民生证券有限责任公司研究所课题组：《资本市场与区域经济发展》，郑州大学出版社 2003 年版。

［3］陈永忠、王磊、胡晶晶：《西部地区提高自主创新能力和发展优势产业研究》，人民出版社 2009 年版。

［4］沙治慧：《西部地区增强发展能力的公共投资研究》，四川大学出版社 2008 年版。

［5］李曦辉编：《民族地区产业经济学》，中央民族大学出版社 2004 年版。

［6］沈道权、柏振忠：《民族地区经济发展论》，湖北人民出版社 2007 年版。

［7］李皓：《转型与跨越民族地区经济结构研究》，民族出版社 2006 年版。

［8］郭京福、毛海军：《民族地区特色产业论》，民族出版社 2006 年版。

［9］陈永奎：《民族地区中小企业融资研究》，民族出版社 2009 年版。

［10］龙春林：《民族地区自然资源的传统管理》，中国环境科学出版社 2009 年版。

［11］王益、孙波、李万：《资本形成机制与金融创新》，经济科学出版社 2003 年版。

［12］张陆洋、傅浩：《多层次资本市场研究理论、国际经验与中国实践》，复旦大学出版社 2009 年版。

［13］时光：《中国少数民族地区资本形成研究》，四川人民出版社 2005 年版。

［14］孙杰：《资本结构、治理结构和代理成本：理论、经验和启示》，社会科学文献出版社 2006 年版。

［15］肖作平、廖理：《债务期限结构影响因素研究理论和证据》，中国人

民大学出版社 2009 年版。

[16] 周运兰：《中小企业股权融资和股权再融资研究》，经济科学出版社 2010 年版。

[17] 罗玉霞：《民族地区优势产业发展与资本市场研究》，硕士学位论文，中南民族大学，2012 年。

[18] 刘琼：《民族地区金融发展与公司投资效率研究》，硕士学位论文，中南民族大学，2013 年。

[19] 罗如芳：《我国民族地区上市公司债务融资结构对财务绩效的影响研究》，硕士学位论文，中南民族大学，2014 年。

[20] 张雪雯：《资本存量对东西部地区经济差距的影响及"贫困陷阱"问题分析》，硕士学位论文，河北大学，2006 年。

[21] 张志强：《欠发达地区发展差距成因与政策研究》，硕士学位论文，内蒙古大学，2006 年。

[22] 郭栋梁：《我国西部地区建立区域资本市场问题探析》，硕士学位论文，贵州师范大学，2008 年。

[23] 韩庆鹏：《新疆优势产业的选择与发展》，硕士学位论文，新疆师范大学，2007 年。

[24] 熊琼：《优势产业培育的研究》，硕士学位论文，南昌大学，2006 年。

[25] 陈伟：《建立西部区域资本市场的可行性研究》，硕士学位论文，兰州大学，2006 年。

[26] 魏润卿：《论西部少数民族地区经济发展的资金瓶颈及资本形成途径》，硕士学位论文，延边大学，2005 年。

[27] 崔宁娜：《完善资本市场推进产业结构调整》，硕士学位论文，四川大学，2006 年。

[28] 钱力：《西北民族地区产业结构优化的实证分析》，硕士学位论文，西北民族大学，2006 年。

[29] 刘天平：《西藏特色产业发展战略研究》，硕士学位论文，西南财经大学，2007 年。

[30] 董利伟：《要素禀赋视角下甘肃资本市场的发展》，硕士学位论文，兰州商学院，2007 年。

[31] 蒋新祺：《优势产业发展研究》，硕士学位论文，湖南大学，2006 年。

［32］王泉：《资本市场与产业结构调整的互动关系研究》，硕士学位论文，对外经济贸易大学，2007 年。

［33］余果：《民贸民品优惠政策效应研究——以湖北省为例》，硕士学位论文，中南民族大学，2011 年。

［34］马兆蔚：《北部湾年第广西期经济区金融合作问题研究》，硕士学位论文，中南民族大学，2009 年。

［35］张正斌：《宁夏金融发展与城镇化关系的实证研究》，《宁夏师范学院学报》（自然科学版）2008 年第 6 期。

［36］丁志勇、任佳宝：《少数民族地区金融支持经济发展的实证研究》，《统计与决策》2010 年第 16 期。

［37］沈红波、廖冠民、曹军：《金融发展、产权性质与上市公司担保融资》，《中国工业经济》2011 年第 6 期。

［38］仲深、王春宇：《地区金融发展水平综合评价及比较分析》，《技术经济》2011 年第 11 期。

［39］强志娟：《金融发展与企业过度投资关系实证研究》，《商业时代》2010 年第 32 期。

［40］田高宁：《民族地区金融如何支持中小企业发展》，《湖北农村金融研究》2011 年第 7 期。

［41］严琼芳：《民族地区农村金融发展对农民收入影响效应分析》，《武汉金融》2012 年第 2 期。

［42］翟华云：《法律环境、审计质量与公司投资效率——来自我国上市公司的经验证据》，《南方经济》2010 年第 8 期。

［43］赵惠芳、刘曼、潘立生：《股权激励对公司投资效率影响的实证分析》，《财会月刊》2010 年第 6 期。

［44］刘斌、吴娅玲：《会计稳健性与资本投资效率的实证研究》，《审计与经济研究》2011 年第 4 期。

［45］潘立生、权娜娜：《会计信息质量与投资效率的关系研究——来自我国上市公司的经验数据》，《财会通讯》2011 年第 3 期。

［46］江辉、彭洁：《论政府控制、代理成本对公司投资效率的影响》，《吉林工商学院学报》2011 年第 1 期。

［47］李焰、秦义虎、张肖飞：《企业产权、管理者背景特征与投资效率》，《管理世界》2011 年第 1 期。

[48] 赵连静、何忠伟：《融资约束、代理冲突与农业上市公司投资效率研究》，《农业技术经济》2011 年第 4 期。

[49] 文卿、张伟：《中国资本配置效率与金融发展相关性研究》，《管理世界》2003 年第 8 期。

[50] 辜胜阻：《构建四大"多层次"金融体系》，《证券日报》2012 年12 月 1 日。

[51] 郑军、周运兰：《民族地区企业发展和金融支持研究——湖北省恩施土家族苗族自治州的调查》，《中南民族大学学报》（人文社会科学版）2012 年第 2 期。

[52] 蒋波：《公司财务评价研究综述》，《经济理论研究》2008 年第19 期。

[53] 王化成、刘俊勇：《企业业绩评价模式研究——兼论中国企业业绩评价模式选择》，《管理世界》2004 年第 4 期。

[54] 单国旗、沈枫：《基于平衡记分卡的企业绩效评价软件系统的构建及实证研究》，《科学管理研究》2010 年第 16 期。

[55] 郑恒斌：《基于因子分析法的物流行业上市公司财务绩效研究》，《财会通讯》2011 年第 12 期。

[56] 龚光明、张柳亮：《基于因子分析的湖南省上市公司绩效评价》，《会计之友》2012 年第 1 期。

[57] 崔刚：《因子分析法在上市公司财务绩效评价中的应用——基于万科公司年报数据的案例分析》，《财政监督》2009 年第 7 期。

[58] 王金、张芬芳、曹雪莲：《广东省上市公司财务质量评价研究》，《财会通讯》2012 年第 10 期。

[59] 周运兰、李子珺：《民族地区企业融资的多层次金融支持体系构建》，《商业时代》2012 年第 5 期。

[60] 田美玉、孙敏：《债务期限与公司绩效——来自中国上市公司的经验数据》，《中国集体经济》2009 年第 9 期。

[61] 魏后凯、成艾华、张冬梅：《中央扶持民族地区发展政策研究》，《中南民族大学学报》（人文社会科学版）2012 年第 1 期。

[62] 刘彩华、韩树超、刘佳：《创业板上市公司资本结构实证分析》，《商业会计》2012 年第 9 期。

[63] 杨亚娥：《中小企业资本结构影响因素实证分析——来自中国 2006

年上市公司的经验研究》，《财会通讯》2009 年第 33 期。

[64] 童年成：《上市公司资本结构影响因素分析》，《商业研究》2010 年第 10 期。

[65] 陈强：《资本结构影响因素与上市公司融资方式研究——以制造业上市公司为例》，《财会通讯》2012 年第 11 期。

[66] 汪本强：《制造业上市公司资本结构研究——以安徽省为例》，《工业技术经济》2012 年第 4 期。

[67] 马丽娜、岳晓伟：《我国中小企业资本结构影响因素研究——基于上市中小企业的实证检验》，《铜陵学院学报》2012 年第 1 期。

[68] 周运兰、万莹仙：《民族地区中小企业盈利能力、成长性、股权融资研究》，《中南民族大学学报》（自然科学版）2009 年第 4 期。

[69] 吕沙：《上市公司资本结构影响因素分析——来自我国房地产行业的经验数据》，《财务与金融》2012 年第 1 期。

[70] 中国人民银行宁城支行：《村镇银行发展与财政金融政策扶持研究》，《内蒙古金融研究》2011 年第 5 期。

[71] 宋亮亮：《我国上市公司债务结构对业绩影响的实证研究》，《科技和产业》2009 年第 8 期。

[72] 杨勇、黄曼丽、宋敏：《银行贷款、商业信用融资及我国上市公司的公司治理》，《南开管理评论》2009 年第 12 期。

[73] 蔡章华、宁泽慧、阳璇、刘亚军：《浅谈广西北部湾经济区金融发展路径选择》，《当代经济》2010 年第 1 期。

[74] 张克如、李红光、范波澜：《广西北部湾经济区企业融资研究》，《经济研究参考》2009 年第 35 期。

[75] 张兆国、何威风、梁志钢：《资本结构与公司绩效——来自中国国有控股上市公司和民营上市公司的经验数据》，《中国软科学》2007 年第 12 期。

[76] 严静：《上市公司债务期限结构区域差异的经验研究》，《财会通讯》2010 年第 1 期。

[77] 钟树林：《泛北部湾区域金融合作与发展探讨》，《广西金融研究》2008 年第 5 期。

[78] 翟华云、郑军：《民族地区资本市场发展与产业结构升级研究》，《中南民族大学学报》（人文社会科学版）2011 年第 4 期。

［79］肖作平：《终极控制股东对债务期限结构选择的影响》，《南开管理评论》2011 年第 14 期。

［80］汪辉：《上市公司债务融资、公司治理与市场价值》，《经济研究》2003 年第 8 期。

［81］艾志平：《中国村镇银行路向何方——访中国社科院金融法律与金融监管研究中心秘书长尹振涛》2011 年第 6 期。

［82］郑立文：《中小企业技术创新金融支持体系中外比较研究》，《科学管理研究》2008 年第 5 期。

［83］辜胜祖等：《论构建支持自主创新的多层次资本市场》，《中国软科学》2007 年第 8 期。

［84］秦军：《科技型中小企业自主创新的金融支持体系研究》，《科研管理》2011 年第 1 期。

［85］陈春霞：《构建我国中小企业金融支持体系的思考》，《金融与经济》2009 年第 11 期。

［86］张家寿：《我国少数民族地区经济社会发展的金融支持体系研究》，《学术论坛》2009 年第 11 期。

［87］布仁吉日嘎拉：《论民族地区可持续发展的农村金融体系》，《广西经济管理干部学院学报》2008 年第 2 期。

［88］中国民族贸易促进会：《我国少数民族地区企业发展的问题及对策》，《中国商贸》2010 年第 27 期。

［89］周运兰：《民族地区金融市场与民族企业融资问题研究》，《中南民族大学学报》（人文社会科学版）2011 年第 4 期。

［90］人民银行乌鲁木齐中心支行课题组：《"十五"期间新疆民族贸易和民族用品生产贷款政策实施绩效的实证分析》，《金融视野》2007 年第 8 期。

［91］金欣：《"十五"期间西部地区贯彻民族贸易和民族用品政策的成就、问题与对策》，《前言》2009 年第 8 期。

［92］姚昌平：《对湖北省恩施州"十一五"时期贯彻落实民贸民品优惠政策的调查与思考》，《调查与思考》2012 年第 5 期。

［93］李光伟：《对民贸民品企业贷款优惠利率政策执行中存在的问题探析》，《内蒙古金融研究》2011 年第 5 期。

［94］兰淑玲：《对少数民族欠发达地区民贸民品优惠贷款政策执行情况

的思考》,《内蒙古金融研究》2013 年第 5 期。

[95] 左光耀:《金融支持民贸民品企业中的问题与建议》,《调查与思考》2010 年第 11 期。

[96] 王有美:《临夏州民族贸易和民族用品定点生产企业贷款贴息情况调查》,《金融实务》2011 年第 5 期。

[97] 王瑞学、李慧莉:《民贸民品贷款优惠利率政策执行中存在的问题及建议》,《科学之友》2013 年第 5 期。

[98] 张庆安:《做好民贸民品工作,进一步改善少数民族民生》,《中国民族》2013 年第 3 期。

[99] 李明:《民族自治地区民贸民品贴息贷款政策的调查分析——以新疆博尔塔拉蒙古自治州为例》,《新疆农垦经济》2011 年第 11 期。

[100] 张慧、张茂德:《债务结构、企业绩效与上市公司治理问题的实证研究》,《改革》2003 年第 5 期。

[101] 沈坤荣、孙文杰:《投资效率、资本形成与宏观经济波动——基于金融发展视角的实证研究》,《中国社会科学》2004 年第 6 期。

[102] 连玉君、苏治:《融资约束、不确定性与上市公司投资效率》,《管理评论》2009 年第 1 期。

[103] 魏锋、刘星:《融资约束、不确定性对公司投资行为的影响》,《经济科学》2004 年第 2 期。

[104] 王治:《现金流、股权结构与中国上市公司投资行为》,《当代经济管理》2008 年第 12 期。

[105] 葛永波、王丽:《中国民营上市公司投资——现金流敏感实证研究》,《山东商业职业技术学院学报》2009 年第 6 期。

[106] 文宏:《融资偏好与融资效率——我国上市公司的实证研究》,《上海金融》1999 年第 9 期。

[107] 黄国平、孔欣欣:《金融促进科技创新政策和制度分析》,《中国软科学》2009 年第 2 期。

[108] 张伟、王朝:《资本结构与企业绩效——基于上交所上市公司的实证研究》,《中国证券期货》2013 年第 10 期。

[109] 韩建民、张仁陟、马子量:《中国东西部地区发展差距拉大的原因分析》,《科学经济社会》2008 年第 1 期。

[110] 孙光慧:《地区金融市场发展与民族中小企业融资》,《西北民族大

学学报》（哲学社会科学版）2010 年第 1 期。

[111] 刘磊：《少数民族地区经济发展的金融支持研究》，《黑龙江民族丛刊》2010 年第 3 期。

[112] 刘荣：《论东西部差距不断扩大的根源及其对策》，《河北师范大学学报》（哲学社会科学版）2010 年第 1 期。

[113] 周运兰：《论建设少数民族地区企业股权融资的多层次资本市场》，《财会月刊》2010 年第 8 期。

[114] 周运兰、翟华云：《民族地区中小上市公司股权融资比较分析》，《财会通讯》2010 年第 3 期。

[115] 陆正飞、韩霞：《公司长期负债与投资行为关系研究——基于中国上市公司的实证分析》，《管理世界》2006 年第 1 期。

[116] 谢德仁、陈运森：《金融生态环境、产权性质与负债的治理效应》，《经济研究》2009 年第 5 期。

[117] 李松：《负债融资与公司价值的关联性分析》，《科技与管理》2006 年第 3 期。

[118] 陈永忠：《发展西部地区优势产业的战略选择》，《决策咨询通讯》2010 年第 1 期。

[119] 胡克琼：《金融供给与地方支柱产业的发展需求——欠发达地区金融支持支柱产业发展的探析》，《金融与经济》2008 年第 2 期。

[120] 肖作平：《上市公司资本结构与公司绩效互动关系实证研究》，《管理科学》2005 年第 18 期。

[121] 韩德宗、向凯：《我国上市公司债权融资结构的实证研究》，《经济科学》2003 年第 2 期。

[122] 翟华云、郑军：《民族地区资本市场发展与产业结构升级研究》，《中南民族大学学报》（人文社会科学版）2011 年第 4 期。

[123] 郑军、朱亚琴：《民族地区资本市场弱化原因分析与发展建议》，《财政监督》2010 年第 8 期。

[124] 刘明贵：《提升欠发达地区优势产业结构的转换能力》，《经济师》2007 年第 7 期。

[125] 童盼、陆正飞：《负债融资、负债来源与企业投资行为——来自中国上市公司的经验数据》，《经济研究》2005 年第 5 期。

[126] 张铭、倪卓、黎丽霞：《民营企业投资效率与融资环境简析》，《黑

龙江对外经贸》2004 年第 9 期。

[127] 韩鹏：《西部大开发背景下西部特色优势产业后续发展探析——基于资本理论视角》，《未来与发展》2010 年第 12 期。

[128] 陈涛：《西部大开发以来西部地区优势产业发展状况及政策分析》，《中国对外贸易》2011 年第 10 期。

[129] 任媛、安树伟：《西部地区发展特色优势产业的优劣势分析》，《生态经济》2011 年第 5 期。

[130] 何红岩：《西部地区优势产业发展的金融支持对策思考》，《甘肃金融》2007 年第 8 期。

[131] 童盼、陆正飞：《负债融资、负债来源与企业投资行为》，《经济研究》2005 年第 5 期。

[132] 王艳、孙培源、杨忠直：《经理层过度投资与股权激励的契约模型研究》，《中国管理科学》2005 年第 13 期。

[133] 张戈：《中国上市公司异化的投资不足问题研究》，《中国经济问题》2006 年第 6 期。

[134] 饶勃、汪敏达、杨朝兰：《我国民营企业上市公司投资绩效的实证分析》，《商场现代化》2007 年第 8 期。

[135] 孔祥智：《西部地区优势产业发展的思路和对策研究》，《产业经济研究》2003 年第 5 期。

[136] 骆玲、戈元龙：《中国西部大开发中资金需求与利用现状及其成因分析》，《西南民族大学学报》（人文社会科学版）2003 年第 11 期。

[137] 马丽娟：《重视资本市场发展优化产业结构》，《财贸经济》2000 年第 3 期。

[138] 苏勇、杨小玲：《资本市场与产业结构优化升级关系探讨》，《上海财经大学学报》2010 年第 2 期。

[139] 吴蜻：《负债融资与投资效率》，《统计与决策》2008 年第 15 期。

[140] 袁天昂：《资本市场支持云南省优势产业发展的战略研究》，《云南财经大学学报》（社会科学版）2010 年第 1 期。

[141] 连玉君：《投资—现金流敏感性，融资约束还是代理成本》，《财经研究》2007 年第 2 期。

[142] 张功富、宋献中：《我国上市公司投资过度还是不足》，《会计研

究》2009 年第 5 期。

[143] 樊纲、王小鲁、张立文、朱恒鹏：《中国各地区市场化相对进程报告》,《经济研究》2003 年第 3 期。

[144] 韩廷香：《论西部民族地区开发中金融深化策略》,《西北民族大学学报年》（哲学社会科学版）2003 年第 6 期。

[145] 陈景辉：《民族地区金融发展和投融资机制初探》,《大连民族学院学报》2004 年第 4 期。

[146] 任志军：《民族地区经济发展及金融支持战略研究》,《经济问题探索》2007 年第 12 期。

[147] 王景武：《金融发展与经济增长：基于中国区域金融发展的实证研究》,《财贸经济》2005 年第 10 期。

[148] 李斌、江伟：《金融发展、融资约束与企业成长》,《南开经济研究》2006 年第 3 期。

[149] 方媛：《金融发展与企业债务融资问题的实证研究》,《河南金融管理干部学院学报》2007 年第 5 期。

[150] 徐淑芳：《社会资本与金融发展》,《改革与战略》2008 年第 8 期。

[151] 沈红波、寇宏、张川：《金融发展、融资约束与企业投资的实证研究》,《中国工业经济》2010 年第 6 期。

[152] 徐璋勇、封妮娜：《对中国金融业发展省区差异的综合评价与分析》,《当代财经》2008 年第 7 期。

[153] 朱德胜、张顺葆：《债务期限、债务类型与公司绩效——基于制造业上市公司的经验证据》,《山东财经学院学报》2008 年第 6 期。

[154] 陈万彬：《民贸民品优惠利率贷款贴息政策实施中存在问题及建议》,《时代金融》2012 年第 9 期。

[155] 李文、洪纯：《金融支持民族贸易和民族特需商品生产发展研究——以江苏为例》,《金融纵横》2011 年第 1 期。

[156] 潘红雨：《发挥优惠利率政策效应支持民族地区经济发展》,《民族大家庭》2012 年第 12 期。

[157] 焦政康：《对民贸民品贷款优惠利率、贴息政策执行情况的调查与思考——以周口为例》,《时代金融》2012 年第 10 期。

[158] 王来华：《当前影响民贸民品贴息贷款投放的因素及对策建议——以广西北海市为例》,《海南金融》2008 年第 10 期。

［159］潘稔、崔冉：《广西村镇银行发展问题研究》，《广西经济》2011
年第11期。

［160］邓丽雯：《资本结构对绩效影响研究——以物流上市公司为例》，
《物流技术》2013年第2期。

［161］黄贤玲、苏亚民：《少数民族地区上市公司资本结构的优化》，《科
技创业月刊》2006年第4期。

［162］罗如芳、龙春甜、周运兰：《广西北部湾经济区企业融资与金融支
持问题研究》，《会计之友》2013年第10期下。

［163］赵玉珍、张心灵：《债务治理与公司经营绩效关系的实证》，《统计
与决策》2011年第6期。

［164］王敏、刘冬荣：《我国上市公司债务融资效应研究》，《中南财经政
法大学学报》2006年第3期。

［165］张军华：《资本结构、资产结构与企业绩效——基于创业板高新技
术中小企业的实证研究》，《财会通讯》2011年第4期。

［166］王晖：《煤炭企业资本结构与经营绩效的实证研究》，《会计之友》
2011年第1期。

［167］任木荣、冯明静：《房地产上市公司资本结构对企业绩效的影响分
析——基于A股121家公司2009—2011年的财务数据》，《湖南农
业大学学报》（社会科学版）2012年第8期。

［168］梁彤伟、齐鸽子：《河南省上市公司债务融资和公司绩效的相关性
研究》，《中国证券期货》2012年第10期。

［169］阮素梅、杨善林：《经理激励、资本结构与上市公司绩效》，《审计
与经济研究》2013年第6期。

［170］尹航、刘超：《上市公司融资结构对公司绩效的影响——以河北省
为例》，《企业经济》2013年第11期。

［171］凌江怀、胡青青：《上市公司融资结构与经营绩效相关分析——基
于2003—2010年广东省上市公司分行业面板数据的考察》，《华南
师范大学学报》（社会科学版）2011年第12期。

［172］董黎明：《上市公司债务融资结构性差异对绩效的影响》，《中南财
经政法大学学报》2007年第6期。

［173］王琼、唐贞：《条件约束下负债融资对企业绩效影响分析——基于
上市公司的实证研究》，《财会通讯》2012年第9期下。

[174] 戴钰：《我国传媒上市公司企业结构与公司绩效关系的实证研究》，《财经理论与实践》2013 年第 1 期。

[175] 任春森、翟琦、舒欣：《武陵山少数民族经济社会发展试验区建设的金融支持研究——以恩施州来凤县为例》，《武汉金融》2012 年第 2 期。

[176] 周运兰、罗如芳、付建廷：《民族地区上市公司财务质量研究》，《中南民族大学学报》（自然科学版）2013 年第 1 期。

[177] 杨静静、罗如芳、周运兰：《民族地区金融发展对公司投资的影响研究——以武陵山恩施来凤县为例》，《中国乡镇企业会计》2014 年第 9 期。

[178] 周运兰、周琴、余宁：《光伏企业新声音——湖北永恒太阳能公司案例剖析》，《科技创业月刊》2014 年第 10 期。

[179] 罗如芳、杨静静、周运兰：《金融机构支持民贸民品企业发展研究》，《科技创业月刊》2014 年第 10 期。

[180] 杨成：《浅析恩施州金融发展的现状及其存在的问题》，《知识经济》2013 年第 19 期。

[181] 中国人民银行南宁中心支行金融稳定分析小组：《2011 年广西壮族自治区金融稳定报告》，南宁，2011 年。

[182] 中国人民银行南宁中心支行金融稳定分析小组：《2013 年广西壮族自治区金融稳定报告》，南宁，2013 年。

[183] 中国人民银行武汉分行——货币政策分析小组：《2013 年湖北省金融运行报告》，2013 年。

[184] 艾志平：《我国村镇银行在政策扶持和监管上还存在哪些问题》，新浪博客（http：//blog. sina. com. cn/s. 2011. 06. 12）。

[185] 张周来：《广西北部湾经济区 4 城市继续保持强劲发展势头》，新华网（http：//www：xinhuanet. com. 2011. 02. 01）。

[186] 证券之星编辑：《北部湾经济区：弥补沿海经济最弱一环》，民营经济报电子版（http：//www. stockstar. com. 2010. 02. 03）。

[187] 杨天然：《恩施州政府工作报告》，恩施新闻网（http：//www. eswt. gov. cn. 2013. 02. 01）。

[188] 广西新闻：《北部湾领跑广西经济将加快发展战略性新兴产业》，中新网（http：//www. gxi. gov. cn/gxjj/xwtj/201403/t20140308_543805. htm.

2014. 03. 08）。

[189] 《湖北省已设立238家小额贷款公司》，人民网（http：//news.
163. com/13/0118/10/8LGCEVF700014JB6. html. 2013. 01. 18）。

[190] 《恩施州贯彻落实民贸民品政策的经验与做法》，湖北民宗委网
（http：//www. hb. xinhuanet. com/2014－03/27/c_ 119970698. htm.
2014. 03. 27）。

[191] 曹勇：《新疆金融支持民贸民品企业发展成效显著》，金融时报网
（http：//www. financialnews. com. cn/dfjr/xw _115/201402/t20. 2014.
02. 18）。

[192] 《国家民委经济司到湖北省宜昌市调研民贸民品工作》，国家民委
网（http：//news. eastday. com/eastday/13news/auto/news/china/u7
ai1135464_ K4. html. 2014. 04. 04）。

[193] 《民贸民品企业获"贴息"促发展》，江西省人民政府网（http：//
www. jiangxi. gov. cn/dtxx/zwxx/201402/t20140213 _ 1009932. htm. 2014.
02. 13）。

[194] Aghion, P. , Howitt, P. and Mayer － Foulkes, D. , "The Effect of
Financial Development on Convergence Theory and Evidence". *Quar-
terly Journal of Economics*, No. 120, 2005.

[195] Arestis, P. , Demetriades, P. O. and Luintel, K. B. , "Financial De-
velopment and Economic Growth: The Role of Stock Markets". *Journal
of Money, Credit and Banking*, No. 33, 2001.

[196] Beck Thorsten and Levine Ross, "Stock Markets, Banks and Growth:
Panel Evidence", NBER Working Paper. *Journal of Banking and Fi-
nance (Forthcoming)*, No. 9028 , 2002.

[197] Dawson, P. J. , "Financial Development and Economic Growth in Developing
Countries". *Progress in Development Studies*, Vol. 8, Issue 4, Oct. 2008.

[198] Habibullah, Muzafar Shah and Yoke － Kee Eng, "Does Financial De-
velopment Cause Economic Growth? A Panel Data Dynamic Analysis for
the Asian Developing Countries". *Journal of the Asia Pacific Economy*,
Vol. 11, Issue 4, Nov. 2006.

[199] Levine, R. and Zeroes, S. , "Stock Markets, Banks and Growth".
American Review, No. 88, 1998.

[200] Rousseau, P. and Wachtel, P. , " Equity Markets and Growth: Cross Country Evidence on Timing and Outcomes, 1980 – 1995" . *Journal of Banking and Finance*, No. 24, 2000.

[201] Berger, A. N. and G. F. Udell, "Small Business Credit Availability and Relationship. Lending. The Importance of Bank Organization Structure" . *The Economic Journal*, 2002.

[202] Modigliani and Miller, "The Cost of Capital, Corporation Finance and the Theory of Investment" . *American Economic Review*, No. 481958, pp. 261 – 297.

[203] Williamson, "Corporate Finance and Corporate Governance" . *Journal of Finance*, No. 38, 1988, pp. 567 – 591.

[204] Jensen and Meckling, "Theory of the Firm Managerial Behavior, Agency Costs and Ownership Structure" . *Journal of Financial Economics*, No. 3, 1976, pp. 305 – 360.

[205] O'Brien, "The Capital Structure Implication of Pursuing a Strategy of Innovation" . *Strategic Management Journal*, 2003, pp. 415 – 431.

[206] Simerly and Li, "Environmental Dynamism, Capital Structure and Performance: A Theoretical Integration and An Empirical Test" . *Strategic Management Journal*, 2000, pp. 31 – 49.

[207] Ge and Qiu, "Financial Development, Bank Discrimination and Trade Credit" . *Working Paper*, 2005.

[208] Frank and Goyal, "Capital Structure Decisions: Which Factors Are Reliably Important" . *Financial Management*, 2009, pp. 1 – 37.

[209] Roshan Boodhoo, "Capital Structure and Ownership Structure: A Review of Literature" . *Journal of Online Education*, 2009.

[210] Griffin, Yue and Zhao, "National Culture and Capital Structure Decisions: Evidence from Foreign Direct Investment in China" . University of British Columbia Working Paper, 2010.

[211] Berger, A. N. and Bonaccorsidi, Patti E. , " Capital Structure and Firm Performance: A New Approach to Testing Agency Theory and an Application to the Banking Industry" . *Journal of Banking & Finance*, No. 30, Apri, 2006, pp. 1065 – 1102.

[212] Ahn, Kookshin, "Are East Asian Economies Dynamically Efficient?" *Journal of Economies Develo Pment*, No. 28, 2003.

[213] Kazley, A. and Ozean, Y. A. , "Electronic medical record use and efficiency: A DEA and windows analysis of hospital". *Socio – Economic Planning Sciences*, No. 43, 2009.

[214] Hirschman, A. O. , "*The Strategy of Economic Development*". New Haven, Yale University Press, 1958.

[215] Mish Kin, "The Economics of Money, Banking and Financial Market". *Harper Colins*, 1996.

[216] Modigliani and Miller, "The Cost of Capital". *Corporate Finance and Theory of Investment*, 1958.

[217] Berger, A. N. and Udell, G. R. , "Relationship Lending and lines of Credit in Small Firm Finance". *Journal of Business*, 1995.

[218] Myers, S. G. , "The Capital Structure Puzzle". *The Journal of Finance*, 1984.

[219] Abu – Bader, Suleiman and Abu – Qarn, Aamer S. , "Financial Development and Economic Growth: Empirical Evidence from Six MENA Countries". *Review of Development Economics*, Nov. 2008, Vol. 12 Issue 4.

后　记

　　本书与我所做的国家社会科学基金以及教育部社科基金青年项目紧密相关，为了完成课题，我与课题组成员的老师特别是我的研究生到湖北省恩施民族自治州、广西壮族自治区等民族地区多次调研，书中一些数据也源于调研。

　　在此感谢为该项成果付出辛劳或者帮助过我的老师们，特别感谢参与调研以及数据收集、整理以及在我的指导下撰写了部分内容、编辑、核对等工作的研究生与本科生。他们分别是我的研究生——中南民族大学财务会计2009—2013级研究生罗玉霞、李子珺、刘琼、阮梦琦、罗如芳、杨静静、周琴，以及会计专业2014届研究生胥红和2011届会计专业本科毕业生龙春甜等。

　　因学识有限，本书可能有谬误之处，恳请国内外专家学者和广大读者批评指正。

周运兰
2014年10月